Hubert Luszczynski

Heiter und gelassen Schule leiten bis zum Ruhestand

Ratgeber für schulische Führungskräfte zur Erhaltung der Gesundheit

Hubert Luszczynski

Heiter und gelassen Schule leiten bis zum Ruhestand

Ratgeber für schulische Führungskräfte zur Erhaltung der Gesundheit

Carl Link 2019

Diese Sonderausgabe für Bezieher der schulischen Sammlungen wurde von der Redaktion Schulmanagement zusammengestellt auf Grundlage der gleichnamigen Publikation unter ISBN 978-3-556-08172-3.

Art.-Nr. 68322000

www.wolterskluwer.de
www.schulverwaltung.de

Umschlagkonzeption: Martina Busch, Grafikdesign, Homburg-Kirrberg
Titelbild: © Rawpixel.com/fotolia
Satz: Innodata Inc., Noida, Indien
Druck: Williams Lea & Tag GmbH, München

Gedruckt auf säurefreiem, alterungsbeständigem und chlorfreiem Papier.

Inhaltsverzeichnis

1. Einleitung

Zur Einstimmung: Der Chef hat es wieder gerichtet...

»Fußballweltmeisterschaft. Halbfinale. Thomas Müller sinkt in der 90. Minute im Strafraum nieder, der Schiedsrichter pfeift, es gibt Elfmeter....Die Spieler schauen ehrfürchtig zur Seitenlinie. Jetzt ist die Zeit von Joachim Löw gekommen. Er schnürt seine Fußballschuhe, krempelt sich die Ärmel hoch und stürmt mit wehender Mähne auf den Rasen. Feldherrenartig schickt er seine Spieler weg und legt sich die Kugel zurecht. Ein satter Schuss, der Torwart streckt sich vergebens, genau in den Winkel. Er lässt sich feiern. Der Chef hat es wieder mal gerichtet, als es brenzlig wurde.

Undenkbar, sagen Sie?...Doch genau solche Situationen finden Sie tagtäglich in den Chefetagen wieder...: Die meisten Führungskräfte bezeichnen sich immer noch selbst als ihre besten Spieler...«[1]

Schulleiter/-innen zweifeln am Erreichen des Ruhestands – eine Statistik

Es sind Zahlen, die aufhorchen lassen und nachdenklich machen, die Anfang 2014 die Unfallkasse zur gesundheitlichen Lage von Schulleitungen in NRW herausgab: Danach waren aufgrund einer Untersuchung aus dem Jahre 2011/12 70% der Schulleiterinnen und Schulleiter an Grundschulen unsicher, ob sie bis zum Ruhestand durcharbeiten werden.[2]) Die Angaben der Schulleiter/-innen an anderen Schularten liegen bis zu 27 % darunter: Hauptschule 64,2%, Realschule 64,2%, Förderschule 60,9%, Gesamtschule 55,9%, Berufskolleg 50,0%, Gymnasium 43,6% – D.h., im Durchschnitt rechnet jede zweite Schulleiterin oder jeder zweite Schulleiter mit einem vorzeitigen Ruhestand. Angesichts der seit damals angestiegenen Zahlen von jungen Menschen mit Migrationshintergrund oder der Aufforderung der Schulministerien, mehr beeinträchtigten jungen Menschen in den Klassen auch an allgemeinbildenden Schulen inklusiven Unterricht anzubieten, ohne gleichzeitig den Lehrer/-innen in angemessenem Umfang die dafür erforderlichen Anrechnungsstunden zu

1 Wolfgang Jennewein, Jonas Halder, Ab auf die Bank!, in: Harvard Business Manager 7/2018, S. 82.

2 Vgl.: Schulleitung und Gesundheit. Zur gesundheitlichen Lage von Schulleitungen in NRW. Unfallkasse Nordrhein-Westfalen (Hrsg.) vom 29.01.2014: S. 19 – http://m.unfallkasse-nrw.de/meldung/neue-broschuere-schulleitung-und-gesundheit-786.html.

gewähren, dürften die Zahlen der in den vorzeitigen Ruhestand gegangenen Schulleiter/-innen inzwischen nicht unerheblich angestiegen sein. Hinzu kommen die besonderen Anforderungen in Ganztagsangeboten an immer mehr Schulen. Diesen dramatischen Befund fand ich bestätigt, als ich 2017 vor rund 80 Schulleiter/-innen beim Deutschen Schulleiterkongress in Düsseldorf über das Thema »Schule leiten bis zur Rente?!« sprach. Das Thema machte natürlich vor allem jene neugierig, die gerne bis zur Altersgrenze ihre Schule leiten wollten. Bei einigen unter ihnen hatte sich allerdings wohl Zweifel eingestellt, ob ihnen dies angesichts des gestiegenen Leidensdrucks durch Alltagsbelastungen gelingen werde.

1.1 Unzureichende Rahmenbedingen wirken belastend – aber sind sie es allein?

Es waren – wie die Diskussionsrunde zeigte – vor allem die als unzureichend und bedrückend empfundenen Rahmenbedingungen, die belastend wirkten. Alle Damen und Herren, die sich im Anschluss an meine Ausführungen zu Wort meldeten, fanden zwar meine Anregungen zum Thema »weniger Belastung durch mehr Delegation« wertvoll, fragten aber, woher sie für eine sorgfältige Umsetzung meiner Anregungen die dafür erforderliche Zeit nehmen sollten. Schließlich müssten z.B. Leiter/-innen an Grundschulen die halbe Stelle einer Schulsekretärin nebenher ausfüllen. Es fehlten 20 Stunden für Sekretariatsarbeit und diese müssten ja von irgendjemandem erledigt werden. Genügend Arbeit sei dafür vorhanden. Ihre Schulträger würden ihnen keine ganze Stelle für ihr Sekretariat bewilligt haben – und das in einer Zeit, in der sowohl die Anfragen von bildungsbewussten Eltern von außen zunähmen und gleichzeitig innerhalb der Schule der Beratungsbedarf von Lehrer/-innen mit der ansteigenden Zahl von Schüler/-innen mit einem immer differenzierteren Förderbedarf und den dafür zu erstellenden Förderplänen durch die Klassenkonferenzen steige. Dieser tägliche Spagat von Leitungs- und Sekretariatsarbeit führe sie immer wieder an die Grenzen ihrer Belastbarkeit auch an kleinen Schulen. Viele ihrer Kolleg(inn)en seien inzwischen darüber erkrankt oder eben vorzeitig in den Ruhestand gegangen. Das Problem werde im Zeit- und Personalmangel gesehen. Die Herausforderungen liegen aber m. E. nicht allein in quantifizierbaren Dimensionen. Vielmehr sind sie auch qualitativer Art, wenn es um Art und Umfang der beruflichen Qualifizierung von Leitungskräften geht.

1.2 Vakante Schulleiterstellen in benachbarten Schulen werden »nebenbei« mitgeleitet

Es sei aber nicht nur die hohe Belastung an der eigenen Schule, die sie als Stress empfänden. Oft komme eine weitere hinzu – zum Beispiel dann, wenn eine Nachbarschule mangels Bewerber/-innen noch keine/n neue/n Schulleiter/-in habe und diese Schule »nebenbei« mitgeleitet werden müsse. Kurz: Viele Schulleiter/-innen, insbesondere an den Grundschulen, bewegen sich auch deshalb am Limit des menschlich und dienstlich Zumutbaren, fühlen sich zuweilen ausgebeutet und scheinen objektiv kaum noch dazu in der Lage, physisch und psychisch der von den Gesetzgebern in den Ländern geforderten Gesamtverantwortung für Unterricht und Erziehung – also für die Arbeit mit Menschen in ihren Schulen – wirklich umfassend und in der gebotenen Sorgfalt nachzukommen. Für diese Situation tragen sowohl die Schulträger als auch die Parlamente ein erhebliches Maß an Verantwortung: D.h., sollte sich die Personalausstattung in den Schulsekretariaten an Grundschulen nicht verbessern, wird das – ohne zu übertreiben – gravierende Folge für die Qualität des gesamten Schulwesens haben. Wer als Lehrer/-in diese Situation mitbekommt, mag einen plausiblen Grund mehr haben, sich solche Schulleiterstellen nicht zuzumuten und daher eine Bewerbung gar nicht erst in Erwägung zu ziehen – von einer völlig unzureichenden Vorbereitung auf Leitungsfunktionen durch die in der Schule eher anderweitig gebundenen Schulleiter/-innen, die damit ihrer Verantwortung für die Personalförderung und -entwicklung nicht nachkommen können, ganz zu schweigen. Dazu später mehr!

1.3 Empfehlungen zum Umgang mit Belastungen

Angesichts dieser prekären Situation empfiehlt die Unfallkasse Nordrhein-Westfalen:

> *»Neben individuellen Maßnahmen, die auf die Förderung eines gesundheitsförderlichen Verhaltens abzielen (z. B. Stresspräventionstrainings, Zeitmanagement) sind vor allem strukturelle, also systemische Maßnahmen umzusetzen.*

Aufgrund der zunehmenden Eigenständigkeit und Eigenverantwortung von Schule gewinnt hierbei unter anderem die Übertragung von Schulleitungsaufgaben (Delegation) eine besondere Bedeutung. Hierbei werden Entscheidungskompetenzen, Aufgaben und Verantwortung von einer Instanz (der Schulleitung) an eine unterstellte Distanz (Delegationsempfänger/in) übertragen (Harazd et al., 2010). Wie auch an anderer Stelle angemerkt, sind die bestehenden Delegationspotentiale ausbaufähig (Krause et al., 2013). Der Ausbau von Schulsekretariaten oder die Vergabe von Spezialfunktionen stellen gerade in Grundschulen geeignete Entlastungsmöglichkeiten dar, die jedoch von den finanziellen Möglichkeiten sowie auch von der Delegationsbereitschaft und -fähigkeit abhängen (ebd.). Eng mit Delegation verbunden sind Kooperations- und Kommunikationsprozesse. So konnte in der aktuellen Studie gezeigt werden, dass die Zusammenarbeit mit dem Kollegium weniger ein Belastungs-, sondern eher einen Entlastungsfaktor für Schulleitungen darstellt. Zu ganz ähnlichen Ergebnissen kommen eine Reihe anderer Untersuchungen (z. B. Harazd et al., 2009; Phillips et al., 2007). Zu berücksichtigen ist, dass die Zusammenarbeit im Kollegium vor allem für jene Personen, die ein hohes Ausmaß an Autonomie gewohnt sind, durchaus auch mit wahrgenommenen Einbußen in der Eigenständigkeit einhergehen kann. Hinzu kommt, dass Zusammenarbeit und Kooperation zunächst mit einem zeitlichen Mehraufwand verbunden sind (Krause et al., 2013). Der Schulleitung obliegt es, diese Vorbehalte aufzulösen und entlastende Kommunikations- und Kooperationsstrukturen zu installieren.

Neben Maßnahmen, die direkt im Schulalltag umgesetzt werden, gilt es zudem, Gesundheit zum Gegenstand der Aus-, Fort- und Weiterbildungen und der systematischen Begleitung von Schulleitungen (z. B. in Form von Supervision und Coaching) zu machen…«[3]

1.4 Wie werden aus Belastungen Entlastungen?

»Heiter und gelassen Schule leiten bis zum Ruhestand« knüpft an den Forderungen der Unfallkasse an, wenn es darum geht, exemplarisch aus Belastungen Entlastungen zu entwickeln.

3 Ebd. S. 25.

1.5 Schulleiter/-in als Beruf!

Wer eine Leitungsstelle anstrebt, benötigt in Unternehmen eine reguläre und solide berufliche Einarbeitung, Beratung und Weiterbildung. Außenstehende glauben, dass das auch für Schulleiter/-innen zuträfe. Weit gefehlt: Die Wirklichkeit sieht an unseren Schulen anders aus als in Unternehmen: Hier scheint die immer wieder anzutreffende Alltagsannahme zu gelten: Wer ein guter Lehrer ist, hat auch das Zeug zur guten Schulleiterin bzw. zum guten Schulleiter. Eine weitere Alltagsannahme kommt hinzu: Ehemalige Mitglieder der Schulbehörde, die ohne Schulleitungserfahrungen zur Schulbehörde kamen und sich danach mit Erfolg auf eine Schulleiterstelle bewerben, müssten doch wohl a priori besonders gute Schulleiter/-innen sein. Das durchaus anerkennenswerte Erfahrungspotenzial, das man in der einen Schule mehr und in der anderen Schule weniger erworben hat, scheint mir allerdings nur als Ausgangssituation für eine erfolgreiche und allgemein anerkannte Zeit als Leiter/-in einer Schule geeignet. Was in der Schulbehörde an Kenntnissen, Fertigkeiten und Fähigkeiten erworben wurde, mag ja durchaus als eine beachtliche Grundlage für die Leitung einer Schule angesehen werden, genügt aber keinesfalls den heutigen Standards. Ein eben solches unzureichendes Transferpotenzial bringen in der Regel auch mit: Fachberater/-innen, Fach- oder Seminarleiter/-innen in den Lehrerseminaren oder bei Einrichtungen in der Lehrerfortbildung oder in Agenturen zur externen Evaluation. Solche Alltagsannahmen sollten darum dringend einer kritischen Prüfung unterzogen werden. Daher ist es richtig, dass das Angebot von Fort- und Weiterbildung für Lehrkräfte, die sich für Schulleitungsaufgaben oder für die Tätigkeit als Schulleiter/-innen interessieren, weiter professionell ausgebaut wird. Dazu wäre zu erwägen die Einführung einer Art berufsbegleitenden Angebots für qualifizierte Lehrkräfte, die auch ohne Funktion im Schulalltag schon jetzt bei der Wahrnehmung von überschaubaren Aufgaben überdurchschnittliche Leitungs- und Führungskompetenzen zeigen. Und nur wer diese »duale Ausbildung« mit Erfolg beendet hat, bringt dann mit hoher Wahrscheinlichkeit recht gute Voraussetzungen für die Leitung einer Schule mit. Ein sich daran anschließendes Coaching mit der gesamten Schulleitung aber sollte diese individuelle Ausbildung durch den Aufbau eines gemeinsamen Teamentwicklungsprozesses ergänzen und ggf. abschließen.

FAZIT:
Weil sie in den Angeboten der Lehrerfortbildung nur wenige praxistaugliche Beratungsansätze sehen, nehmen immer weniger Funktionsstelleninhaber/-innen daran teil. Wenn sich diese nicht mehr dem Beratungsbedürfnis von Lehrkräften anpassen, brauchen wir mehr Personalberaterinnen und -berater für Schulleiter/-innen im Amt. Und das heißt: Wenn Schulleiter/-innen im Sinne der Empfehlungen der Unfallkasse mehr Entlastungsstrategien kennenlernen würden, könnten sie diese zur eigenen systemischen Entlastung einsetzen oder hätten mehr Mut zu deren systematischen Nutzung. Sie in ihrem Amt zu begleiten, zu ermutigen und zu bestärken, gehört m.E. darum zu einer der Kernaufgaben der Schulaufsicht als der personalführenden (sic!) Behörde und vorgesetzten Dienststelle.

2. Für wen habe ich das Buch geschrieben?

Nach dem bisher Gesagten möchte ich mit meinem Buch »Heiter und gelassen Schule leiten bis zum Ruhestand« Schulleiter/-innen mit steigendem Belastungsdruck dazu einladen, nach ein paar Jahren Tätigkeit im Amt über Kurskorrekturen in Richtung Entlastung nachzudenken, so dass sie es doch noch mit der notwendigen Ernsthaftigkeit, aber in heiterer Gelassenheit mit Sicherheit souverän und elegant bis zum Ruhestand schaffen. Es mögen sich aber auch jene Damen und Herren angesprochen fühlen, die schon heute wissen, dass sie gerne bis zum Ruhestand ihren Dienst versehen werden. Sie dürften sich durch die Lektüre womöglich vielfach bestätigt fühlen.

2.1 Was biete ich Ihnen?

Ich werde Ihnen zum einen an praxistauglichen Beispielen exemplarisch aufzeigen, welche Entlastungschancen Sie haben; zum anderen finden Sie in meinem Buch einige theoretische Überlegungen, in denen ich alltagstaugliche Entlastungsstrategien sehe. Als freier Schulberater oder auch Coach von Schulleiter/-innen habe ich sie immer wieder mit Erfolg empfehlen können. Und schließlich zeige ich an einigen praktischen Beispielen Beziehungen zwischen Führungs- und Leitungstätigkeiten auf, aber auch wie beide miteinander verschränkt sind.

2.2 Vorsicht Lektüre – brisant für Ihr Ansehen im Kollegium! Und ein guter Rat…

Eine Episode möge Ihnen zeigen, auf welche Brisanz Sie sich vielleicht mit dem Erwerb des Buches einlassen:

Wer von Wolters Kluwer wegen eines Vortrags auf dem Deutschen Schulleiterkongress angefragt wird, muss u.a. eine Powerpoint-Präsentation vorlegen. Das galt auch für mich, als ich 2017 in Düsseldorf über das Thema »Schule leiten bis zur Rente?!« gesprochen habe. Im Anschluss an den Kongress schickte ich diese PPP einem mir seit vielen Jahren persönlich bekannten Schulleiter. Am nächsten Tag kam schon sein Anruf. Sehr unvermittelt und etwas aufgeregt fragte er mich reichlich rhetorisch: »Du willst doch nicht etwa diesen Vortrag vor meinem Kollegium halten?« Mein spontanes NEIN schien ihn am Telefon hörbar zu erleichtern. Dennoch musste er sich noch meine ebenso rhetorische Frage nach dem »Warum-eigentlich-nicht?« gefallen lassen. In seiner Antwort zeigte er sich darüber besorgt, dass seine Lehrer/-innen in meinen Ausführungen einen Maßstab zur Beurteilung seines Schulleiterhandelns hätten sehen können. Aus diesem Grunde sei er doch um sein Ansehen sehr besorgt gewesen. Darum, sehr geehrte Leserin, sehr geehrter Leser, rate ich Ihnen: Passen Sie bitte gut auf, dass Sie dieses Buch nicht versehentlich im Lehrerzimmer liegen lassen. Ihre Lehrer/-innen könnten es lesen und es hinter Ihrem Rücken zur Evaluation Ihrer Leitungsprofessionalität heranziehen – so betrachtet enthält es in gewisser Weise »Sprengstoff« für Ihr Ansehen im Kollegium Ihrer Schule. Daher mein Vorschlag: Nutzen Sie es am besten zuerst einmal selbst, um vielleicht noch einmal in Ruhe zu überlegen, wie man damit möglichst produktiv umgehen könnte. Sie werden sehen – es lohnt sich. Jedenfalls bliebe Ihnen dann noch genügend Zeit, um den Zünder an der »Bombe« erfolgreich zu entschärfen.

2.3 »...laetissimus rector!« – beim Blick nach vorn ein Blick zurück auf Rabanus Maurus

Das »Heiter-und-gelassen« im Buchtitel soll auf eine Haltung, eine innere Einstellung verweisen, die Ihnen bei der Bewältigung des Leitungsalltags helfen dürfte. Dass man als Schulleiter/-in nicht nur manchmal ein »dickes Fell« braucht und auch mal Nein sagen muss, sondern eben eine gewisse Heiterkeit, Gelassenheit und auch Fröhlichkeit ausstrahlen sollte, wusste schon der 780 in Mainz geborene Gelehrte, Abt und Erzbischof Rabanus Maurus: Maurus hatte einmal auf die Frage, wie eine gute Schule aussehen solle, geantwortet: *Laeti discipuli, laeti magistri, laetissmus rector* – sinngemäß also: Es seien fröhliche Schüler und fröhliche Lehrer, aber am fröhlichsten sei der Rektor. Ich weiß nun nicht, welche Erfahrung Sie bisher mit einer solchen Haltung machen konnten. Meine Erfahrung belegt, wie wichtig eine solche Einstellung ist: Tatsächlich kann man Leitungsämter mit einer Grundausstattung an Heiterkeit und Gelassenheit souveräner und länger ertragen. Heute würden wir das vielleicht »Flows« nennen – Glücksgefühle nach erfolgreichen Momenten. Ganz gewiss ging es damals dem Mainzer Maurus keineswegs um eine vordergründig ausgelassene Karnevalsstimmung, auch wenn sie heute noch so fröhlich daherkommt. Vielmehr verweisen die Synonyme für »fröhlich« auf eine zu fördernde Grundhaltung oder innere Einstellung, die in einer Schule zusammentreffen und die der Zweckgemeinschaft von Lehrenden und Lernenden dienlich sein soll – im Sinne von »heiter, beschwingt, aufgeräumt, aufgeschlossen, frohgemut, munter, gut gelaunt…«- Im Grunde sind diese für Pädagog/-innen recht bekannte Eigenschaften, messen wir ihnen doch ein besonders lern- oder leistungsförderndes Unterrichts- und Schulklima bei – und eben dieses Klima hat ein/e Schulleiter/-in am stärksten in seiner Schule zu verbreiten und letztlich selbst auszustrahlen. Auch dafür trägt sie/er Verantwortung. Darum ist dieses Memento des Rabanus Maurus so aktuell und es wert, den Sinn dieses sehr alltagstaugliche Prinzip in Erinnerung zu rufen und hochzuhalten, zu beachten und schließlich Tag für Tag zu pflegen.

Mit den Worten Anselm Grüns lassen sich diese Grundgedanken sehr anschaulich wie folgt zusammenfassen[4]:

Energie und Leichtigkeit

> *»Freude lässt den Puls schneller schlagen. Sie bringt die Energie im Menschen zum Fließen. Alles geht uns schneller von der Hand. Freude schenkt dem Leben Leichtigkeit. Sie nimmt ihm das Angestrengte und Überfordernde. Wer aus dieser Freude heraus wirkt, dem gelingt mehr. Alles fällt ihm leicht. Die Erdenschwere schwindet. Die Freude drängt uns, etwas anzupacken. Sie ist eine wichtige Triebfeder der Kreativität. Wer aus Freude arbeitet, der wird nicht so leicht erschöpft. Ihm wird alles, was er tut, zur Freude. Er erfährt die Arbeit nicht als Last, sondern als etwas, das ihm Freude bereitet.«*

Vielleicht haben Sie jetzt einen Moment Zeit und können diese Worte Anselm Grüns noch einmal in Ruhe durchlesen und dann auf sich wirken lassen. Sodann versuchen Sie sich an Momente in Ihrem Schulleiterleben zu erinnern, in denen Sie eben diese Freude erleben durften.

---

4 Anselm Grün, Was der Seele gut tut, Freiburg im Breisgau 62018, S. 73.

2.4 Schule als »pädagogische Genossenschaft«

Wer sich die Schulgesetze der Länder genauer anschaut, dem fällt auf, dass dem Gesetzgeber eine mehr oder weniger genossenschaftliche Konstruktion der Schulverfassung vorschwebte. Das Raiffeisen-Logo mit dem alten genossenschaftlichen Wahlspruch: «Einer für alle, alle für einen« liegt ihr zugrunde, zählt es doch zu den Hauptaufgaben der/des Schulleiter/-in, auf die Zusammenarbeit der Lehrer/-innen hinzuwirken. Und diese Form der erwünschten Solidarisierung folgt dem Grundsatz der Subsidarität. D.h., was einer nicht alleine kann, erreicht er mit Hilfe vieler immer auf der Ebene, auf der ein Problem zu lösen oder eine Herausforderung zu bewältigen ist. Der jeweilige Vorgesetzte hat dann als Führungskraft vor allen Dingen die Aufgabe einen allgemeinen Auftrag zu erteilen und unter aktiven Beteiligung aller für bestmögliche Ergebnisse zu sorgen. Die Verpflichtung jeder/s einzelnen Teilnehmers/-in der Solidargemeinschaft besteht darin, nach Kräften und nach bestem Wissen und Gewissen ihre/seine persönlichen Kenntnisse, Fertigkeiten und Fähigkeiten für ein Ergebnis einzusetzen, das von allen erzielt und mitgetragen werden kann. Schule wird so gestaltet dann zu einer »pädagogischen Genossenschaft« – z.B. auf Klassenebene, da es dort immer wieder um das gemeinsame Ringen der Lehrkräfte einer Klasse um optimale Förderung einer jeden Schülerin oder eines jeden Schülers geht: Optimale Individualförderung gelingt – wie wir wissen – am besten durch verabredete Förderstrategien der Lehrer/-innen. Die Verabschiedung eines individuellen Förderplans kann daher als das Ergebnis eines solchen solidarischen pädagogischen Ringens angesehen werden.

FAZIT
In einer Schule als einer pädagogischen Genossenschaft hat ein/e Schulleiter/-in die Pflicht, die Lehrer/-innen zum Zusammenwirken anzuhalten, wenn es z.B. um das angemessene Unterrichten und Fördern einer jeden Schülerpersönlichkeit in einer Klasse geht. Erst dann erfüllen die Lehrer/-innen gemeinschaftlich das Individualrecht eines jeden jungen Menschen auf Bildung. Die dazu notwendige Haltung ist die einer heiteren Gelassenheit als Grundlage für die Kunst des Unterrichtens. D.h. ›jede Form eines einseitigen Perfektionismus‹ oder einer exzessiver Kontrolle ist auch dieser – wie jeder anderen Kunst – fremd. Anstrengung als ein

Ausdruck gegenseitigen Respekts ist ihr jedoch immanent. Ihre Grundlage und ihr Ziel ist pädagogische Freiheit, ihr ethischer Wesenszug ist eine Haltung der prinzipiellen Hinwendung zum jungen Menschen als Ausdruck einfühlsamer Zuwendung.

Wer hier die Messlatte für die Frage nach der Qualität einer Schule anlegt, wie gut meine Schule ist, kommt sehr schnell zu dem Schluss, dass uns nationale oder internationale Vergleichsstudien von Schülerleistungen im Kern nicht weiterhelfen, da ihre statistischen Erhebungsdaten sowohl die je eigene Würde jeder Schüler- und Lehrerindividualität als auch die einer jeden Schule ausblenden. Nachvollziehbar ist darum, wie die meisten Lehrer/-innen oder auch Schulleiter/-innen auf diese kollektiven Vergleichsstudien reagieren: Sie nehmen sie zwar mehr oder weniger betroffen zur Kenntnis. Da diese Daten aber von allen, aber nicht von jeder einzelnen Lehrkraft verursacht wurden, gibt es für sie keine Veranlassung, daraus irgendwelche Konsequenzen für den eigenen Unterricht oder für sie persönlich als Führungs- und Leitungskräfte ernsthaft zu ziehen.

3. Alles gut und schön – aber wie finde ich zu einem Neuanfang, mit dem meine gute Schule noch besser wird?

Zugegeben – nach ein paar Jahren im Amt als Schulleiter/-in und mit dem Blick auf das unweigerlich näher kommende Ende der Dienstzeit noch einmal durchzustarten, das hat einen besonderen Reiz. Doch die Anfangsbereitschaft könnte schnell erlahmen. Sie haben sich ja schließlich in den letzten Jahren eine Position gesichert, die viele Vorteile hat: Sie genießen bei Eltern, Lehrkräften und in der Schülerschaft ein beachtliches Ansehen. Dank Ihrer Besuche bei öffentlichen Veranstaltungen haben Sie Persönlichkeiten des öffentlichen Lebens kennengelernt und Ihre Schule angemessen repräsentiert. Ihr Wort hat zum Thema »Schule« Gewicht. Mit Ihren lieb gewonnenen Gewohnheiten kann man inzwischen in der Schule selbst gut umgehen. Ihr amtsangemessenes respektvolles Auftreten, Ihre Zuverlässigkeit, Verbindlichkeit und Worttreue zählen zu Ihren Markenzeichen. Ihr stetes Bemühen um immer höhere Effizienz und Effektivität dürfen Sie sich zugutehalten. Vielleicht geht es Ihnen ja inzwischen ebenso wie einer Schulleiterin, die nach meinem Vortrag beim o.g. DSLK zu mir kam und mir erzählte, sie habe in den letzten sieben Jahren an ihrer Schule alles gemacht, was man so an einer Schule machen könne, und fragte mich scheinbar händeringend: »Könnten Sie mir vielleicht noch einen Tipp geben, was ich in den nächsten sieben Jahren bis zum Ruhestand noch machen könnte?« – »Wie gut kennen Sie eigentlich die Menschen – z.B. eine jede Lehrkraft – an Ihrer Schule?«, fragte ich Sie zurück. Wegen der Verwendung des Plurals ließ mich Ihre Antwort aufhorchen: »Die Lehrkräfte beteiligten sich immer an allen Projekten, die ich angeboten habe.«- Diese Antwort erinnerte mich an einen von mir sehr geschätzten Schulleiter, den ich seit dem Studium kannte und dessen Dienstvorgesetzter ich dann für ein paar Jahre in der Schulbehörde war. Er war gerade 50 geworden, als er mir eines Tages gestand: »Ich weiß, Du hörst es ja nicht gerne. Bevor ich aber lange meine Kolleg(inn)en in der Schulleitung um etwas bitte, erledige ich die Dinge lieber selbst. Dann weiß ich, ob, wann und wie sie gemacht sind.« Er konnte mir auch den Grund nennen, warum ich das nicht gut fände. Es sei meine Sorge um seine Gesundheit.- Das stimmte – leider, denn 10 Jahre später ging er aus gesundheitlichen Gründen vorzeitig in den Ruhestand – wegen Überlastung! Und doch: Er war ein guter Schulleiter und leitete viel Jahre eine gute Schule.

Sollten Sie seine Sätze schon einmal selbst gedacht oder auch gesagt haben – »Im Zweifel mache ich es doch lieber selbst. Dann weiß ich, dass es gemacht ist« – dann sollten bei Ihnen erste Alarmglocken läuten.

Gestatten Sie mir an dieser Stelle ein paar Fragen, die Sie nur für sich beantworten sollten:

- Warum halten Sie sich an diesem Punkt nicht zurück, überlassen den immer jammernden Lehrkräften das Feld und erledigen manche Aufgaben selbst?
- Warum geben Sie Ihren Kolleg(inn)en in der Schulleitung nicht die Chance, auch Ihnen einmal zu zeigen, wozu sie noch in der Lage sind – auch wenn es vielleicht etwas länger dauert oder ganz anders vollzogen würde als von Ihnen?
- Brauchen Sie wirklich eine so heroische Geste im alltäglichen Vollzug – die Pose des Alleskönners und Alleinunterhalters, der beim Gelingen viel Lob, aber beim Misslingen von fachlich versierten Lehrerinnen und Lehrer viel Spott (hinter vorgehaltener Hand versteht sich) erfährt?
- Und wenn Sie nur noch wenige Jahre bis zum Ruhestand vor sich haben – es lohnt sich die Frage: Wie habe ich an meiner Schule eigentlich Personalförderung für Führungsaufgaben betrieben, damit es auch nach mir für Funktionsstellen optimal vorbereitete Lehrer/-innen gibt? Wie habe ich auf Sie als Vorbild gewirkt? Inwiefern war mein Handeln ihrer Nachahmung wert?
- Und wenn Ihnen eines Tages auffällt, dass bei Stellenbesetzungsverfahren für Funktionsstellen immer öfter Lehrkräfte aus Nachbarschulen, immer seltener aber jemand aus Ihrer Schule zum Zuge kommt, liegt es dann ggf. auch an Ihrer – sagen wir mal vorsichtig – Zurückhaltung in der Personalförderung – gepaart mit Ihrem Vollzugsegoismus im operativen Bereich?
- Es mag auch sein, dass Sie rückblickend zur Kenntnis nehmen müssen, dass sich in den letzten 10 Jahren jedes Jahr einer ihrer besten Lehrkräfte an eine andere Schule versetzen ließ. Welche Gründe wurden Ihnen bei ihrer Antragsstellung genannt? Stimmten sie auch mit jenen überein, über

die im Kollegium hinter vor gehaltener Hand geredet wurde? – Wie etwa: Ich fühle mich von meinem Schulleiter nicht beachtet, nicht wertgeschätzt, nicht gefördert, in den Konferenzen vor allen anderen bloß gestellt oder getadelt etc.? Ist es nicht doch zu spät, wenn Sie der Meinung sein sollten, Sie interessierten sich für die Lebensläufe und Werdegänge Ihrer Lehrkräfte immer erst dann, wenn Sie sie in den Ruhestand verabschiedeten?

- Wenn Sie sich selbst einmal beobachten – wie hat sich Ihr Führungs- und Leitungsverhalten, Ihr Umgang mit allen, für die Sie Leitungsverantwortung haben, seit dem ersten Tag an Ihrer Schule verändert? Sind Sie gelassener oder strenger geworden? Haben Sie Ihren Führungsstil von einem eher partizipatorischen zu einem mehr autokratischen verändert, der schon eher dem Führerprinzip nahekommt, indem Sie jenen emotionale Zuwendung und Beachtung schenken, die Sie zu Ihrer Gefolgschaft zählen, und jene bei Begegnungen keines Blickes in der Schule mehr würdigen, die sich hin und wieder Ihnen gegenüber kritisch äußerten? Bestellen Sie sogar letztere am Tag nach einer Lehrerkonferenz zum Rapport, weil sie sich kritisch mit Ihrem in die Konferenz eingebrachten Antrag auseinandersetzten? Arbeiten Sie bei Neuerungen an Ihrer Schule lieber mit jungen Lehrer/-innen zusammen, weil sie ja noch befördert werden wollen und Sie diese quasi »in der Hand« haben? Gibt es Augenblicke, in denen man Ihnen zuträgt, Sie würden Teile des Kollegiums krank machen oder mal wieder in einem persönlichen Gespräch eine Lehrkraft so sehr gedemütigt haben, dass sie mit einem Weinkrampf Ihr Büro verließ?

In dieser Gemengelage zwischen lieb gewonnenen Gewohnheiten, Leitungsstabilität und hohem Ansehen in der Öffentlichkeit auf der einen Seite und einer denkbar egoistischen Eigenprofilierung statt einer wohlwollenden und eher altruistischen Personalförderung und einer starken Neigung, dem Kollegium die Arbeit abzunehmen, gilt es zu entscheiden, ob es Ihnen gelingen wird, Ihre eigentlich gute Schule noch ein bisschen zu verbessern. Vielleicht sollten Sie einfach noch einmal mit noch mehr Erfolg und Zustimmung durchstarten? Sie hätten auf diesem Weg ebenfalls die Chance, Ihre Erfahrungen anderen anzubieten, die sich den Weg in eine Stelle als Schulleiter/-in vorstellen können.

3.1 Vom Spezialisten zum Generalisten

Wenn Sie die oben angestellten Überlegungen gut nachvollziehen können, fühlte ich mich allerdings missverstanden, wenn Sie glaubten, ich würde jetzt von Ihnen eine radikale Umkehr erwarten, von Ihnen ein Zurück zu einer Art »Stunde null« als Schulleiter/-in. Das ist unmöglich und gewiss unmenschlich. Auch könnte dann die Frage aufkommen, ob Sie denn alles so völlig falsch gemacht hätten und nichts wert sei, weiterhin gepflegt zu werden. Schließlich können Sie doch auf das bisher schon Erreichte mit Genugtuung und Stolz zurückblicken und hätten dann auch die Chance darauf aufzubauen. Ich fühlte mich aber auch missverstanden, wenn Sie sich nur dazu aufgefordert fühlten, Ihre Führungsrhetorik an die neue Situation anzupassen, aber ansonsten alles beim Alten beließen. Eher führt der Weg durch beide Extrema hindurch, indem Sie sowohl eine Bilanz ziehen und danach fragen, was sich bewährt hat, als auch sich mehr als bisher entfernen von allen möglichen Formen aktiver Einmischung in Form eines »Durch- oder Hineinregierens« in Alltagsgeschäfte des Kollegiums – frei nach der Philosophie des »alles Gute kommt von oben« – ein Feld, das Sie mehr und mehr Ihren Abteilungsleiter/-innen oder anderen Mitgliedern in der Schulleitung überlassen sollten, während Sie sich mehr noch als bisher auf das Allgemeine beschränken und eben nicht mehr länger Ihr Augenmerk auf das Kleinklein des Besonderen in allen seinen Formen der operativen Umsetzung legen würden.

Werden Sie darum ab sofort vom Spezialisten zum Generalisten und nehmen Sie Abschied vom Tagesgeschäft des dienstlichen Vollzugs!

3.2 Exkurs: Wie man eine Firma zugrunde richtet – ein statthafter Vergleich!

Falls Sie diese Überlegungen noch nicht teilen können, dann könnte es Ihnen so ergehen wie jenem Chef einer Kfz-Werkstatt, der im Hinblick auf seine bevorstehende Rente auf der Suche nach einem Nachfolger seine Kundschaft nach ihrer Zufriedenheit mit einzelnen Gesellen befragte. Er selbst war unsicher, wen er zu seinem Nachfolger machen sollte. Den höchsten Zuspruch erhielt am Ende ein Geselle, den die Kundschaft ausnahmslos als besonders zuvorkommen und stets freundlich beschrieb. Der Chef selbst hatte zwar einen anderen Gesellen für seine Nachfolge ins Auge gefasst, aber er dachte: »Wenn die Leute ihn wollen, dann soll es mir auch Recht sein«; und er machte den von seiner Kundschaft mehrheitlich gewünschten Gesellen zu seinem Nachfolger.

Kaum war der alte Chef weg, da tauschte sein Nachfolger seinen blauen Kittel gegen einen weißen ein. Schließlich musste ja seine neue Rolle als Chef für alle sichtbar sein. Nachdem er in den ersten vier Wochen sehr viele Vorschriften und Auftragsbücher studiert hatte, wurde es ihm langweilig. Darum beschloss er, ab sofort immer mal wieder seinen ehemaligen Kollegen in der Werkstatt über die Schulter zu sehen. Auch wolle er den Gesprächsfaden mit ihnen nicht abreißen lassen. Bei seinem ersten Besuch fiel ihm auf, dass ein junger Geselle einen etwas umständlichen Handgriff bei der Reparatur eines Fahrzeugs vornahm. Darauf bat er ihn, zur Seite zu treten und ihm zeigen zu dürfen, wie man diesen Handgriff einfacher erledigen könne. Soweit so gut. Aber dabei sollte es nicht bleiben. Die Freude des jungen Gesellen und sein eigenes praktisches Tun motivierten zu weiteren Besuchen. Und je häufiger er in die Werkstatt kam, umso öfter schritt er bei immer mehr Gesellen ein und zeigte ihnen, was für ein exzellenter Kfz-Mechaniker er selbst immer noch sei – viel besser als alle zusammen! Es vergingen keine zwei weiteren Wochen, als der erste Geselle ihm mit der Begründung kündigte, wenn er alles besser könne und sowieso immer wieder zeige, dass nur er der Beste sei, dann möge er doch »seinen Laden« alleine voranbringen. Die Kündigung und ihre Begründung führten dazu, dass bald weitere Gesellen ihre Kündigungen vorlegten – bis am Ende kein Geselle mehr in der Werkstatt war und er ganz alleine dastand.

Kaum ein halbes Jahr war vergangen, als die Werkstatt Konkurs anmelden musste.

Die Quintessenz der Geschichte:

Um ein guter Chef in einer Schule zu werden und zu bleiben, reichen Sachkenntnisse wie etwa über guten Fachunterricht nicht mehr aus. Zunehmend hinzukommen muss in Vorbereitung auf diese Leitungsstelle profundes Management- und Führungswissen. Und dazu zählt, wie die Geschichte anschaulich zeigt, u.a. die Einsicht: Sie sind als Chef in ein Amt gekommen, in dem Sie in erster Linie für das Allgemeine zuständig sind. Fragwürdig ist auch, dem Publikum die Entscheidung über einen Nachfolger einzuräumen.

Und eine Empfehlung schließt sich an: Mischen Sie sich nicht in das ein, was Sie vielleicht früher gerne und gut gemacht haben. Und mit Blick auf den Konkurs: Seien Sie vor allen anderen Dingen zuständig für die Überlebensfähigkeit Ihrer Schule und nehmen Sie weder Ihren Kolleg(inn)en in der Schulleitung noch den Lehrkräften im Kollegium ihre Arbeit ab, während diese doch Ihnen eigentlich nahezu tagtäglich gerne zeigen wollen, was sie für großartige Leitungskräfte und einfühlsame Pädagogen/-innen und wie wertvoll sie für die Schule sind. Andererseits wird am Beispiel sichtbar: Mangelnde Zumutung, Wertschätzung und Demotivation führen Menschen erst in die innere und dann in die äußere Kündigung. Und das wollen wir wegen der Menschen nicht, die dazu bereit sind, nach Kräften gemeinsam an der Zweckerfüllung des Unternehmens Schule zu arbeiten. Ihnen dafür zu danken und ihren besonderen Wert für die Schule und die ihr anvertrauten jungen Menschen anzuerkennen das ist die zentrale Aufgabe eines jeden Chefs – ganz gleich, ob ich Inhaber/-in einer Werkstatt oder Leiter/-in einer Schule bin!

3.3 Geringe Veränderungsbereitschaft an Schulen nach internationalen oder nationalen Vergleichsstudien

Je länger man sich als Schulleiter/-in mit den Ergebnissen von kollektiven internationalen Vergleichsstudien unter dem Aspekt subjektiver Betroffenheit auseinandersetzt, – also mit der Frage, ob die statistischen Ergebnisse meine Schule und mich als für Unterricht und Erziehung Verantwortliche oder Verantwortlichen berühren – desto mehr wächst der Zweifel, ob sie dazu wirklich in der Lage sind, jenen Leidensdruck bei den Lehrer/-innen in den Kollegien zu erzeugen, den man für qualitative Veränderungen und nachhaltige Entwicklungen in Schule und Unterricht benötigt. Was allerdings schmerzt, ist die öffentliche Diskriminierung einzelner Schularten oder ganzer Regionen (z.B. in den Grundschulen des Bundeslandes x haben die Schülerinnen und Schüler der 4. Klassen völlig unzureichende Kenntnisse in …), die scheinbar nebenher stattfindet.

Kommen wir zurück zum Thema »heiter und gelassen Schule leiten bis zum Ruhestand« und damit dazu, was Sie von diesem Buch erwarten dürfen und was Sie zum Kauf des Buches bewogen haben mag. Vielleicht erwarten Sie Antworten auf die Frage:

Wie könnte ich in der nächsten Zeit meiner Art Schule zu leiten eine Richtung geben, mit der ich meine starke Belastung senken und dabei wieder heiter und gelassen sein kann? Bei meiner Antwort auf diese Frage beziehe ich mich gerne auf die zentrale Empfehlung der Unfallkasse Nordrhein-Westfalen, wenn Sie der Delegation durch Schulleiter/-innen eine sehr zentrale Bedeutung beimisst. Aber das könnte vielleicht bei Ihnen einen grundsätzlichen Kurswechsel in Ihrem Leitungsverhalten notwendig machen, der, erfolgt er allzu hastig, zu Irritationen in Schulleitung und Kollegium führen würde. Darum will ich davon ausgehen, dass auch

3.4 Aller (Neu)anfang schwer…(sei)

Vielleicht kommt Ihnen diese Situation bekannt vor: Am Ende eines Seminars über die Frage »Wie kann man eine gute Schule noch besser leiten?« steigen Sie noch gut gelaunt und hochmotiviert ins Auto, fest entschlossen, morgen in der Schulleitung darüber zu berichten, welche guten Tipps Sie erhalten haben, um dann bald an die Umsetzung dessen zu gehen, was Sie vom Seminar an Ihre Schule mitnehmen wollten. Danach würden Sie dann gemeinsam mit der Schulleitung den Örtlichen Personalrat von ihren Absichten in Kenntnis zu setzen! Wie es so geht – dieses Hochgefühl will leider nicht die ganze lange Fahrt bis nach Hause anhalten. Etwa nach der Hälfte der Strecke stellen sich bei Ihnen erste und ernste Zweifel ein – wie etwa: »Wenn ich an diese Kollegin oder jenen Kollegen in der Schulleitung denke und an ihre/seine stets destruktiven Äußerungen, dann werde ich mir alles noch einmal überlegen. Wahrscheinlich werde ich mich auf einen kurzen Bericht über das Seminar oder das Buch beschränken, das man uns empfohlen hat, und dann doch zum Alltag gemäß üblicher Tagesordnung »Berichte aus den Aufgabengebieten« übergehen. Vielleicht gibt es ja bald wieder eine Gelegenheit…!«

So anfangen? Wohl eher NEIN!

Mal ehrlich: Da muten doch Fortbildungsinstitute schulischen Einzelkämpfern wie Schulleiter/-innen manchmal sehr viel zu. Auf Ihre Anfrage, ob Sie nicht vielleicht mehrere Personen aus Ihrer Schulleitung begleiten dürften, erhielten Sie die Antwort: »Auf Grund der stets hohen Nachfrage kann von jeder Schule auch dieses Mal nur die/der Schulleiter/-in o.V.i.A. am Seminar teilnehmen!«

Dabei kommt es doch eigentlich mit Blick auf das Ziel und die Absicht des Seminars gar nicht auf Kapazitätsengpässe an. Vielmehr sollte es doch darum gehen, zum Beispiel eine bereits gute Schule im Zusammenwirken der Schulleitungsmitglieder noch besser zu machen. Wie auch immer man so eine Optimierung anpackt, es ist ein Kraftakt, der sich als nahezu heroische Zumutung entpuppt, wenn nur die/der Schulleiter/-in daran teilnehmen darf. Das ist auch deshalb so bemerkenswert angesichts der vielen Sonntagsreden über effektive Schulleitungen als Team. Also will man vielleicht doch nur den »heroischen Einzelkämpfer« als Schulleiter/-in, die/der alles richten wird? Nein. Im Prinzip unterliegt Schulleitungsfortbildung den gleichen Prinzipien wie die Fortbildung für Lehrer/-innen im Rahmen eines Fortbildungskonzepts –denkbar in folgenden Schritten:

1. Bekanntmachung des Fortbildungsthemas und Erörterung seiner Zielsetzung in der Schulleitung.
2. Bilanzierung dessen, was die Schulleitung schon bisher auf diesem Gebiet an Wertvollem geleistet hat.
3. Identifikation von möglichen Schwachstellen in der Schule und deren Entwicklungsbedarfs.
4. Zusammenstellung und Verabschiedung einer Liste mit Fragen, die von den möglichen Teilnehmer/-innen der Leitungsrunde ins Seminar mitgenommen und dort beantwortet werden sollen.
   4.1 Es hat sich als sinnvoll erwiesen, dass ein so entstandener Fragekatalog rechtzeitig dem Seminarveranstalter zur Weiterleitung an die Referent/-innen zugeleitet werden sollte, damit die Antworten auch wirklich sorgfältig vorbereitet und im Seminar behandelt werden können. Erst dann wird sich die Teilnahme als in jeder Hinsicht wertvoll und brauchbar und nicht als Zeitverschwendung herausstellen.
5. Nach ihrer Rückkehr berichten die Teilnehmer/-innen den Mitgliedern der Schulleitung, die nicht am Seminar teilgenommen haben, ausführlich über das Seminar, gemeinsam stellen alle die Bezüge zu den eigenen Vorüberlegungen her und arbeiten weiter an einem Basiskonzept zur Optimierung ihres Schulleitungshandelns.

6. Diese Antworten werden schließlich in eine Konzeption eingepasst, über die man in der o.g. Bilanz unter 2. gesprochen hatte und die den Zielen und Vorstellungen der gesamten Schulleitung entspricht.

Hat man dann diesen letzten Schritt erreicht, ist es an der Zeit, den öPR davon in Kenntnis zu setzen, bevor man damit in der Lehrerkonferenz die Konzeption vorstellt. Kernpunkt könnte sein die Stärkung der Führungsverantwortung eines jeden Funktionsstelleninhabers in der Schulleitung bei gleichzeitiger Erweiterung der Partizipation durch das Kollegium bzw. einzelner Kolleg(inn)en.

Wie in groben Zügen eine solche Konzeption aussehen könnte, möchte ich Ihnen in einer Kurzfassung meines Vortrages auf dem Deutschen Schulleiterkongress im März 2017 in Düsseldorf aufzeigen. In diesem Vortrag geht es darum, in Formen des »Durchregierens« einer/s Schulleiter/-in operative Belastungsmechanismen zu sehen, die bei einer Beschränkung auf eine betont strategische Ausrichtung des Schulleiterhandelns nicht eingetreten wären und die zudem den Kolleg(inn)en die Chance gegeben hätte zu zeigen, was sie wirklich können. Insofern handelt es sich bei diesem Aufsatz auch um ein Konzept zur Vorbereitung von Lehrkräften auf Führungs- und Leitungsaufgaben im Sinne eines »Trainings-on-the-Job«.

4. Schulleiter/-in bis zum Ruhestand: Mit Erfolg und Leichtigkeit Schule leiten

4.1 Zur Orientierung – eine Einladung zum Lesen

»Ich bin seit sieben Jahren Schulleiter. Jetzt, so glaube ich, weiß ich, wie es geht!« resümierte einmal ein Schulleiter seine ersten Jahre. Während sich nach einem Jahrsiebt die einen Schulleiter/-innen vornehmen, in Routine verfallend bei minimaler »Störung« von außen so weiterzumachen wie bisher, beklagen andere den Mangel an wirksamer Arbeit der Lehrkräfte und fangen damit an, vom Stellvertreter bis hin zur Schülerschaft in IHRE Schule hineinzuregieren. Wiederum andere verstehen die Schule als gemeinsame Aufgabe von Schulleitung und Kollegium und leiten hochmotiviert – mit Erfolg und Leichtigkeit – ihre Schulen bis zur Rente. Von diesen soll hier ermutigend die Rede sein.

Was jedoch eintreten kann und wie man sich mit dem Hineinregieren auf Dauer schaden kann, zeigt das Gespräch mit einem Schulleiter:

Schulleiter (50) zum Schulrat:

»Sie haben mich zwar immer schon vor den gesundheitlichen Folgen gewarnt, aber bevor ich jemanden frage, mache ich es lieber gleich selbst!« – 10 Jahre später:

Vorruhestand wegen Überlastung

Hier ein paar Beispiele aus meinen Beobachtungen für das »Durchregieren«[5] von Schulleiter/-innen:

4.2 Selbst ist die Frau/der Mann…

Oder:

1. »Da ich für alles in meiner Schule verantwortlich bin, kann ich doch auch »Feuerwehr« spielen. Darum übernehme ich möglichst oft die Leitung von Fachkonferenzen.«

---

5 Die Gründe, warum diese Formen des »Durchregierens« problematisch sind, finden Sie unter Ziff. 35.

2. »Ich sprach gestern mit der Schulaufsicht (…) Also machen wir es heute so, wie ich es mir schon ausgedacht hatte!«
3. »In den ersten vier Wochen als Schulleiter werde ich möglichst viele Vertretungsstunden übernehmen, um zu sehen, wo in unserer Schule der Schuh drückt.«
4. »Liebe Schüler, wenn ihr ein Problem habt – meine Tür ist für euch immer offen!«
5. »Seit einem halben Jahr forciere ich die Arbeit der Schülervertretung, indem ich mich wöchentlich mit der Versammlung der Klassensprecher treffe.«
6. »Meine Sekretärin hat immer so viel zu tun – darum erledige ich die gesamte Ablage selbst.«
7. »Dank meiner besten Kontakte zur Wirtschaft berate ich jeden Schüler in der 9. Klasse selbst.«
8. »Briefe an meine Schule beantworte ich grundsätzlich immer selbst.«
9. »Wenn ein Lehrer ein Problem mit seinen Schülern in der Klasse hat, übernehme ich als Schulleiter möglichst sofort den Unterricht. Dann herrscht Ruhe.«

Alle Beispiele stimmen in einem Punkt überein. Die/Der Schulleiter/-in bewegt sich beim Durchregieren im operativen Bereich der Umsetzung von selbst erteilten strategischen Aufträgen. Das Ausmaß seines Eingreifens ist leicht visualisiert (vgl. Powerpoint-Präsentation zu meinem Vortrag DSLK 2017):

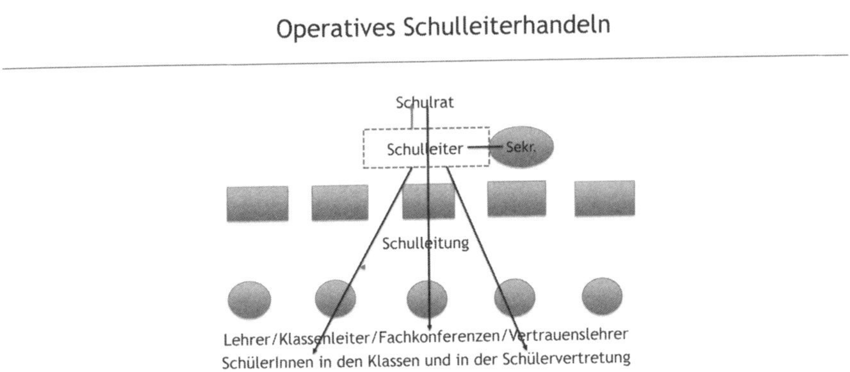

In der Gegenüberstellung von Schulleiterhandeln und eigentlicher Zuständigkeit wird klar, in wessen Kompetenzen sie/er eingreift und damit aber auch, wem sie/er öffentlich, soll heißen – für alle in der Schule sichtbar – eine eigene Kompetenz abstreitet, ihn also letztlich vor allen vorführt und der Chance beraubt, selbst zu zeigen, wozu sie/er in der Lage ist.

„Durchregieren" vs. formaler Zuständigkeit

Ich mache es besser selbst - und selbst besser:	**Subsidiarität und Solidarität**
1. „Ich leite alle Fachkonferenzen"	**1. Vorsitzende der Fachkonferenzen**
2. „Ich sprach gestern mir der Schulaufsicht, also..."	**2. Mitglieder der Schulleitung/ Konferenzen/ Vertretung der Lehrer/ Schüler/ Eltern**
3. „Ich übernehme Vertretungsstunden..."	**3. Lehrkräfte in Freistunden**
4. „Liebe Schüler, wenn ihr ein Problem habt..."	**4. Der jeweilige Lehrer**
5. „Ich treffe mich mit den Klassensprechern"	**5. Der Vertrauenslehrer/ Verbindungslehrer**
6. „Ich mache die gesamte Ablage selbst."	**6. Die Sekretärin**
7. „Ich berate jeden Schüler der 9. Klasse."	**7. Der Schullaufbahnberater/ die Klassenleiter**
8. „Briefe beantworte ich immer selbst."	**8. Der vom Inhalt betroffene Lehrer fertigt einen Entwurf an und leitet ihn d.d. Stufenleiter an den Schulleiter**
9. „Wenn Lehrer Probleme mit Schülern hat, übernehme ich den Unterricht in der Klasse."	**9. Den Lehrer mit Problemen unterstützt der Klassenleiter/ die Klassenkonferenz**

Nimmt man einmal die o.g. neun Tätigkeiten zusammen, dann bleibt Ihnen als Schulleiter/-in bei sorgfältiger Ausführung nur noch wenig Zeit für Ihren eigenen (natürlich bestmöglichen Unterricht) – und für Ihre Führungstätigkeit so gut wie gar keine Zeit mehr. Damit wären Sie allerdings nicht alleine: Aus Untersuchungen an deutschen Unternehmen ist bekannt, dass Führung für viele Manager in Unternehmen »meist nur die Residualgröße«[6] ist, da sie sich in ihrem Alltag zu 80% mit operativen Aufgaben beschäftigen und damit Führung – und damit im Grunde ihr Kerngeschäft – nahezu völlig vernachlässigen. Außerdem sind Sie, wenn das Ihre eigenen Ansprüche sind, ständig irgendwo in der Schule unterwegs – und nehmen unversehens anderen Lehrkräften die Arbeit ab – oder sogar weg? Natürlich – wer anderen ihre Arbeit abnimmt, wird nicht nur von demjenigen kritisch beobachtet, der es vielleicht

6 Wolfgang Jennewein, Jonas Halder, Ab auf die Bank!, in: Harvard Business Manager 7/2018, S. 82.

sogar noch besser kann als die/der Schulleiter/-in. Je mehr Arbeiten Ihnen dann in diesem operativen Bereich des »Durchregierens« nicht gelingen, desto mehr wird das Ihrem guten Ruf oder Ihrer Autorität schaden. Dieser Ruf dringt aber auch in die Öffentlichkeit und wird auf Dauer nicht nur Ihr Ansehen, sondern auch das Ansehen Ihrer Schule insgesamt beschädigen. Auf diese Weise wird aus einem scheinbaren Einzelproblem einer/s Schulleiters/-in ein Systemproblem der Schule selbst mit niemals auszuschließendem Einfluss auf das Wahlverhalten der Eltern der nächsten Schülerpopulation der vierten Klasse der Grundschulen – aber dazu werde ich mehr beim Thema »Schulmarketing« ausführen. Hier sei nur noch ergänzend auf den starken und existenziellen Einfluss sinkender Schülerzahlen auf die an der Schule unterrichtenden Lehrkräfte hingewiesen: Sie müssen ggf. mit Versetzungen an andere Schulen rechnen.

4.3 Wie wird man eigentlich vom Sklaven zum Herrn seiner Arbeit?[6a]

Wohin will ich? – Mit Flow in die Rente!

https://www.google.de/search?q=flow+karikatur&espv=2&biw=1600&bih=770&tbm=isch&tbo=u&source=univ&sa=X&ved=0ahUKEwj5pNWxkpnRAhXRNlAKHbfXDwoQ7AkIKQ#tbm=isch&q=flow+effekt

6a Karikatur in: https://www.google.de/search?q=flow+karikatur&espv=2&biw=1600&bih=770&tbm=isch&tbo=-u&source=univ&sa=X&ved=0ahUKEwj5pNWxkpnRAhXRNlAKHbfXDwoQ7AkIKQ#tbm=isch&q=-flow+effekt

FAZIT
Wer »durchregiert«, da man ja die Verantwortung für die ganze Schule habe und daher an allen Ecken und Enden dafür sorgen müsse, dass alles ordentlich gemacht werde, mag vielleicht von der Überzeugung geleitet sein, er müsse seiner Schule »seinen Stempel« aufdrücken. Wer allerdings so sehr auf Effizienz und Effektivität aus ist und an allen Ebenen seiner Schule vorbei regulierend eingreift, den wird man anfangs vielleicht noch gewähren lassen, er wird aber sehr schnell mit Phänomenen konfrontiert, die sich als unbeabsichtigte Nebenfolgen einstellen: Misstrauen, Demotivation und innere Kündigung – und schließlich Häme bei jenen, die es als Experten auf ihrem Gebiet einfach besser könnten – wie zum Beispiel die Stufen- oder Klassenleiter/-innen.

Zieht man zum Verständnis für diese Folgen das Flow-Modell von Mihály **Csíkszentmihályi** heran, wird verständlich, warum Sie vielleicht anfangs noch den einen oder anderen Erfolg für sich verbuchen können, aber sehr bald an Ihre Kapazitätsgrenzen stoßen werden und sich mit dem dadurch verursachten Stress bei Ihnen erste Überforderungssymptome einstellen. Nicht anders ist es aber auch bei jenen Lehrer/-innen, die sich von Ihnen übergangen fühlen oder den Eindruck gewinnen, dass Sie ihnen diese Arbeit nicht zutrauen oder gar ihre Arbeit von Ihnen nur gering oder gar nicht geschätzt werde. Von Ihnen zunehmend unbeachtet, entsteht mit der sich bei ihnen einstellenden Unterforderung eine Form von Stress und Langeweile – übrigens mit ähnlichen Folgen wie bei Ihnen als Schulleiter/-in wegen Überlastung ein. Weil mit der Freude an der Arbeit die Leistungsbereitschaft abnimmt, wird das Arbeitsklima in der Schule für alle zur täglichen Belastung. Daher gilt es aufzuzeigen, wie man aus dieser parallelen Stressspirale wieder herauskommen kann:

Flow zwischen Herausforderungen und Fähigkeiten[6b]

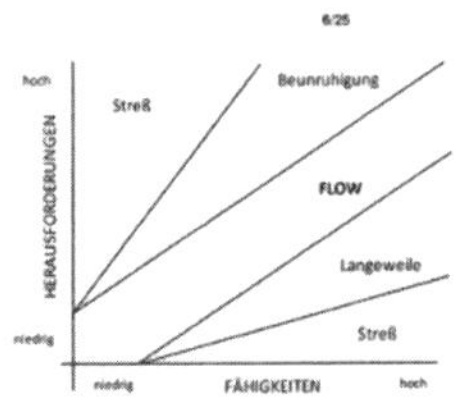

4.4 Die Wiederentdeckung der Sinnebene

Schulleiter/-innen mit vor- und außerdienstlichen Leitungserfahrungen kennen das Phänomen zur Genüge. Sie wissen von Anfang an, worauf es ankommt: Auf klare Zuständigkeiten und deren konsequente Einhaltung vor allem durch sie selbst. Aber das scheint nicht zu genügen. Denn trotz dieser Klärung der funktionalen Zuständigkeiten ist vielfach eine Art Dominanz des Organisatorischen zu beobachten. Wer aber nur die Organisationsfragen klärt, läuft sehr oft Gefahr, dass sie/er sich kritischen Stimmen aus ganz unterschiedliche Richtungen ausgesetzt sieht. Wie kommt es dazu? Die Unterschiedlichkeit der Kritik erwächst aus den unterschiedlichen, ja manchmal gegensätzlichen Zielen/Maßstäben, die von den Kritikern herangezogen werden – ganz ungeachtet der Ziele und Maßstäbe, die von Ihnen selbst unausgesprochen unterlegt oder vermutet wurden und zur von Ihnen gewählten Form der Organisation geführt haben. Nimmt jedoch diese Kritik Überhand, löst sie Unbehagen sowohl bei den Verantwortlichen als auch bei den Teilnehmer/-innen aus und führt zur Demotivation: Sie entziehen Schulleitungsmitgliedern und/oder Lehrkräfte ihre grundsätzliche Bereitschaft zum Engagement – z.B. in einem Projekt – auf Dauer. Die sich hieraus ergebenden Folgen für die Schule kann man sich gut vorstellen.

6b Abb.: https://www.google.de/search?q=flow+karikatur&espv=2&biw=1600&bih=770&tbm=isch&tbo=-u&source=univ&sa=X&ved=0ahUKEwj5pNWxkpnKAhXRNlAKHbfXDwoQ7AkIKQ#tbm=isch&q=-flow+effekt

Schulführung muss Sinn ergeben

Vgl. Manfred R. A. Rüdenauer, Ökologisch Führen: funktionelle Kooperation statt hierarchischer Kontrolle, Wiesbaden 1991, S. 123

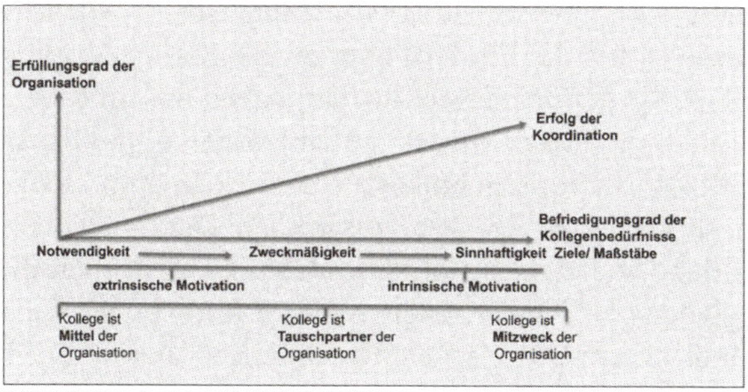

Wenn Sie diese Folgen voraussehen, dann regen Sie einfach die Lehrkräfte dazu an, vor der Festlegung der Organisation ihrer Projekte gemeinsam mit ihren Teilnehmer/-innen viel Zeit auf die Sinn- und Zielklärung des zu verwenden – mit dem Vorteil, dass damit nicht nur die Ziele definiert und der Sinn der Veranstaltung von allen mitgetragen wird, sondern dass dieser KON-SENS eine schier unendliche Organisationsfantasie bei allen erzeugt – vor allem bei den Teilnehmer/-innen. Und es wird mit dieser Wiederentdeckung der Sinnebene noch mehr erreicht: Sie wird zum eigentlichen, legitimen Maßstab für die Beurteilung der Organisation. So entscheidet sich der Erfolg nicht länger an beliebigen Maßstäben der Beobachter/-innen, sondern an jenem gültigen Maßstab, der allein durch die Definition der Sinnebene durch die Leitungsgruppe jetzt heranzuziehen ist.

FAZIT
D.h. die Wiederentdeckung der Sinnebene fördert zum einen dank der gemeinsamen Ziele und Maßstäbe kreative Ideen für unterschiedliche Organisationsabläufe; zum anderen sind Leitung und Teilnehmerkreis dazu in der Lage zu entscheiden, was beibehalten und was verbessert werden sollte. Zufrieden mit dem Ergebnis und dank der positiven Feedbacks zur Fortsetzung der Arbeit motiviert, werden sie gerne am Projekt weiterarbeiten.

4.5 Form folgt Inhalt – oder: Der Vorrang der strategischen Handlungsziele

Wenn Sie schon vor Ihrer Amtsübernahme eine solche Verfahrensweise und ihre »Geheimnisse« für die Förderung von Arbeitszufriedenheit, Motivation und letztlich FLOWs kennenlernen durften, haben Sie auf diese auch im Amt nutzbringend und erfolgreich zurückgreifen können – und das mit einer starken integrativen Wirkung in Schulleitung und Kollegium. Schließlich finden Menschen bei sinnvoller Arbeit gerne zusammen. Die Ihnen bekannte Motivationslehre für den Unterricht kennt dieses Credo. Damit steht die strategische oder Führungsebene der/des Schulleiter/-in im Mittelpunkt von Schulleitung. Während es auf dieser strategischen Ebene darauf ankommt, die Sinn- und Zielfragen zwischen Lehrkraft und Schulleiter/-in auszuhandeln, also Konsens (einen gemeinsamen Sinn) zu erzielen, geht es dann auf der operativen Ebene darum, dass die Lehrkraft als Operator die Formen der Umsetzung in Freiheit – also nach je eigenen Fähigkeiten und Fertigkeiten – vollziehen kann. Zur Führungsaufgabe des Schulleiters gehört es daher vor allem, die Stärken der jeweiligen Lehrkraft zu entdecken, zu akzeptieren und zu fördern, einer Unterstützung den Vorrang vor einem Verbot einzuräumen und immer wieder der Lehrkraft die Chance zu geben zu zeigen, was sie kann.

Eingangs war die Rede von der notwendige Abgrenzung von Aufgaben. Diese Abgrenzung erfolgt nun durch eine Weitung der Grenzen auf der Sinnebene und deren Bezug zu den Handlungsoptionen der Führungs- und Leitungskräfte. Da Schulleitung sich immer mehr als Leitung zur gesamten Hand versteht/verstehen sollte, erscheint es notwendig, dass sich bei der Neudefinition der Sinnfragen von Leitungsstellen die gesamte Schulleitung auf einen KONSENS so verständigt, dass die Motivation der/des Stelleninhabers/-in lebendig bleibt.

Strategische Handlungsziele durch Delegation
KONSENSEBENE

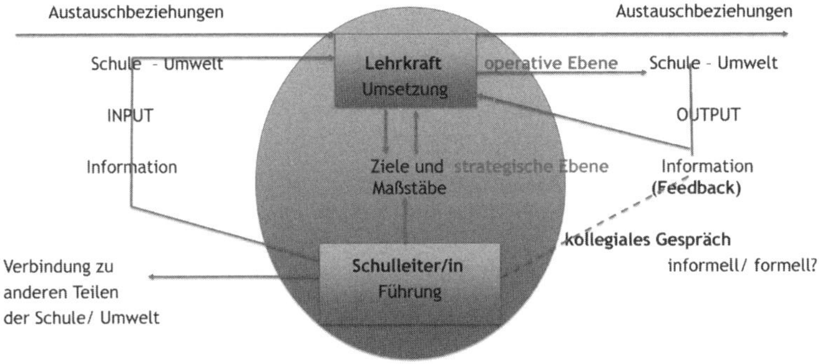

4.6 Wenn ich so viel Macht abgebe, was bleibt mir dann noch als Schulleiter/-in?

Einer der Beweggründe für die Übernahme einer Schulleitertätigkeit ist für viele neben der größeren Freiheit auch die Macht des Amtes. Wer allerdings so viel Macht empfindet, gibt sie nicht gerne ab, wenn er nicht mehr eingreifen oder gar Mitglieder der Schulleitung »kneten« (O-Ton eines Schulleiters) kann, wie es ihm beliebt, oder wenn er seine Position (in Freiheit!) dazu verwenden möchte, in Routine zu verfallen.

Nach der Abgabe von Macht im Klein-Klein des Durchregierens oder auf der operativen Ebene gilt es wieder, in der Verantwortung für das Allgemeine die entscheidende Kernaufgabe der/s Schulleiter/-in zu sehen. Hier als »Generalist« tut sich Ihnen ein Handlungs- und Gestaltungsfeld für einflussreichen Führungsaufgaben der/s Schulleiter/-in im Gesamt eines strategischen Managements auf. Art und Umfang Ihrer Anstrengungen auf diesem Gebiet wird Ihnen ein nicht nur hohes Maß an Vertrauen einbringen. Ihre Anstrengungen werden immer wieder auch als Zeichen von Wertschätzung verstanden, die auch Zuspruch und Nachahmung bei den Lehrkräften finden – und bei Ihnen selbst wird sich mit dem Entlastungseffekt mit großer Sicherheit ein Mehr an Lebensqualität und Arbeitszufriedenheit ergeben.

4.7 Welchen Einfluss hat der/die Schulleiter/-in auf die Lernenden in der Schule?[7]

Auf den ersten Blick werden Sie vielleicht mit Ihrer Antwort etwas zögern und würden skeptisch einer Antwort eine Frage vorschalten:

»Hat man als Schulleiter/-in außerhalb seines eigenen Unterrichts wirklich Einfluss auf das Lernen der Schüler/-innen? Schließlich trägt doch jede Lehrkraft für ihren Unterricht die Verantwortung. Gewiss, man weiß, dass man im Rahmen seiner Gesamtverantwortung ebenfalls die Letztverantwortung für Unterricht hat, aber wirklichen Einfluss etwa auf die Gestaltung…?« Die meisten von Ihnen würden daher die Frage möglicherweise mit einem »wohl kaum« oder wenn überhaupt, dann mit »nur einen indirekten Einfluss« beantworten. Indessen sieht der Neuseeländer John A. C. Hattie auf Grund von Metaanalysen in seiner Studie »Visible Learning« ganz unterschiedliche Einflüsse für den Unterricht der Lehrkräfte. Sie ergeben sich aus dem Führungshandeln der/s

7 In nachfolgenden Überlegungen folge ich John A. C. Hattie, Lernen sichtbar machen. Überarbeitete deutschsprachige Ausgabe von »Visible Learning« besorgt von Wolfang Beywl und Klaus Zierer, Baltmannsweiler 2013 hier: Kapitel »Schulleitung«, S. 98-101.).
(Hinweis: Das Ausmaß an Wirksamkeit wird auf einer Skala von 0,0 bis 1,2 ausgedrückt. H.L.).

Schulleiter/-in. Er unterscheidet drei verschiedenen Führungsformen voneinander:

a) Eine unterrichtsbezogene Führung,
b) eine transformationale Führung und
c) eine transaktionale Führung

4.7.1 Unterrichtsbezogene Führung

Die Hauptschwerpunkte einer unterrichtsbezogenen Führung stellen sich so dar: Die/Der Schulleiter/-in bezieht in ihr/sein Führungsverhalten die Lehrkräfte ein, um sie vor allem zu einer Leistungssteigerung anzuhalten. Die Führungsziele sind eine erhöhte Selbstverpflichtung, ein Mehr an Einsatz und dienen der Entwicklung eines stärkeren Wertebewusstseins. Lehrkräfte sollen mehr im Bewusstsein übereinstimmender Werte zusammenarbeiten, um Herausforderungen zu meistern und ehrgeizige Ziele zu erreichen (z.B. im gemeinsamen Umgang mit schwierigen Schüler/-innen).

Diese unterrichtsbezogene Führung ist besonders wirksam im Blick auf die »Outcomes« von Unterricht, also auf die Lernergebnisse in einem sicheren Umfeld für die Lehrkräfte, wie z.B. in Klassenkonferenzen, in denen Kritik, Fragen und Unterstützung möglich ist.

Dazu zählen »spezifische Formen der Führung« durch regelmäßige Beratungsbesuche der/des Schulleiter/-in im Unterricht mit der Absicht:

- Förderung des Lernens des Lehrkraft und ihrer Teilnahme an Weiterbildung (d=0,91/1,2)
- Planung, Koordination und Evaluation des Unterrichts und des Curriculums (»z.B. direkte Beteiligung bei der Unterstützung und Evaluation des Unterrichts durch regelmäßige Besuche im Klassenzimmer und Bereitstellung von formativem (beratendem) und summativem (beurteilendem) Feedback«) (d=0,74/1,2). D.h., sollten Sie im Rahmen einer dienstlichen Beurteilung bei einer Lehrkraft Mängel im Unterricht feststellen, dann sollten Sie oder im Zuge einer Beratungsdelegation an andere Schulleitungsmitglieder mit einem Unterrichtsbesuch nicht bis zur nächsten Beurteilung warten, sondern in der Aufnahme von Beratungsbesuchen mit der

Lehrkraft daran arbeiten, dass sie diese Mängel zu Ihrer Zufriedenheit bis zur nächsten Dienstlichen Beurteilung abzustellen versteht.
- Strategische Ressourcenbildung
- Festlegung von Zielen und Erwartungen (d=0,54/1,2)
- Sicherstellung eines geordneten und unterstützenden Umfeldes (d=0,49/1,2)

Verfahren:

- Diese Art der Führung bringt Lehrer/-innen dazu, den Status quo der Lernleistungen in ihrer/seiner Klasse und in der Schule zu hinterfragen und zu diskutieren.
- Es wird sichergestellt, dass es »unmittelbare und verschiedenartige Wege« dahin gibt.
- Die Lehrkräfte werden einbezogen in die Gestaltung und Umsetzung von Strategien zur Verbesserung der Lernleistung ihrer Schüler/-innen
- Lehrkräfte und Schulleitung erhalten Feedbackinformationen zum Fortschritt und zur Effektivität des Unterrichts durch die Schüler/-innen einer Klasse und nutzen sie zu seiner Optimierung.

Diese unterrichtsbezogene Führung kann vor allem außerunterrichtlich sehr gut ergänzt werden durch eine »transformationale Führung«, in deren Mittelpunkt wieder die Beauftragung durch einen auszuhandelnden Konsens zwischen Ihnen als Schulleiter/-in und einer Lehrkraft oder einer Arbeitsgruppe von Lehrer/-innen steht. Dieser Konsens, als Arbeitsziel oder –sinn gedeutet, ist dann die strategische Grundlage für seine operative Umsetzung im Rahmen eines Organisationsentwicklungsprozesses, den Sie als Schulleiter/-in eben nicht mehr zu vollziehen, sondern nur zu begleiten haben. In dieser Begleitung als Prozessmanagement fragen Sie einfach mit Blick auf die Zielsetzung nach dem Stand der Dinge oder Sie vereinbaren zeitliche Einschnitte, an denen Sie darüber einen kleinen Bericht von der Lehrkraft erhalten. D.h., mit der Delegation geben Sie lediglich mit Blick auf das Ziel eine Teilverantwortung ab, während Sie im Blick auf die Umsetzung auf das Geschick und die Fähigkeiten der im operativen Geschäft der Organisationsentwicklung Tätigen bauen und den Lehrkräften Zutrauen und Vertrauen zugleich entgegenbringen. Am Ende werden dann aus den Zielsetzungen Maßstäbe als Indikatoren zur Evaluation der Ergebnisse.

FAZIT
Chefs sind nur dann erfolgreich, wenn sie ihre Mitarbeiter/-innen einbeziehen und nicht zu Befehlsempfängern degradieren, sagt auch der Hirnforscher Gerald Hüther.[8] Er nennt diese Art der Führung »supportive leadership«.

4.7.2 Transformationale Führung:

Hier liegen die Schwerpunkte in der Schaffung eines störungsfreien Lernklimas, einem System klarer Lehrziele bei gleichzeitig hohen Erwartungen gegenüber der Lehrkraft und der Lerngruppe. Im Mittelpunkt steht das Betonen, Klären und Aushandeln von Zielen zwischen Leitung und Lehrkraft zur Erreichung von bedeutsamen Verbesserungen auf beiden Seiten. Dabei geht es letzten Endes um die Erhöhung der Berufszufriedenheit der Lehrkraft und der Leistungen der Schüler/-innen.

Daraus folgt ein Führungshandeln, das sich auf die Beziehungen zwischen der/dem Leitenden und den Lehrer/-innen konzentriert – statt einer erhöhten Einflussnahme auf das operative Geschäft im Sinne einer Optimierung wie unter a). »Je mehr sich die Schulleitung auf ihren Einfluss, ihr Lernen und ihre Beziehungen zu Lehrpersonen beim Kerngeschäft des Lehrens und Lernens konzentriert, desto größer ist ihr möglicher Einfluss auf die Schüler-Outcomes« (Robin et al., 2008, S. 23; zit. Ebenda, S, 99). Die Folgen eines solchen Führungsverständnisses liegen nahe: Die Lehrkräfte bevorzugen diese Führung: Warum? Wegen der Förderung ihrer Entwicklung und Partizipation durch gemeinsame Interessen und kooperative Handlungen. Man kann auch sagen: Je mehr sich die/der Schulleiter/-in auf strategisches Führen versteht, was ja zu ihrem/seinem Kerngeschäft gehört, desto mehr kann die Lehrkraft von der ihr zuzugestehenden pädagogischen Freiheit Gebrauch machen.

Aber es gibt noch eine dritte Form von Führung:

---

8 http://www.manager-magazin.de/unternehmen/karriere/hirnforscher-huether-supportive-leader-beziehen-kollegen-ein-a-1120706.html.

4.7.3 Die transaktionale Führung:

Hier liegt der Hauptschwerpunkt darin, dass es zu einem Austausch zwischen Leitung und Lehrkräften über Ziele kommt, wie Leistungen herbeizuführen sind, die zur Erreichung des Ziels beitragen – und dies bei unterschiedlicher Arbeitszufriedenheit von Lehrer/-innen. Es ist ein Führungsverständnis, das auf »Leistung« und »Gegenleistung« basiert, das gute Leistungen belohnt und schlechte »bestraft«, auf die Einhaltung von Normen und Disziplin achtet und bei Planabweichungen korrigierend eingreift.

Nachstehende Abbildung stellt ins Zentrum die o.g. drei Führungsformen und setzt sie in Bezug zu den Größen »Effektivität« und »Transformationales Verhalten des Vorgesetzten« und kommt zu dem Schluss: Je häufiger sich der Vorgesetzte für transformationales Führen entscheidet, desto wirksamer ist seine Führung. Und dazu zählen vor allen Dingen vier Verhaltensdimensionen des Vorgesetzten:

- Vorbild sein und Vertrauen aufbauen
- Herausfordern und Sinn vermitteln
- Kreativität und Teamgeist fördern und
- persönliches Wachstum bewirken.

1. Fazit: Führungsmodelle

http://www.transformationale-fuehrung.com/Transaktionale-Transformationale-Fuehrung.jpg

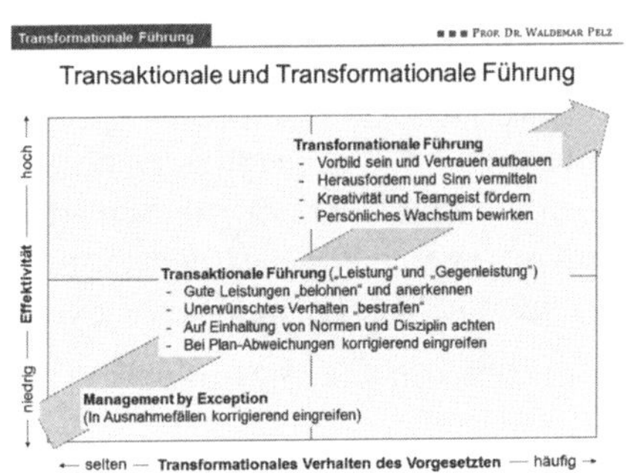

FAZIT

Je mehr ich mich für strategische Führung entscheide, desto mehr löst dieser Ansatz folgende Konsequenzen aus, die ich auch als wirksame Formen meiner Entlastung ansehen kann:

- **Meine Aktivitäten erfahre ich im Austausch mit Kolleg(inn)en als sinn- und wertvoll.**
- **Ich weiß, was zu tun ist, um diese Sinn- und Werterfahrung zu erreichen und setze mich immer wieder dafür ein.**
- **Ich begleite die Lehrkräfte dabei und tausche mich mit ihnen im Hinblick auf die vereinbarte Zielsetzung immer mal wieder aus.**
- **Meine eigenen Aktivitäten bekommen wertvolle Rückmeldung durch das Feedback der Kolleg(inn)en über ihre Arbeit.**
- **Auf Augenhöhe erfahre ich, was gelungen ist und was nicht/gesichert ist und was weiterentwickelt werden sollte.**
- **Ich habe dank meiner wieder gewonnenen Fähigkeit zur Delegation von verhandelten Zielen das Gefühl von Leichtigkeit und Kontrolle über meine Arbeit.**
- **Im Rahmen von Verantwortungskaskaden bleibe ich für das Allgemeine in meiner Schule zuständig und verantwortlich – Lehrkräfte auf anderen Ebenen für das jeweils Besondere.**
- **Mein Handeln ist berechenbar: Ich widerstehe der Versuchung, meine/n Kolleg(inn)en die Arbeit abzunehmen oder sie zu bevormunden.**
- **Regelmäßig lade ich die Schulleitungsrunde zu Bilanzbesprechungen ein oder nehme teil an Besprechungen meiner Schulleitungsmitglieder in deren Aufgabengebieten. Denn prinzipiell gilt das oben geschilderte Delegationsprinzip für jede/n Inhaber/-in einer Funktionsstelle an der Schule.**
- **Die Kaskaden der Zuständigkeiten lassen sich daher so darstellen:**

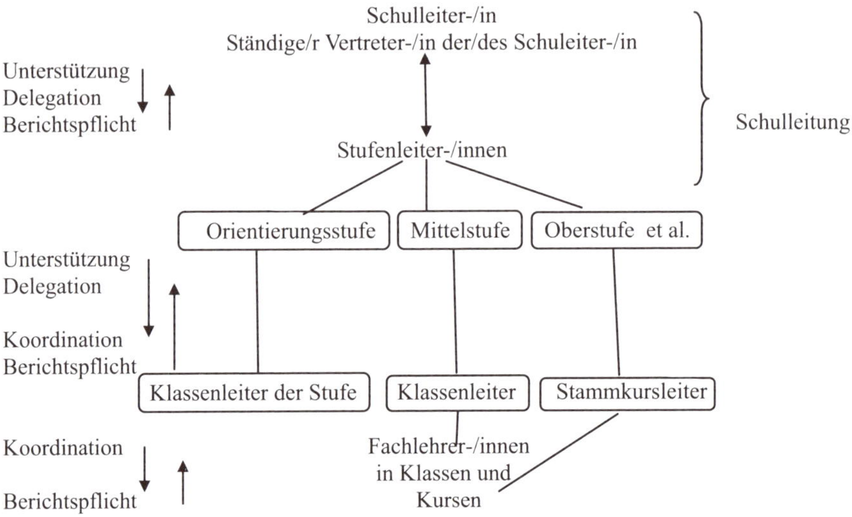

»Kaskaden der Zuständigkeit« (Abbildung Hubert Luszczynski)

Was bleibt? Schulleiter/-innen, die in Schule vor allem eine pädagogische Gemeinschaftsaufgabe sehen, die sie immer wieder neue anzuregen haben, sind und bleiben mit Erfolg, Leichtigkeit und Gelassenheit gute Schulleiter/-innen auch bis zum Ruhestand.

FAZIT:
Vorsicht: Es genügt nicht, wenn Sie als Schulleiter/-in die einzige Direktorin oder der einzige Direktor in der Schulleitung sind, die/der das Delegationsprinzip im Sinne der Auftragsverwaltung beherrscht. Sollte dem so sein, dann übernehmen tendenziell Ihre Stellvertretungen die Aufgabe des Durchregierens und beklagen sich über den Zuwachs an Aufgaben angesichts eines – aus ihrer Sicht – Chefs, der nur für das Allgemeine da sei, aber sich weder um sie noch um Details kümmere. Sollte es zu einer solchen Situation kommen, müssen Sie damit rechnen, dass dieser Mittelbau der schulfachlichen Koordinator/-innen zu einer Lehm- und »Lähmschicht« wird und sowohl Informationen von Ihnen nur gefiltert oder

sogar gar nicht ans Kollegium weitergibt oder in umgekehrter Richtung Information nach eigener Interpretation Ihnen reduziert vorträgt oder diese Information weitergabe sogar völlig unterlässt, ihnen im schlimmsten Falle die Loyalität aufkündigt und eventuell Teile des Kollegiums gegen Sie mobilisiert. Auch diese Form struktureller Einsamkeit wird Sie auf Dauer belasten. Ihre Heiterkeit dürfte bei Bekanntwerden in Groll umschlagen. Sollte es dazu gekommen sein, ist es meist schon zu spät. Darum rate ich Ihnen, ohne Verzug der Schulbehörde darüber zu berichten, da es sich um ganz besondere dienstliche Vorkommnisse handelt, die dringend aufgearbeitet werden müssen.

5. Konsensmanagement ist wichtiger als Konfliktmanagement – ein entscheidender Exkurs

Die Bezüge zwischen strategischer Führung und operativem Handeln werden Ihnen vielleicht in gewisser Weise recht bekannt vorkommen. Sie sind in der Tat der Beziehung zwischen Didaktik und Methodik sehr ähnlich. So wie die methodische Entscheidung immer aus der didaktischen Vorentscheidung erfolgt und das Methodische nicht zum Selbstzweck werden darf – es sei denn, man spräche von einer Didaktik der Unterweisung im Methodischen – ist es auch bestellt um die Beziehungen zwischen strategischer Führung und operativem Handeln, kurz: Zwischen der Frage nach dem Warum oder Wozu der Organisation und der nach dem Wie. Dazu gehört eine sehr zentrale Schlussfolgerung: Mit den Antworten auf das Warum oder Wozu der Organisation verbinde ich ja nicht nur orientierende Sinnfragen, sondern ich habe damit ja auch jene Maßstäbe benannt, die ich bei einer Bilanzierung der Organisationsleistung fairerweise heranzuziehen habe. Und das führt dazu, dass ich bei einem Verzicht auf die Vorabklärung von Zielen und Maßstäben nicht nur keine Bewertungskriterien habe und den Organisatoren keine Rückmeldung geben oder zubilligen kann, in welchem Ausmaß und auf welchem Niveau sie das Ziel erreicht haben, sondern ich überlasse letztlich die gesamte Aktion jenen Beobachtern, die unter Heranziehung ihrer je subjektiven Maßstäbe und Zielsetzungen das Geschehen nachträglich beurteilen – manchmal könnte man auch sagen – und darüber herfallen!

Auch hier bietet sich der Ihnen bekannte Vergleich mit einer Prüfung in der Schule an: Wenn die prüfende Lehrkraft den Zuhörenden keine von ihr zu erwartenden Lösungen genannt hatte, konnte es immer wieder vorkommen, dass Protokollanten/-innen diese und jene Antworten anmahnten, weil sie doch hätten fallen »müssen«. Die daraus entstandenen Konfliktsituationen konnten erst durch die Festlegungen von zu erwartenden Inhalten durch die prüfende Lehrkraft selbst entschärft werden. Dazu gehörte dann auch die grundlegende Prämisse, dass nur das in einer Prüfung thematisiert werden darf, was vorher im Unterricht besprochen und geübt wurde.

Daraus ergibt sich als

FAZIT:
Konsensmanagement ist in der Regel wichtiger als Konfliktmanagement, weil es Anlass, Art und Umfang des Konfliktmanagements minimiert. Wer auf Konsensmanagement verzichtet und dem Organisatorischen den Vorrang einräumt, sieht sich schnell von Kritikern umgeben, die den wirklichen Sinn und Wert der Arbeit nach je eigenen Maßstäben be- und/ oder verurteilen.

Organisationsabläufe sind zwar immer sehr schnell festgelegt, aber die dafür Verantwortlichen setzen sich der Gefahr demotivierender Kritik aus. Konsensfindung indessen als Entdeckung von übereinstimmenden Sinnebenen und Zielen dauert zwar in der Regel länger, aber diese Zeit lohnt sich für die auf dieser Grundlage zu erarbeitenden Organisationsabläufe. An diese gemeinsamen Grundlagen zu erinnern, wird immer dann eine vornehme Aufgabe dessen sein, der die letzte Verantwortung im Zuge der Delegation dafür trägt – und das sind Sie als Schulleiter/-in!

Hier wird deutlich: Sie sind und bleiben verantwortlich für das Allgemeine, mischen sich nicht aktiv ein in das Alltagsgeschäft, lassen zu, dass Ihre Kolleg(inn)en ihr Können zeigen; und Sie können sich am Ende mit Ihnen zusammen über die Ergebnisse freuen, die von ihnen erreicht wurden. Damit bleiben beide Seiten im Rahmen einer funktionalen Aufgabenteilung aufeinander bezogen und legen die Grundlage für weitere Aktivitäten – zu Ihrer Entlastung durch eine nicht einmischende, sondern leistungsfördernden Art Ihrer motivierenden Begleitung im Prozedere des Organisationsablaufs.

Ein wichtiger Grundsatz sollte für Sie als Schulleiter/-in im Mittelpunkt stehen:

Entscheiden Sie »am Ende der Konsensbildung immer wieder so, dass die Freiräume« Ihres Mitarbeiters »nachher nicht kleiner sind als vorher!«[9]

9 Vgl. Reinhard K. Sprenger, An der Freiheit des anderen kommt keiner vorbei, Frankfurt/ New York 2013, S. 277.

6. Nachdenkliches und Bedenkenswertes: Ach, die Werte!

In den vorangegangenen Überlegungen habe ich immer wieder auf die Bedeutung der gemeinsamen Sinnerschließung, aber auch auf die Notwendigkeit der Beachtung von Werten und Zielen hingewiesen wegen ihrer besonderen Bedeutung, die ihnen bei der Einschätzung und Beurteilung aller pädagogischen Maßnahmen zukommen. Wegen dieser überragenden Bedeutung von Werten, möchte ich mich mit diesem Themenkomplex in den beiden folgenden Kapiteln befassen und so anfangen:

Frieden, Freiheit, Menschenwürde und Nächstenliebe, Hilfsbereitschaft, Solidarität, Festlichkeit, Einigkeit, Sicherheit und Geborgenheit, Gerechtigkeit und Barmherzigkeit, Dankbarkeit, Liebe, Respekt, Sinn, Ordnung, Sauberkeit, Einfühlungsvermögen, Herzlichkeit, Versöhnung, Hilfsbereitschaft, Freundlichkeit, Höflichkeit, Zufriedenheit, Fleiß, Treue, Verpflichtung, Ruhe, Freizeit, Güte und Nächstenliebe – alle diese Haltungen, Tugenden und Werte und Normen entfalten ihre Wirkung und Glaubwürdigkeit in erster Linie immer dann, wenn wir sie auf konkretes Handeln oder Verhalten beziehen bzw. davon ableiten können. So kann in der Ambivalenz unseres Handelns – das Handeln selbst ebenso Ausdruck von Freiheit wie von Gerechtigkeit sein. Solange dieses Beziehungsgefüge zwischen Werten und Handlungen besteht, wird u.a. der Sinn für die Bedeutung der Werte lebendig bleiben. Werden aber unsere Handlungen nicht mehr mit letzten oder vorletzten Werten in Beziehung gesetzt, werden diese letztlich wertlos oder anders gesagt: Unser Handeln wird der Beliebigkeit preisgegeben oder ihm kann man andere und neue Werte beimessen. Es kann zu einem Akt der Umdeutung der Werte kommen. In einer Gesellschaft, in der das Gespür für diese Bezüge verloren geht oder in der öffentlichen Diskussion diese Bezüge nicht mehr hergestellt werden, geben wir unser Handeln mit den ihnen möglicherweise – je nach subjektivem Ermessen – innewohnenden Werten der Beliebigkeit preis und überlassen am Ende die Sinndeutung Ideologen – und damit ggf. auch den Feinden unserer freiheitlichen und rechtsstaatlichen Ordnung, besteht doch die Sehnsucht nach Werten und einem Teil dieser Werte, als einem übergeordneten Sinngefüge, zu sein, gerade bei jungen Menschen fort.

6.1 Schule als Quelle der Inspiration (Friedrich Weinreb)

Darum sollte jede Konsensfindung Wertbezüge enthalten, die wir in der Schule verlebendigen, pflegen und weitergeben wollen an die nächste Generation. Wenn wir das tun, erleben Schüler/-innen nicht nur, dass es unterschiedliche Werte und Normen gibt, dass sie in aller Freiheit auch bindend wirken, aber dass sie sie ebenfalls dazu in die Lage versetzen für kreative Gestaltungs- und Handlungsideen als Maxime unsers Willens. Der Nationalökonom und Mathematiker Friedrich Weinreb (1910-1988), der zugleich ein begnadeter jüdischer Mystiker und Religionslehrer war, beschrieb einmal Schule in der gleichlautenden Publikation als eine »...Quelle der Inspiration«. Weinrebs Rückgriff auf die griechische Bedeutung von *schole* als »Muße, freie Zeit, Arbeitsruhe«, übertr. »Beschäftigung während der Muße, Erzeugnisse der Mußestunden, Vorträge, Vorlesungen, gelehrte Gespräche« erfordert eine Schulverständnis, das nicht nur das institutionalisierte Lernen, Leisten und Arbeiten will, sondern im dialektischen Sinne auch das Gegenteil ermöglichen soll – also das Innehalten – auch ein eher zweckfreier Raum des Miteinanders sein, in dem man in Gesprächen zu Eingebungen, schöpferischen Ideen und plötzlichen Erkenntnissen gelangt. Und wenn Schule die Quelle der Inspiration ist und sein soll, dann sollte Schule daraus lernen und den Schüler/-innen solche »Oasen des Zweckfreien« hinführend und anleitend anbieten. Vor allem geht es Weinreb um die Werteerfahrung, der Erfahrung also, wie Handeln und Werte im Zwischenmenschlichen zueinander gehören können, so dass sich die Schüler/-innen auch als junge Menschen – also jenseits der Klasse als Zweckgemeinschaft – im sozialen Miteinander ihrer Schulklasse erleben.

In den nächsten beiden Beiträgen will ich daher über den institutionellen Umgang sprechen, den Sie als Schulleiter/-in gemeinsam mit Kolleg(inn)en ermöglichen und pflegen können. Das Ziel soll sein, dass sich Lehrerschaft und Schülerschaft immer wieder auf der Ebene des allgemein Menschlichen als Wertegemeinschaft definieren und erleben lernen und daraus Verhaltenskategorien ableiten, die beide Seiten zu einer von Grund auf wertschätzenden Begegnung verhelfen, verpflichten und den Geist einer Schule ausmachen, der letztlich von Ihnen als Schulleiter/-in beständig zu pflegen wäre.

6.2 Die Geschichte der Menschenrechte ist immer auch die Geschichte ihrer Verletzungen

Während ich hierfür den Schulgottesdienst als Beispiel nehme, gehe ich im Folgebeitrag auf das Erleben von Menschenrechten im Verletzungsmodus im Rahmen einer veränderten Gedenkstättendidaktik und als Element der Menschenrechtserziehung ein, bis sich am Ende gedanklich der Kreis wieder schließt, wenn ich auf einen Beitrag von Hannes Hintermeier, *Ein weißes Haus für die braune Vergangenheit*, in: F.A.Z. vom 30.04.2015 verweise, in dem von ihm auf Handlungen aktueller Art in aller Welt verwiesen wird, in denen Menschrechtsverletzungen Tag für Tag bis heute stattfinden: »Die Ausstellung folgt den Konsequenzen des »Dritten Reiches« bis in die Gegenwart, erreicht schließlich die virtuelle Welt mit Bildschirmen, auf denen permanent aktualisiert Meldungen über antisemitische Übergriffe und religiös oder rassistisch motivierter Gewalttaten aus dem weltweiten Nachrichtenstrom gefiltert werden.« Die Schule als eine Quelle der Inspiration zu sehen und immer wieder zum Sprudeln zu bringen, bezieht sich einerseits auf die Hauptaufgabe der Schule, den staatlich-institutionell begründeten Umgang der Staatsdiener mit jungen Menschen unter das Gebot der Menschenrechte zu stellen und sie in diesem Geiste vorbildlich und nachhaltig durch ihre Lehrer/-innen zu erziehen und zu unterrichten; andererseits geht es um ein friedfertiges Miteinander aller am Schulleben Beteiligten und der täglichen Pflege und Beachtung eines respektvollen, höflichen und einfühlsamen Umgangs miteinander, der erst ein angstfreies und leistungsförderliches Schulklima dank seines dialogischen Geistes ermöglicht. Dabei folge ich den Anforderungen, die etwa ein Martin Buber an einen tiefen Dialog stellt, den er »… *Das echte Gespräch*« nennt. Voraussetzungen dafür sind:

- das wesenhafte Hinwenden zum anderen als »personenhafte Existenz«,
- sich selbst einbringen,
- den Schein überwinden und das authentische Sein anstreben,
- keinerlei vorgefertigte Redebeiträge.«[10]

10 https://de.wikipedia.org/wiki/Dialog#Begriff.

Als Schulleiter/-in haben Sie hier eine vornehmliche Aufgabe, weil Sie dafür die letzte Verantwortung an Ihrer Schule tragen. Sie enthält eine ganz besondere Verpflichtung ein officium, ein Amt, die der Staat Ihnen zutraute und darum auch anvertraut hat.

Mir scheint zum Thema »Werteerziehung« dieser Ansatz nachhaltiger zu wirken, als alle denkbaren »Anti-Rechts oder –Gewalt«-Konzepte. (Siehe dazu auch das »Just-Community-Modell« von Lawrence Kohlberg.)[11]

11 Vgl. http://schulstreber.blogspot.com/2013/12/moralisch-und-demokratische-erziehung.html.

7. Auf dem Weg in eine dialogische Schule: Vom Gottesdienst zum Menschendienst – »Menschenrechte«

Vorbemerkung:
In der einen oder anderen Schule fand er statt – der gemeinsame Gottesdienst am Schuljahresbeginn oder –ende. Für Schüler-, Lehrer- und manchmal auch Elternschaft ist er dort, wo er stattfand, eine gute Gewohnheit oder sogar eine Selbstverständlichkeit. Dennoch ist sein Besuch – anders als an kirchlichen Privatschulen – an den staatlichen Schulen freiwillig. Nicht immer kommen daher alle. Zumeist ist es nur eine kleine Schar, die den Weg in die Kirche findet.

FAZIT:
Der Schulgottesdienst als gemeinsame Begegnung im Glauben führt immer seltener die ganze Schulgemeinde zusammen.

So mag es sein, dass manche Veranstalter, meistens sind es ja dann die Religionslehrer/-innen, Trost finden in Worten des Apostels Matthäus 18,20: »Wo zwei oder drei in meinem Namen versammelt sind, da bin ich mitten unter ihnen.« So finden sie in einem kleinen Rahmen statt – anstelle von Unterricht!

Wer Jahr für Jahr diese überschaubare Gruppe von Kirchenbesucher/-innen beobachtet, könnte ganz andere Überlegungen anstellen und zu bemerkenswerten Schlussfolgerungen gelangen: Dazu zählen vor allem Überlegungen von denjenigen, die ökonomisch oder finanzpolitisch denken: Sie würden vielleicht sogar die Frage aufwerfen, ob es bei einer rückläufigen Nachfrage nach einem gemeinsamen Gottesdienst nicht konsequenter wäre, ihn erst gar nicht anzubieten. Schließlich könne ja gleichzeitig kein regulärer Unterricht stattfinden. Anderen fiele vielleicht die noch radikalere Frage ein: Ist es denn noch überhaupt zeitgemäß und legitim, dass staatliche Schulen in einer schon fortgeschrittenen religiös diversifizierten deutschen Gesellschaft von Katholiken, Protestanten, Juden und/oder Muslimen und religiös Indifferenten solche Veranstaltungen durchführen und dafür sogar Unterricht ausfallen lassen? Und schließlich würden Optimisten darüber nachdenken, ob es nicht unter den jungen und älteren Menschen, die in einer Schule zusammenkommen, vielleicht doch noch so etwas wie ein Bedürfnis nach religiös inspirierten Begegnungen jenseits von Unterricht und jenseits von Schule geben könnte, in denen es noch um allgemein menschliche und damit letztlich religiöse, moralische oder ethische Fragen in den Beziehungen untereinander geht.

7.1 Die Legitimationsfrage

Auf die hinter allem stehende grundsätzliche Frage nach der Rechtmäßigkeit von Gottesdienst an staatlichen Schulen bezieht z.B. die Landesverfassung von Rheinland-Pfalz Stellung. Kategorisch heißt es dort: »Die Schule hat die Jugend zur Gottesfurcht und Nächstenliebe…zu erziehen« (Art. 33 LVerf) oder: »In Erfüllung ihres Auftrages erzieht die Schule zur Selbstbestimmung in Verantwortung vor Gott und den Mitmenschen, zur Anerkennung ethischer Normen…« (§ 1,2 SchG). Wir sehen: Gott wird in beiden Texten nicht verfassungsmäßig neutralisiert oder ausgespart. Er ist – man könnte sagen – im entscheidenden Grundlagenpapier eines Bundeslandes verfassungsmäßig verankert. D.h.: Da die Landesverfassung unmittelbar geltendes Recht ist, nimmt sie ebenso wie das Schulgesetz alle in ihrem Geltungsbereich tätigen Beamtinnen und Beamten in die Pflicht. Folglich haben Verfassungsgebot und Rechtsnorm nicht allein Gültigkeit für Religionslehrer/-innen, sondern für alle Lehrer/-innen, weil sie letztlich auf eben diese Verfassung ihren Amtseid abgelegt haben – und die meisten von ihnen am Ende mit der religiösen Beteuerungsformel: »So wahr mir Gott helfe!« So etwas kann nicht ohne Konsequenzen bleiben – auch nicht für den immanenten Auftrag an eine/n Schulleiter/-in, eben diesen Erziehungsauftrag zu fördern – z.B. durch das Angebot von Gottesdiensten.

FAZIT:
Schulgottesdienste gehören auch zum Erziehungsauftrag der Schule und sind daher von Schulleiter/-innen zu fördern.

Immer wieder kann man beobachten, dass sich gerade Religionslehrerinnen und –lehrer nicht nur für einen guten und theologisch begründeten Unterricht einsetzen, um Schüler/-innen das Wort Gottes nahezubringen oder

Schulgottesdienste motivierend zu organisieren und mit ihnen gemeinsam zu gestalten. Sie sind immer auch in Gewissens-, Glaubens- und Lebensfragen ganz besondere seelsorgerische Ansprechpartnerinnen und –partner vieler Schüler/-innen. So bemühen sie sich in der Not junger Menschen um ein tröstendes Wort oder haben ein offenes Ohr, um sie bei Streitigkeiten in Schule und Elternhaus zu beraten. Hier nehmen Schüler/-innen und Lehrer/-innen praktizierte Nächstenliebe und Zuwendung aktiv wahr – erleben Vorbilder im Sinne der Anwendung des Dekalogs im täglichen Miteinander als besondere Werte. Das wird nicht zuletzt von Eltern und von den jungen Menschen selbst sehr geschätzt. Schließlich stehen Religionslehrer/-innen als Vorbilder und als Autoritäten für eine christliche Wertevermittlung und damit letztlich gegenüber Gott und ihren Mitmenschen in einer ganz besonderen Verantwortung – stehen buchstäblich bei Gott im Wort!

Wie wir sehen, verpflichtet nicht nur die Verfassungsnorm die Religionslehrer/-innen zu einem solchen Verhalten. Vielmehr fordert sie eine jede Lehrkraft dazu auf. In der alltäglichen Beachtung des verfassungsmäßig Gebotenen kann es freilich vorkommen, dass diese Normen der Verfassungswirklichkeit im Alltag hinterher hinken – ihnen manchmal auch zuwiderlaufen. Es wäre indessen ungerecht, würde man die vielen Lehrer/-innen übersehen, die sich Tag für Tag ebenso wie die Religionslehrer/-innen sehr fürsorglich und einfühlsam um die ihnen anvertrauten Schüler/-innen bemühen. Gleichwohl kann man in den meisten Schulen davon ausgehen, dass es für diese Formen eines vertrauensvollen und humanen Miteinanders schon einen Verhaltenskodex, ein alle verbindendes (Wohl)wollen oder eine von allen mitgetragene Verpflichtung zu einem Handeln gibt, an dem die Schüler/-innen ablesen können, auf welche Art und in welchem Umfang sich Lehrer/-innen um ein abgestimmtes erzieherisches Handeln im Geiste der Nächstenliebe, der Gottesfurcht oder in Übereinstimmung mit verpflichtenden Normen und Werten, wie zum Beispiel – im säkularen Bereich – der Menschenrechte, bemühen und dafür eintreten.

Es sind darum neue Fragen zu beantworten, die Schulleitung und Kollegium gemeinsam herausfordern – wie etwa:

- Wie gelangt eine Schule zu einem Gemeinschaftsgeist, der seine inspirierende Kraftquelle für das Miteinander in der Nächstenliebe und/oder in der konsequenten Beachtung der Menschenrechte sieht?

- Wie könnte ein neuer Dialog darüber zwischen allen Menschen in einer Schule angeregt, aufgebaut und gepflegt werden, bei dem beispielsweise der Gottesdienst oder die gemeinsame Begegnung im Geiste des Glaubens, letztlich des Dekalogs oder der Grundrechte unserer Verfassung eine immer größere Rolle spielen?

FAZIT:
Ich denke, es ist an der Zeit, auf diese alten Fragen nach der Gültigkeit und Sichtbarkeit von Werten im Alltagshandeln immer wieder neue Antworten zu suchen; Schulleiter/-innen können hier eine zentrale Herausforderung auf dem gemeinsamen Weg mit dem Ziel zu einer Schule sehen, die aus dem Geist der Menschenrechte ihre täglichen Begegnungen gestaltet. Manche haben sich schon auf diesem Weg gemacht, andere sind manchmal leider noch weit davon entfernt.

7.2 Die erzieherische Ausgangslage

Die erzieherische Ausgangslage könnte sich so darstellen: Besonders junge Menschen haben den Wunsch und sehnen sich nach einem Leben, in dem ihnen die Nächstenliebe und das Vertrauen ihrer Mitmenschen zu Teil wird – in ihrer Familie, mit ihren Freunden oder auch mit fremden Menschen. Dazu gehören viele Beweise für aufrichtige Zuwendung und vorbehaltloses Miteinander. Beweise dieser Art äußern sich auch etwa in geschenkter Zeit, in einem einfühlsamen Zuhören, in ernst gemeinter Wertschätzung, im ehrlichen Lob. Glück, Harmonie und die Sehnsucht nach Autoritäten oder Vorbilder, denen man gerne glauben und auch zeitweilig folgen möchte, nach Verbindlichkeiten oder nach Gott rangieren bei allen Menschen, besonders bei den langsam erwachsen werdenden, ganz weit oben in der sozialen Bedürfnisskala. In ihrer häufig als umfassend machbar erfahrenen und materiell geprägten, virtuellen Lebenswirklichkeit kommen sich junge Menschen zuweilen auf sich geworfen, verlassen und einsam vor. Auch wenn es uns schwerfällt, es so zu sehen – junge Menschen senden mitunter mit Hilfe von Störungen (auch im Unterricht) oder von Formen der Gewalt Signale ihrer Sehnsucht nach Beachtung und Zuwendung, nach Vertrauen und Harmonie aus, weil sie sich vorbehaltlos als

Menschen angenommen fühlen wollen – in der Schule etwa nicht nur nach Noten geschätzt oder gar geliebt zu werden. Überall dort, wo sie diese vorbehaltlose Annahme nicht erfahren, gehen die einen auf ihrer Sinnsuche eigene Wege und wenden sich in ihrer Ausweglosigkeit religiösen oder politsch-fundamentalistischen Heilslehren zu; andere legen in noch größerer Not Hand an sich an.

7.3 Himmelhoch jauchzend – zu Tode betrübt in einer Welt ohne Werte?

Junge Menschen leben manchmal stimmungsschwankend zwischen glückverheißender und lebensbedrohender Wirklichkeit. Beides muss und musste Schule immer schon zur Kenntnis nehmen. Man gewinnt den Eindruck, dass in unserer Zeit mithin die Vereinsamung einzelner junger Menschen in einem erschreckenden Maße zunimmt, weil unsere Kultur in ihrer öffentlichen Darstellung das technisch und organisatorisch Machbare immer seltener und ausdrücklich mit Sinnhorizonten und Zwecken, mit Werten und Normen, die einer freiheitlichen Gesellschaft Orientierung bieten sollten, verbindet. Unserer pluralistischen und freiheitlichen Gruppenkonsensgesellschaft scheinen damit jene allgemein verbindlichen Wertvorstellungen abhanden zu kommen, aus denen wirkliche persönliche Freiheit und soziale Verantwortung gleichermaßen erfahrbar erwachsenen. Es könnte sogar so der Eindruck entstehen, als hätten Staat und Gesellschaft unserer Tage – christlich besprochen – die Nächstenliebe – und weltlich gesprochen – die Menschenwürde weniger aus ihrem Anspruchsdenken, sondern vielmehr aus ihrem Pflichtenkatalog oder aus ihren Bezügen zur Wirklichkeit gestrichen. Kreiden wir dies heute allein den jungen Menschen an – wer schützt uns morgen vor einem durchaus möglichen »Bumerangeffekt« in einer Welt ohne Werte – ohne Beachtung des Dekalogs und der Menschenrechte?

Wenn diese Ausgangslage zutrifft, dann haben alle Lehrer/-innen– ganz gleich in welcher Schulart – eine ganz besondere Erziehungsverpflichtung, die über den Fachunterricht hinausgeht. Sie könnten u.a. vor folgenden Herausforderungen stehen:

- Wie sollten die für die jeweilige Schule Verantwortlichen einzeln und gemeinschaftlich wirken, um über einen neuen, einfühlsamen und glaubwürdigen Dialog junge Menschen zur Freiheit und Nächstenliebe in einem achtsamen Miteinander und zur Achtung der Menschenrechte durch ein Mehr an Respekt voreinander zu erziehen? Oder anders gefragt:

- Wie gelange ich persönlich und gemeinschaftlich zu Antworten auf Fragen nach dem Sinn meiner individuellen und sozialen Existenz – meiner eigenen und gemeinschaftlichen Identität auch in der Schule?

7.4 Zeugnis ablegen für Nächstenliebe und Menschenwürde

In Vorbereitung auf einen Schulgottesdienst könnte ein Ausgangspunkt für die Suche nach Antworten auf diese Fragen die alltäglichen Erfahrungen und eigenen Fragen junger Menschen sein, mit denen sie sich auseinandersetzen sollten, um erwachsen zu werden. Denn jede Altersgruppe hat ihre Art, diese Fragen zu beantworten. Ihnen bei dieser Sinnsuche in einem geeigneten Rahmen Orientierung zu geben und bei der Sinnentdeckung nicht bevormundend, sondern ihnen moderierend zur Seite zu stehen oder vielleicht auch auf Anfrage sogar persönlich bekennend Auskunft zu geben, ist m.E. eine von vielen Aufgaben der Pädagog/-innen, wenn sie Schüler/-innen unterrichten und wenn sich die durchaus normale und kreative Schere zwischen Verfassungsnorm und -wirklichkeit nicht allzu weit öffnen soll. Denn jede/r Lehrer/-in ist ja nicht nur menschlich, sondern auch verfassungsrechtlich dazu aufgefordert, junge Menschen sowohl religiös als auch zur Anerkennung ethischer Normen zu erziehen; d.h. ihnen Wege zur Güte, zum Vertrauen und zur Friedfertigkeit vorzuleben, zu erschließen und ihnen Gelegenheit dazu zu geben, solche oder ähnliche Sinnerfahrungen im Alltag der Schule zu machen.

FAZIT:
Durch eine dialogische Schule auf der Ebene des Menschlichen werden Sinn und Existenz von Nächstenliebe und Menschenwürde am Handeln einer jeden Lehrkraft sichtbar – auch als einem täglichen Zeugnis darüber, dass es (noch) beide gibt.

Überall dort, wo dies geschieht, gestaltet Schule Lebensräume und Beziehungen zu prägenden Sinnerfahrungen welten, in denen etwa Nächstenliebe, Respekt und Toleranz als Grundhaltungen im Miteinander geschenkt und empfangen werden. Dies gelingt besonders gut in den Klassenverbänden als

Zweckgemeinschaften, die man im Anschluss an den Trierer Theologen Heribert Wahl religiös und ethisch als »Gestaltkreise der Liebe«[12], vielleicht besser: der »Nächstenliebe«, bezeichnen könnte. D.h., über den Fachunterricht hinaus könnten in einer Klasse neue Formen des Miteinanders zwischen Erwachsenen (Lehrkräften) und jungen Menschen (Schüler/-innen) religiös-spirituelle Gemeinschaftserfahrungen – zumindest punktueller Art – ermöglichen. Zum einen könnte die Arbeit der Lehrer/-innen mit ihren Schüler/-innen in ihrer Klasse oder nach Verabredung in einer Gesamtkonferenz in allen Klassen über jungen Menschen berührende Alltagsthemen, die sie bewegen, zu einem gemeinsamen Gottesdienst mit einem alle verbindenden Thema führen. Zum anderen aber müsste die Schule allen nichtchristlichen Schüler/-innen Formen der Meditation über vergleichbare ethische Fragen in einer Klasse oder einem eigenen Begegnungsraum anbieten – zum einen also in der Nachfolge Christi und zum anderen in der Beachtung ethischer Normen und Werte. Der Toleranzerfahrung und dem Toleranzgebot der Schule würde dann sicherlich ganz bewusst Rechnung getragen, wenn man beide Gruppierungen in der Klasse wieder zusammenführt.

7.5 Ein Intergenerationenprojekt von Schülern/-innen und Lehrkräften zur Erfahrung von Nächstenliebe und Menschlichkeit

Ein solches Intergenerationenprojekt auf Klassenebene geben wir ihm einmal das Thema »Freundschaft«, könnte vielleicht so aussehen:

Erster Schritt:

Schüler/-innen sprechen mit den in ihrer Klasse unterrichtenden Lehrer/-innen über

- den Sinn von Freundschaften – auch in einer Schulklasse,
- ihre Formen, Ausprägungen, Symbole, Rituale,
- über besonders gelungene Freundschaften und darüber,
- wie man Freundschaften pflegen und neue Freunde gewinnen kann

12 Ders., Christlich glauben lernen in der modernen Gesellschaft, in: Generalvikariat Trier (Hg.), Dokumentation einer Tagung der Direktorinnen und Direktoren an Gymnasien und Gesamtschulen im Bistum Trier vom 11. bis 12. November 1998 im Robert-Schumann-Haus (Trier), Trier o.J. S. 14.

Zweiter Schritt:

Projekt- und handlungsorientierter Ansatz:

a) Die Schüler/-innen zeichnen zusammen mit ihren Lehrer/-innen in Kleingruppen Plakate (je 4-5 Personen in einer Gruppe) zum Thema Freundschaft mit dem Ziel, andere für die darauf abgebildete Idee von Freundschaft zu gewinnen; oder sie sammeln Ideen, wie man eine Freundschaft pflegen kann.
b) Die Schüler/-innen stellen im Plenum ihre Plakate vor, vergleichen sie miteinander und stimmen darüber ab, in welchen Plakaten ihre eigenen Ideen am stärksten zum Ausdruck kommen.

Dritter Schritt:

Während der Arbeiten in der Klasse hat eine Gruppe engagierter Schüler/-innen unterdessen mit Religionslehrer/-innen einen Gottesdienst zum Thema »Freundschaft« vorbereitet – eine andere Gruppe zusammen mit Ethik- und Philosophielehrer/-innen eine Meditationsrunde zum gleiche Thema. Wer nun möchte, geht klassenweise mit einem der beiden Plakaten zusammen mit seinen Lehrer/-innen zum Schulgottesdienst. Wer nicht dorthin geht, findet sich mit dem anderen Plakat zur gleichen Zeit in der Meditationsrunde ein. Hier wie dort tragen sie vor, was sie in ihren Klassen erarbeitet haben, tauschen ihre Wünsche, Hoffnungen und (Für-)Bitten aus und formulieren sie laut. Dann hören sie, was dort in einer Lesung und Predigt bzw. in einem Vortrag eines Ethiklehrers über Freundschaft gesagt wird. Schließlich gehen sie alle mit (vielleicht) übereinstimmenden oder neuen Ideen zurück in ihre Klassen. Dort sprechen sie über das, was sie gehört und/oder wiederentdeckt haben, und auch über das, was neu für sie war. Sie fühlen sich dann vielleicht in ihren Aussagen auf den Plakaten bestätigt oder ergänzen diese. Und schließlich hängen sie die beiden Plakate an der Rückwand im Klassenraum auf.

Zum Schluss findet in der Klasse eine Art interreligiöser Austausch statt mit dem Ziel einer Verständigung auf Klassenebene über die praktischen Folgen für den täglichen freundschaftlichen Umgang miteinander – innerhalb und außerhalb von Unterricht. Und schließlich sammeln in einem letzten Schritt die Schüler/-innen unter Moderation der Klassen/-leiter/-innen Regeln, die ihrem freundschaftlichen Umgang miteinander eine normative Grundlage geben sollen, und hoffen darauf, dass sie so sein Klima des Vertrauens und Respekts schaffen, das ihr Lernen und Arbeiten freier macht von Angst voreinander und in dem gegenseitige Hilfe gefördert und gepflegt wird – kurz: in einem angstfreien und leistungsfördernden Klima.

FAZIT:
Der Austausch in der Klasse schafft ein Klima des Vertrauens und des Respekts, das Lernen und Arbeiten die Schler/-innen freier macht von Angst voreinander und in dem gegenseitige Hilfe statt Häme gefördert und gepflegt wird – kurz: Es entsteht eine angstfreie und leistungsfördernde Atmosphäre.

Der Soziologe Ulrich Beck antwortete einmal sinngemäß auf die Frage, wie man junge Menschen zum Respekt erziehen könne, ganz lapidar: »durch Respekt«. Die oben skizzierten Wege in einen dialogischen Umgang miteinander in der Schule bringen einen Geist der Nächstenliebe, der Freiheit und der Verantwortung füreinander hervor, den es gemeinsam zu pflegen und immer wieder zu erneuern gilt.

Der schon genannte Nationalökonom und Mathematiker Friedrich Weinreb (1910-1988) definierte einmal Schule in seiner Schrift **»Schule als Quelle der Inspiration«** (1978) so: »*... Wenn die Schule im Sinne des ganzen Menschen ist, ist die Inspiration eine heilige. Dann ist der Schüler, weil die Schule ihm Quell ist für seine Inspiration, von selbst schon gütig und gescheit, sanftmütig und intelligent, treu wie wissenschaftlich, ganzheitlich wie auch interessiert am geringsten Detail. (...) Sie könnte auch die Einsicht bringen, dass der Mensch viel mehr ist als der – wenn auch noch so subtil – naturwissenschaftlich erfassbare Mechanismus; dass der Mensch so gern geliebt, geschätzt, gewürdigt wird, ohne diese Welt in Träumereien – mit oder ohne Alkohol und Drogen – verlassen müssen.*

Unterricht nimmt einen immer wichtigeren Platz in der Welt ein. Es wäre gut, wenn man sich über die Art und Möglichkeiten des Unterrichts Gedanken macht. Und es ist Zeit zu erfahren, dass es zum Unterricht an erster Stelle Menschen braucht, ganze Menschen. Und dass dieser ganze Mensch nicht Produkt wissenschaftlicher Forschung oder politischer Maßnahmen sein kann, sondern dass er aus menschlicher Beziehung hervorkommt; menschliche Beziehungen aber kommen nicht durch theoretische Erwägungen zustande.

Man könnte den Glauben an die Kraft der Liebe setzen. Vielleicht käme dann die neue Welt wie ein Dieb in der Nacht. Dann ist die ganze Welt ein Lehrhaus, und es herrscht dort ungekannte Freude. Denn Weisheit und Liebe sind dort eine Einheit.

Und aus ihnen kommt als Frucht die fortwährende Überraschung, das Glück des Lebens, der Sinn, einfach der Sinn der Welt.«[13]

Solche Überlegungen zu einer schülerorientierten konsequenten Werteerziehung sind nicht nur Elemente einer dialogischen Schule, sondern auch in der Summe Wegweiser, die als gute Schule selbstbewusst die Aufschriften »Nächstenliebe« und/oder »Menschenwürde« tragen darf. In ihr ist dann der »Dekalog«, sind dann die Menschenrechte Ausgang, Ziel und Maßstab jedweder Erziehung und Bildung – einfach in der Begegnung täglich sichtbar.

Die Aufgabe von Schulleitung wird hier darin bestehen, die Ergebnisse der Arbeiten in den Klassen aufzugreifen, die auf allen Plakaten immer wieder genannt wurden. In der Summe könnten sie zu einer Gemeinschaftsethik der gesamten Schule werden – nicht für immer, wohl aber für eine überschaubare Zeit von einem Jahr bis zum nächsten Tag der Nächstenliebe oder der Menschenrechte. Dann wird es darauf ankommen, in den Klassen Art und den Umfang der Einhaltung der Werte zu bilanzieren.

Dass um die Einhaltung von Menschenrechten immer wieder gerungen werden muss, das zeigen viele Beispiele aus dem Schulalltag, wenn es etwa um Formen von physischer oder psychischer Gewalt geht – von Schüler/-innen untereinander, aber auch zwischen Lehrer/-innen und Schüler/-innen. Ich denke, ich muss hier keine Beispiele nennen. Sie sind Ihnen vielleicht ja aus eigenem Erleben in Ihrer Schule oder vom Hörensagen aus anderen Schulen bekannt.

Ich möchte an dieser Stelle daran erinnern, was ich zu Beginn dieses Kapitels über Menschenrechte und ihre Verletzung ausgeführt habe. Es ging um das NS-Dokumentationszentrum in München, wo in Filmsequenzen auf aktuelle

13 Ders., Schule als Quelle der Inspiration, in: Schriftenreihe der Schweizer Akademie der Grundlagenstudien 6 (1978), S. 10 f.

Formen der Menschenrechtsverletzungen in der Welt hingewiesen wird. Das liest sich allerdings so, als fänden diese Verletzungen irgendwo auf der Welt statt. Dabei gibt es sie schon im Kleinen. Sie sind auch täglich in jeder unserer Schulen denkbar. Darum ist es besonders wichtig, in unserer Gedenkstättendidaktik immer wieder prinzipielle Beziehungen zwischen Alltagsvergangenheit und Alltagsgegenwart herzustellen, um Schüler/-innen zur Achtsamkeit anzuhalten, zu erziehen und zum persönlichen und gemeinschaftlichen Eintreten für die Einhaltung der Menschenrechte in ihrem Alltag zu ermuntern und zu ermutigen. Die Schule scheint mir hierfür als gesellschaftlicher Schon- und Übungsraum besonders gut geeignet.

Darum sei nachstehend das Thema »Gedenkstättendidaktik« als wichtiges Element der Menschenrechtserziehung etwas ausführlicher behandelt.

8. Menschenrechtsverletzungen – eine Abgrenzung

Wie gesagt: Die Geschichte der Menschenrechte ist immer auch die Geschichte ihrer Verletzungen. In meinen Betrachtungen zu einer veränderten Gedenkstättendidaktik geht es auch um die Frage der Grenzen und Schranken unserer Macht als staatliche Repräsentanten unseres Rechtsstaates in den Schulen und damit um die Grenzen der Verfügbarkeit über Menschen, mit deren Erziehung und Bildung wir betraut wurden:

9. »Wenn es uns als Zeitzeugen nicht mehr gibt…«

Von der Gedenkstätten- zur Erinnerungsdidaktik – ein Plädoyer zur Menschenrechtserziehung

Im Gedenken an die Opfer und in Erinnerung an die Gräueltaten der Täter bewegten die Zuhörer am 70. Jahrestag der Befreiung der KZ-Häftlinge von Auschwitz am stärksten die Ansprachen von Überlebenden. Fast alle beschäftigte u.a. die Frage: »Was wird, wenn es uns als Zeitzeugen nicht mehr gibt?

Warum lohnt es sich, das Gedenken zu pflegen *und* es um ein noch bewussteres Erinnern zu erweitern? Die Beantwortung dieser Frage soll in einem Plädoyer für mehr Menschenrechtserziehung durch eine erweiterte Form der Erinnerungsdidaktik münden.

9.1 Der totalitäre Staat und seine Lager

Wenn sich ehemalige Häftlinge von Konzentrations-, Internierungs- oder Kriegsgefangenenlagern in Gedenkfeiern erinnern, sind unser Einfühlungsvermögen und unsere Fähigkeit zum Mitleiden gefordert: Es geht um das Einfühlen in ihre Leiden als Opfer und die Wahrnehmung des kriminellen

Handelns der von einem totalitären Staat beauftragten Täter als einer menschenverachtenden Verletzung der Menschenrechte, angetrieben von einem verbrecherischen Allmachtdenken des Staates gegenüber Minderheiten.

9.2 Die demokratisch-rechtsstaatliche Ordnung macht Frieden in Freiheit möglich

In freiheitlich-rechtsstaatlichen Demokratien ist das Handeln der staatlichen Beamten angelegt auf die Gewährleistung von Freiheit und Ordnung, von Frieden und innerer Sicherheit auf der Grundlage des Rechts. Und doch kann es auch in rechtsstaatlichen Demokratien zur Verletzung von Menschenrechten kommen: Z.B. sei erinnert an die Gefangennahme von Menschen in Guantanamo ohne Gerichtsverfahren durch die US-Regierung oder die Ausspähung von Menschen durch staatliche Stellen – hier wie dort handelt es sich um Straftaten staatlicher Beamter, die etwa gegen das Recht auf körperliche Unversehrtheit oder gegen das Brief- und Fernmeldegeheimnis verstoßen. Deshalb ist das historische Geschehen in den Lagern insofern leider noch aktuell, als es auch dort um die Behandlung von Menschen durch staatliche Bedienstete geht. So sollte z.B. beim Besuch bi-nationaler Gruppen in Lager-Museen gemeinsam der Frage nachgegangen werden: Wie gingen damals und wie gehen heute Bedienstete des Staates mit Menschen um, die in seinem Machtbereich leben oder in ihn gelangen? (Vgl. »Amnesty International«)

9.3 Historisch-politisches Erinnern

Eine solche Form des Erinnerns bleibt nicht stehen beim Gedenken an das Leiden der Opfer. Es verbindet die historische Situation von Menschen in einem totalitären Staat mit unserer aktuellen Situation in einem demokratischen Staat. Auf dieser Ebene kommen wir unter Heranziehung der Menschenrechte zu einer vergleichenden Betrachtungsweise bei der Beurteilung der Beziehungen zwischen staatlichen Bediensteten und ihren Bürger/-innen. Es führt uns hinein in eine aktualisierte Form des historisch-politischen Erinnerns als einer Aufforderung zur Wachsamkeit, zur kritischen Beurteilung staatlichen Handelns oder zum persönlichen politischen Engagement zugunsten von Opfern staatlicher Menschenrechtsverletzungen

Wegen der Bedeutung des Themas für die politische Bildung von jungen Menschen sei der Gedankengang auf die Schule bezogen:

9.4 Bürger und Staat am Beispiel der Schule

Mit der allgemeinen Schulpflicht als individuellem Menschenrecht auf Bildung zwingt der Staat junge Menschen zum Besuch der Schule. Zwar stellt – naturrechtlich betrachtet – die allgemeine Schulpflicht einen staatlichen Akt der Einschränkung ihrer persönlichen Freiheit dar. Sie wird aber aufgewogen durch das Versprechen des Staates, ihre Lebens- und Zukunftschancen zu verbessern. Unsere Schulsysteme werden damit in der Begegnung zwischen Schüler/-innen und staatlichen Bediensteten als Lehrer/-innen zu einem Ort der Ersterfahrung eines jungen Menschen mit seinem Staat.

Je länger junge Menschen zur Schule gehen, desto bewusster beobachten sie ihre Lehrer/-innen und verstehen ihr Handeln immer mehr auch als ein Handeln des Staates unter den Bedingungen des Rechts – besonders der Menschen- und Bürgerrechte – oder als ein Handeln, das eben diese Rechte – mit oder ohne Sanktionen – unter Missbrauch individueller Freiheit auch verletzen kann. In funktionierenden Demokratien – mit einer für alle verbindlichen Rechtsordnung – haben allerdings junge Menschen oder ihre Eltern ihrerseits das Recht, gegen ein rechtswidriges Handeln staatlicher Bediensteter (z.B. sexuelle Übergriffe, Herabsetzungen vor der Klasse, Prügelstrafen, Mobbing oder anderen Formen psychischer Gewalt) unter Einlegung von Rechtsmitteln vorzugehen, um rechtswidrige Übergriffe zu unterbinden.

9.5 Die Aufgabe einer rechtsstaatlichen Ordnung

Das heißt: Eine funktionierende rechtsstaatliche Ordnung schützt die Würde und Freiheit eines jungen Menschen und bestraft jene, die sie antasten oder missachten. Und dahinter steht ein Menschenbild der Verfassung, das u.a. das oberste deutsche Gericht, das Bundesverfassungsgericht, einmal so formulierte:

9.6 Das Menschenbild des deutschen Grundgesetzes

> *»Dem Grundgesetz liegen Prinzipien der Staatsgestaltung zugrunde, die sich nur aus der geschichtlichen Erfahrung und der geistig-sittlichen Auseinandersetzung*

mit dem vorausgegangenen System des Nationalsozialismus erklären lassen. Gegenüber der Allmacht des totalitären Staates, der schrankenlose Herrschaft über alle Bereiche des sozialen Lebens für sich beanspruchte und dem bei der Verfolgung seiner Staatsziele die Rücksicht auch auf das Leben des einzelnen nichts bedeutete, hat das Grundgesetz eine wertgebundene Ordnung aufgerichtet, die den einzelnen Menschen und seine Würde in den Mittelpunkt aller seiner Regelungen stellt. Dem liegt die Vorstellung zugrunde, dass der Mensch in der Schöpfungsordnung einen eigenen selbständigen Wert besitzt.«[14]

9.7 Vom urteilenden Erinnern zum demokratischen Bewusstsein

Wenn wir mit diesen Kerngedanken des Bundesverfassungsgerichts den Blick auf Ereignisse in der Vergangenheit richten, entdecken wir auch ihre aktuelle Bedeutung. Denn eine nur werturteilsfreie Betrachtung historischen Geschehens in der Zeit des Nationalsozialismus könnte die Entwicklung eines eigenen totalitären Denkens bei jenen fördern, die in ihm einen alternativen politisch-ideologischen Ansatz für die Lösung aktueller politischer oder gesellschaftlicher Probleme sehen.

9.8 Realisierung der Überlegungen bei Besuchen von Gedenkstätten als Begegnungsstätten

Zusammenfassend führen folgende Überlegungen zur Erinnerungsdidaktik:

- Gedenkstätten wie Konzentrationslager beschreiben in historischer Perspektive den institutionellen Umgang eines Staates mit Menschen unter den Bedingungen des Entzugs oder der Verweigerung von Menschenrechten
- Die Situationen in Gefangenen-, Internierungs- und Konzentrationslager werden unter dem Aspekt der politischen und rechtlich normierten zwischenstaatlichen Beziehungen und deren ideologischen oder rechtlichen Begründungen untersucht.

14 BVerfGE vom 25.2.75 in Verb. m. BVerfG 2, 1 (12) u. BVerfGE 39, 67 zit. in http://schroeder.rewi.hu-berlin.de/downloads/RG_Deter/Das%20Menschenbild%20des%20Grundgesetzes.pdf.

- Die Beziehungen zwischen Wächtern und Gefangenen sind zu beschreiben und auf ihre immanente Legalität und Legitimität hin – zunächst hermeneutisch – zu prüfen.
- Wie und in welchem Umfang wurden die Wächter der Lager nach ihrer Auflösung zur Rechenschaft gezogen? Welche Gerichtsbarkeit (zivile oder militärische oder internationale) übernahm die Bestrafung? Nach welchen Grundsätzen wurden sie verurteilt? Im Kern geht es um die Beachtung/Missachtung der Menschenrechte als unmittelbar geltende Rechte in den Staaten durch ihre Bedienstete.

– Auf Grund der universalen Gültigkeit der Menschenrechte sind jene Menschenrechte in den Blick zu nehmen, die verbindlich sind für das Handeln von Mitgliedern staatlicher Institutionen gegenüber den Bürgern. Dabei stehen im Zentrum die Menschenwürde und Freiheitsrechte.
– Der didaktisch-methodische Zugriff nimmt seinen Anfang in der Frage, ob und inwieweit sich Menschen an Situationen im eigenen Alltag oder an Berichte erinnern, in denen es zur Menschenrechtsverletzungen kam:
  - Welche Rechtfertigung für diese Menschenrechtsverletzungen wurden/werden genannt? Welches Menschenbild/welche Ideologie kam darin zum Ausdruck?
  - Welche Möglichkeiten wurden genutzt oder sind gegeben, Menschenrechtsverletzungen gerichtlich zu ahnden?
– Wie ging man mit den Opfern und Tätern nach Verletzung der Menschenrechte um?
– Übertragung des aktuellen Verständnisses der Rolle der Menschenrechte als innerstaatliche, internationale und universale Rechte auf die Situation in den historischen Lagern bei hoher Empathie für die Opfer
  - Eine ideologiekritische Analyse von historischen und aktuellen politischen Ideen unter kategorialer Heranziehung der Menschenrechte
  - Politisches Handeln auf seine Legitimation im Hinblick auf die Beachtung der Menschenrechte überprüfen und beurteilen.

9.9 Gedenken *und* Erinnern

Bezogen auf Gedenk- und Erinnerungsstätten ist m. E. eine solche didaktische Vorgehensweise dazu in der Lage, sowohl die eingangs zitierten Sorgen ehemaliger Häftlinge ernst zu nehmen als auch ein urteilendes Erinnern zu fördern, das die Gegenwart junger Menschen nicht historisierend ausschließt, sondern bewusst einbezieht.

Wir brauchen daher weiterhin Gedenk- und Erinnerungsstätten als Gedenk – und Erinnerungsorte. Sie werden bedeutsamer und wertvoller, wenn sie die Begegnung der jungen Menschen mit der Vergangenheit *und* ihrer eigenen Gegenwart ermöglichen. Dann werden sie im besten Sinne zu Stein gewordene historische Monumente (i.e. Mahnmale), die junge Menschen dazu anleiten, aus Überzeugung für die Einhaltung der Menschenrechte in einer rechtsstaatlichen demokratischen Staats- und Gesellschaftsordnung einzutreten.[15] Und darauf sollte es uns in Europa mit Blick auf unsere gemeinsame Zukunft in Würde und Freiheit ankommen.

FAZIT:
Die beiden Ansätze verdeutlichen, dass wir Schule im demokratischen Rechtsstaat nur auf der Grundlage der Menschen- und Bürgerrechte gestalten und verstehen können. Im Mittelpunkt von Schule steht jeder einzelne junge Mensch. Das Recht auf Bildung als universales Menschenrecht gehört dazu. Wenn wir unser Alltagshandeln nur als eine Frage der effizienten Organisation verstehen, bewegen wir uns in einem einseitigen und beliebigen Bereich von Werten. Unsere Verfassung holt uns über unseren Amtseid zurück und verlangt, dass bei allen scheinbar nur technischen Fragen oder Fragen der Effizienz der entscheidende Prüfpunkt immer wieder die Menschenrechte sein müssen. Sie sind – so gesehen – Ausgangspunkt bei der mit der Organisation zu verfolgenden Ziele, sie

15 2. Vgl. auch Hannes Hintermeier, Ein weißes Haus für die braune Vergangenheit, in F.A.Z. vom 30.04.2015: »Die Ausstellung folgt den Konsequenzen des »Dritten Reiches« bis in die Gegenwart, erreicht schließlich die virtuelle Welt mit Bildschirmen, auf denen permanent aktualisiert Meldungen über antisemitische Übergriffe und religiös oder rassistisch motivierter Gewalttaten aus dem weltweiten Nachrichtenstrom gefiltert werden.« (http://.fhttp://www.faz.net/aktuell/feuilleton/forschung-und-lehre/das-neue-ns-dokumentationszentrum-eroeffnet-in-muenchen-13566344.htmlaz.net/aktuell/feuilleton/foschuung).

begleiten uns im Schulentwicklungsprozess und sie dienen uns als Maßstäbe für unser Urteil an seinem Ende. Sie helfen uns im Rahmen der strategischen Führung als Orientierungspunkte und machen noch einmal deutlich, dass das operative Handeln, also die Umsetzung von ausgehandelten Aufträgen, letztlich als Kernbestand pädagogischer Freiheit von unseren Lehrkräften zu erfüllen ist. Daher kann es für Projekte kleinschrittige Vorgaben ebenso wenig geben wie im Unterricht selbst.

(Vgl. Konsensmanagement): Entscheiden Sie, sagte Sprenger, »am Ende der Konsensbildung immer wieder so, dass die Freiräume« Ihres Mitarbeiters »nachher nicht kleiner sind als vorher!« – Aus der Sicht der Personalführung haben Sie es als Schulleiter/-in dann in der Hand, der Lehrkraft oder der Gruppe von Lehrkräften unter Heranziehung der mit ihr/ihnen vereinbarten Ziele die durchgeführte Maßnahme mit Lob und Anerkennung glaubwürdig zu bedenken oder auf eben dieser Grundlage kritisch-wohlwollend selbst zu begleiten oder die/den zuständigen Funktionsstelleninhaber/-in mit der Prozessbegleitung zu beauftragen. Ihre aktive Einmischung in die Umsetzung hätte Ihnen nicht nur viel Zeit gekostet. Im Falle Ihres Scheiterns würden Sie mit Ihrem Ansehen immer auch Ihre Autorität beschädigen, was einer Kampfansage gegen jede Form von Leichtigkeit und Gelassenheit in einer Führungs- und Leitungsposition gleichkommt.

Darum gilt auch hier: Wer führt, führt nicht aus! Und dieser Verhaltens- und Verfahrensgrundsatz hat Geltung für alle Führungs- und Leitungskräfte an Ihrer Schule – von den Mitgliedern der Schulleitung bis hin zu den Klassenleiter/-innen.

10. Und noch einmal Ihre Frage: »Wie könnte ich mein Entlastungsprogramm erfolgreich starten?« Meine Antwort: »Gemeinsam mit dem Kollegium!«

Wer seit Jahren Schule leitet, dessen Leitungsstil ist hinlänglich bekannt. Ob allgemein anerkannt oder nicht – das Kollegium hat sich längst darauf eingelassen und versteht es, damit umzugehen. Darum ist es eine ganz besondere Herausforderung, etwa durch eine konsequentere Nutzung und Beibehaltung des Delegationsprinzips schrittweise eine veränderte Leitungskultur zu etablieren. Denn manche Mitglieder des Kollegiums könnten es womöglich schnell als Ihre neue »Masche« abtun, die man Ihnen in der letzten Fortbildung für Schulleiter/-innen empfohlen habe, oder darin eine »sicherlich nur vorübergehende Maßnahme«- eine Art »Anfall« – der Chefin/des Chefs sehen. Dabei meinten Sie es dieses Mal wirklich ernst! Sie sehen: Ihr neuer Weg verlangt ebenfalls nach einer sinnvollen Begründung! Auch Kolleg(inn)en wollen wissen, was ihnen Ihr neuer Weg persönlich bringt, fragen mit Recht, warum denn für sie alles noch besser werden soll, wenn sie sich darauf einlassen – und das bedeutet ja auch: sich aktiver ins Schulleben einbringen sollen. Denn eines ist klar: Strategische Delegation statt operatives Durch- oder Hineinregieren lebt von der Bereitschaft zur aktiveren Mitarbeit der Betroffenen, die Sie ja dann auch noch – ganz im Sinne der Partizipation – zu Beteiligten machen wollen. Muss das sein? Gleichwohl weiß es jeder: Je mehr Arbeit auf verschiedenen Schultern verteilt ist, desto erträglicher wird sie für jeden einzelnen. Er muss halt jeder mitarbeiten!

Womöglich hilft Ihnen dabei nicht nur Ihr eigener Leidensdruck angesichts einer erheblichen Zunahme von Belastungen im Alltag. Während diese früher ohne weiteres nach Dienstschluss von Ihnen abfielen, spüren Sie ijetzt, da die Arbeit auch quantitativ zugenommen hat, wie selten Ihnen eben dies gelingt: Die Zahl der Belastungsfaktoren hat einfach zugenommen, die Ihnen das Leben und die Arbeit schwer machen. Hier erinnere ich Sie an das Genossenschaftsprinzip: **Was einer alleine nicht (mehr) zu tun vermag, dass gelingt**

ihm zusammen mit anderen! Ihr Einwand: Aber die stehen doch auf einer anderen Hierarchie-Ebene!?[16]

Nach dem Schulleiter-Coaching

10.1 Also – was tun auf dem Weg zum »laetissimus rector – zum heiter-gelassenen Schulleiter«?

Gewiss: Der Schritt ist schwieriger, als manche denken. Zu sehr prägen uns unsere lieb gewonnenen Gewohnheiten. Möglichweise fällt Ihnen ein so folgenschweren Schritt leichter, wenn Sie sich bewusst machen: **Wenn ich etwas verändern will, muss ich mich erst einmal selbst verändern.** Dazu zählt vor allem die innere Haltung zu den Mitgliedern Ihrer Schulleitung und Ihres Kollegiums mit Einsichten wie z.B. diesen:

- Je mehr wir als Schulleitung und Kollegium unsere gemeinsamen Interessen entdecken, desto mehr werden wir zu gemeinsamen Aktivitäten in der Lage sein.

16 https://www.google.de/search?q=der+schulleiter+karikatur&tbm=isch&source=iu&ictx=1&fir=_soat-uApVarqM%253A%252CG6rTIpXtuKmhM%252C_&usg=__eVqGNHAiT5vMA52IYm-zOjK5goCo%3D&sa=X&ved=0ahUKEwjGy93-2J7cAhWNMewKHesyBz8Q9QEIKTAA#imgrc=-5cCU99aK1NRyaM:.

- Je mehr Sie etwas von den Stärken, Interessen und Ideen einer jeden Lehrkraft erfahren, umso mehr werden Sie sie schätzen und sie angemessen dazu motivieren können, einmal zu zeigen, was sie zu leisten vermag.
- Je mehr Ihnen eben dies gelingt, desto mehr Kolleg(inn)en werden sich gemeinsam oder auch alleine für die Schule einsetzen.
- Und schließlich: Verstehen Sie Ihre Schulleitung nicht länger nur als eine Versammlung von Berichte erstattenden Funktionsstelleninhaber/-innen, sondern auch als ein Team von Kolleg(inn)en, die sich gerne an der Leitung der Schule professionell beteiligen wollen – ja, auch als eine Art pädagogischen »Think-tank« – einer Art Denkfabrik zur strategischen pädagogischen Ausrichtung der Schule auf allen Ebenen (s. das Kapitel über strategische Stellenbeschreibung), die sowohl die operative Ebene, als auch das strategische Mitdenken mit Ihnen aushandeln möchte.

10.2 Auch hier: Eine Bestandaufnahme gehört an den Anfang.

Wie in immer mehr Klassen üblich, kann sich auch eine Schulleitung mit Hilfe eines Feedbacks in Form einer kleinen (ethischen) Evaluation Ihrer Arbeit einschätzen lassen. Ich nenne Sie übrigens ethisch, weil es sich hier bei der Funktion der Schulleitung als Dienstleisterin für das Kollegium um Grundhaltungen im mitmenschlichen Umgang handelt, die sich letztlich – durchaus sehr reversibel – auf ethische Werte und Normen beziehen lassen. Ihre Diskussion darüber wird dann ähnliche Wirkungen entfalten wie jenes Freundschafts-Projekt, das die dialogisch-wertschätzende Dialogfähigkeit zwischen allen Mitgliedern der Schulgemeinde fördern und damit sogar beflügeln konnte.

Ihre Schule macht sich auf den Weg, ganz im Sinne Weinrebs eine Quelle der Inspiration zu werden!

10.3 Die Bedeutung der Wertschätzung der Schulleitung gegenüber dem Kollegium

Bevor Sie sich zu verschiedenen Einschätzungen Ihres Handelns als Schulleitung durch das Kollegium äußern, möchte ich Sie auf einen anderen Weg aufmerksam machen. Was halten Sie von folgender Form der Evaluation? Diese geht davon aus, dass die Schulleitung immer auch Dienstleisterin für das Kollegium ist. Das sollte nicht nur das Kollegium als Gruppe betreffen, sondern letzten Endes auch eine jede Lehrkraft. Und es dürfte für eine Schulleitung als Dienstleisterin doch von größtem Interesse sein, ob Art und Umfang der Wahrnehmung ihrer Dienstleistungen auch so ankommen, wie sie von Ihnen und Ihren Schulleitungsmitgliedern beabsichtigt waren.

Wenn Sie sich zu einer Evaluation entschließen, sind m. E. vor allem zwei Prämissen zu bedenken:

a) Jede Evaluation weckt bei den Befragten die Erwartung, dass sich – ganz gleich, wie die Ergebnisse ausfallen – danach etwas zum Besseren wenden wird. Und
b) sollten im Sie Einvernehmen mit der gesamten Schulleitung dem Kollegium das Versprechen abgeben können, dass das, was es für gut befinden wird, weiterhin gepflegt werde, dass aber die dank der Evaluation sichtbar gewordenen Mängel in enger Abstimmung mit dem Kollegium bzw. einzelnen Lehrkräften Zug um Zug beseitigt würden.

Die unten angefügte Tabelle mit Parametern zu Untersuchung des Dienstleistungscharakters der Schulleitung wurde von mir nach Vorschlägen des Schweizer Schulberaters Rudolf Dubs gestaltet. Sie stellt eine Evaluationstabelle mit Intensitätsabstufungen dar. Im Sinne einer ernst zu nehmenden internen Evaluation erachte ich es für unverzichtbar, dass Sie jeden Parameter zunächst in der Schulleitung und dann gemeinsam mit dem örtlichen Personalrat und der Gleichstellungsbeauftragten daraufhin prüfen, ob Sie diese Frage überhaupt oder auch so stellen möchten. Schließlich werden Sie und die Schulleitung ja auch daran gemessen, wie wirkungsvoll Sie im Anschluss an die Evaluation dazu imstande sind, an den Mängeln so ernsthaft zu arbeiten, dass Sie in einer nächsten Evaluation positivere Resultate erzielen könnten. Das soll auch heißen: Nehmen Sie all jene Parameter zunächst einmal heraus, an denen Sie noch etwas arbeiten müssten, weil deren Überprüfung Sie zum gegenwärtigen Zeitpunkt (noch) nicht im Hinblick auf die o.g. Prämissen a) und b) verantworten können.

10.4 Checkliste zur Erhöhung des Berufsethos' und der Arbeitszufriedenheit

1. Jedes einzelne Mitglied des Kollegiums gibt seine Einschätzungen ab. In einem zweiten Bearbeitungsdurchgang sollte es max. drei Verhaltensbeispiele

dafür nennen, warum der Abstand z.B. zwischen der Einschätzung »3« und seiner eigenen Einschätzung so groß ist und

2. welches Verhalten aus seiner Sicht am ehesten dazu führen werde, dass es bei einer neuen Evaluation die Einschätzung »1« ankreuzen würde.
3. Für jeden Parameter werden die Beispiele in einer Übersicht, die aufgeteilt ist nach IST- und SOLL-Verhalten, gesammelt und schließlich über einen Bepunktung (jeder hat z.B. drei Punkte) ein »Ranking« hergestellt (Entscheidungsfrage: a) Welches Verhalten hat am ehesten dazu geführt, dass wir diesen Stand schon erreichen konnten? Und: b) Welches Verhalten wird nach meiner Überzeugung am ehesten eine Verbesserung herbeiführen? (Hinweis: Bei den Maßnahmen, die in Angriff zu nehmen sind, sollte man bei jenen anfangen, von denen man sicher ist, dass sie schnell zum Erfolg führen: Das sind in der Regel jene Maßnahmen, die in der zu erstellenden Prioritätenliste eher unten und nicht oben rangieren.)
4. Es wird nun vereinbart, bis zu welchem Zeitpunkt welches Verhalten wie und – durch wen vorrangig – herbeigeführt werden sollte. (Dabei ist es wichtig, dass sich die Gruppe darüber einigt, worin sich für das Kollegium und die Schulleitung im Hinblick auf Berufsethos und Arbeitszufriedenheit Vorteile/Sinn ergeben.)

Arbeitshilfe Nr. 1:
Checkliste zur Erhöhung des Berufsethos‘ und der Arbeitszufriedenheit:[17]

	Parameter	***1*** ***Trifft voll und ganz zu***	***2*** ***Trifft wohl eher zu***	***3*** ***Trifft nicht zu***
1	Die Schulleitung (SL) beobachtet das Geschehen in der Schule so sorgfältig, dass sie entstehende Konflikte rechtzeitig erkennt, diese in geeigneter Form zur Sprache bringt und behandelt, so dass sie sich nicht ausweiten.			
2	Die SL bemüht sich um regelmäßiges und systematisches Feedback an uns Lehrkräfte.			

17 In Anlehnung an: Rudolf Dubs, Die Führung einer Schule. Leadership und Management, Stuttgart 1994, S. 187. Die Tabelle wurde vom Verf. erstellt.

	Parameter	***1 Trifft voll und ganz zu***	***2 Trifft wohl eher zu***	***3 Trifft nicht zu***
3	Um glaubwürdig zu sein, differenziert sie zwischen positivem Feedback und berechtigten kritischen Anmerkungen genügend.			
4	Die SL schenkt uns L. Vertrauen und schafft Gelegenheiten, dass wir das in uns gesetzte Vertrauen rechtfertigen können. (Beispiele)			
5	Durch Führung und Verhalten trägt die SL zu einem positiven Rollenverständnis beim Kollegium bei.			
6	Die SL setzt Mittel der extrinsischen Motivation ein (Anerkennung, Vorteile bei der Erfüllung der Aufgaben).			
7	Die SL bemüht sich um eine integrative Kommunikation.			
8	Die SL nimmt sich genügend Zeit für Kontakte mit der Lehrerschaft und jeder einzelnen Lehrkraft.			
9	Die SL scheut sich nicht, in demokratischen Entscheidungsprozessen innerhalb der Schule dann politische Mittel (i.e. Schulbehörde) einzusetzen, wenn die Gefahr besteht, dass Koalitionen Entscheidungen herbeizuführen versuchen, die gegen die Gesamtinteressen der Schulen laufen (Setzen der Agenda, Aufbau eines Netzwerkes, politisch orientierte Verhandlungen, Illoyalität in der Schulleitung)			
10	Die SL unternimmt alles, um uns Lehrer/-innen in unserer Tätigkeit zu stützen und uns die Arbeit zu erleichtern.			
11	Die SL hat auch die Kraft zum Nein-Sagen, wenn Ansprüche nicht mehr im Interesse der Schule liegen, und sie hat bei allem Wohlwollen die Fähigkeit, Mängel und Fehlverhalten (ggf. auch aus ihren eigenen Reihen) richtig zu stellen.			

10.4.1 Das Ansehen der Schule als Gemeinschaftsaufgabe von Schulleitung und Kollegium

Die Überprüfung des Ansehens der Schulleitung im Binnenbereich der Schule sollte im Grunde eine ständige und vornehme Aufgabe der gesamten Schulleitung sein/werden. Dass hierfür Sie als Schulleiter/-in die letzte Instanz sind, ist Kern aller Schulgesetze. Sie kommen mit der beständigen Wahrnehmung dieser großen und besonderen Verantwortung besser zurecht, wenn Sie sie mit den Damen und Herrn der Schulleitung strategisch – also zielorientiert – für jeden Geschäftsbereich aushandeln und aufteilen. (vgl. den Abschnitt über strategische Aufgabenbeschreibung weiter unten).

In einem nächsten Schritt ist es für den Erfolg des Bilanz- oder Evaluationsarbeit notwendig, dass die Schulleitung in Arbeitsgruppen z.B. Handlungsziele und -rituale mit Lehrer/-innen bespricht und so aushandelt, dass beide Seiten in das Thema »Dienstleistung« als »Geber« und »Nehmer« eingebunden sind. Das schafft Klarheit und Sicherheit im Umgang miteinander und entlastet Sie nicht unerheblich als Schulleiter/-in.

Wenn man so will, dann handelt es sich letzten Endes ebenfalls um eine Art innerschulisches Marketing der gesamten Schulleitung, das starke Auswirkungen auch auf das nach außen gerichtete Schulmarketing entfalten wird. Und um dieses Thema soll es jetzt gehen:

12. Schulmarketing – Motor einer ethischen Qualitätsentwicklung

Vorbemerkungen:

»Na, wie war´s heute in der Schule?« – fragen täglich Eltern auf der Welt besonders dann, wenn sie mit ihren Kindern gemeinsam das Mittagessen einnehmen. Es sind diese täglichen Gespräche bei Tisch, in denen Kinder über erfreuliche und weniger erfreuliche Begebenheiten in ihrer Schule und in ihren Klassen berichten. Über jene Lehrer/-innen, von denen sie anerkennende Worte hörten ebenso wie wortreich über jene, von denen sie sich ungerecht behandelt fühlten. Während die anerkennenden Worte uns Eltern darin bestätigen, dass wir immer noch die richtige Schule für unser Kind gewählt haben, nähren Beschwerden unserer Kinder Zweifel an der Richtigkeit unserer Entscheidung, ausgerechnet diesem/dieser Lehrer/in das eigene Kind anvertraut zu haben. Das Beispiel macht eines klar: Es sind nicht nur die globalen Studien über die Leistungsfähigkeit unserer Schulen, die weltweit das hohe Ansehen unserer Schulsysteme bestätigen oder in Frage stellen. Es sind die gemeinsamen täglichen Mahlzeiten, in denen das Ansehen von Schulen zur Disposition steht. Und da es bei der Frage nach dem Ansehen im Kern um die tägliche Beantwortung der Vertrauensfrage steht, lautet die eigentlich Frage am Mittagstisch: »Kann ich den Lehrkräften in Deiner Schule immer noch jenes Vertrauen schenken, das ich mit Deiner Anmeldung zum Ausdruck gebracht habe?«

Das Beispiel zeigt: Schulen sind für Eltern auf dem freien Markt der Bildungsangebote Institutionen, die ihren Kindern optimale Bildungs- und Lebenschancen versprechen. Das bedeutet: Sofern es keine festen Einzugsbereiche einer Schule gibt, haben die Eltern mit Blick auf ihr Kind die Qual der Wahl. Die Entscheidung, welche Schule für ihr Kind die bessere sei und wem sie das Kind mit ihrer Anmeldung anvertrauen wollen, ist nicht allein das Ergebnis eines individuellen Entscheidungsprozesses. Überwiegend folgen Eltern den persönlichen Erfahrungen von Kollegen oder Freunden, die diese mit der Schule ihres Kindes gemacht haben. Die so entstehenden Meinungsmärkte definieren den Grad des Ansehens einer jeden Schule und produzieren im Kampf um das Vertrauen der Eltern ein Ranking der Bildungsangebote. Immer mehr Schulen versuchen nun diesen Bildungsmarkt mit Hilfe von Marketingstrategien zu ihren Gunsten zu beeinflussen. Ob Hochglanzbroschüre oder Internet-Homepage – Schulen haben hier ein neues Aufgabenfeld, das letztlich ihre Überlebenschancen sichern dürfte.

Und das bedeutet:

Angesichts des demografischen Wandels werden Schulen um Elternentscheidungen bei der Schulwahl für ihre Kinder mehr und mehr miteinander in einen Wettbewerb eintreten, zur Sicherung ihrer Existenz und damit zur Sicherung der Arbeitsplätze der Lehrerinnen und Lehrer eine möglichst hohe Zahl an Neuanmeldungen zu erhalten. Dieser bevorstehende oder an manchen Schulen schon erkennbare Leidens- und Leistungsdruck könnte, da es im Kern um ein Ringen um das Vertrauen der Eltern und Kinder geht, in seiner Innenwirkung zum Motor für eine ethische Sicht der Qualitätsentwicklung an Schulen führen und in seiner Außenwirkung dazu beitragen, dass es zu einer Steigerung des Ansehens durch bewusste und glaubwürdige Beeinflussung der öffentlichen und privaten Meinung sowohl durch die Öffentlichkeitsarbeit der Schulen als auch durch professionelles pädagogisches Handeln kommt, bei dem der junge Mensch im Mittelpunkt zu stehen hat. Nachstehende Überlegungen mögen darum als hilfreicher Impuls für jene Schulen verstanden werden, denen diese Zusammenhänge bewusst sind und die dazu bereit sind, Vertrauensmanagement im Kampf um die Eltern in den Mittelpunkt ihrer ethischen Qualitätsarbeit zu stellen.

Ob TIMSS, MARKUS oder PISA – die Angst der Schulen vor dem letzten Schritt ist groß: Die Erstellung eines Schulrankings. Viele Gründe sprechen dafür. Gleichwohl gibt es dieses Ranking in seiner subtilen Form schon lange. Beim Frisör oder am Arbeitsplatz, beim Tennis oder im Urlaub – überall wird über die Schule der Töchter und Söhne geredet und vor allem geurteilt. Die Hauptkategorie ist die der Zufriedenheit. Die Eingangsfrage einer Mutter: »Haben Sie es schon hinter sich; oder geht Ihr Kind noch immer in die Schule?« macht deutlich, dass die Frage nach der Zufriedenheit mit der Schule für Eltern die zentrale Alltagsfrage ist.

Immer mehr Schulen können solchen Fragen nicht länger ausweichen. Das Qualitätsmanagement nimmt diese Frage zwar ernst, aber erst nach dem

Aufbau eines strategischen Schulmarketingkonzepts werden sie diese Frage noch systematischer und noch wirkungsvoller beantworten können.

12.1 Vorbemerkung

Vor jeder Realisierung einer Marketingkonzeption müssen Lehrer/-innen dazu motiviert werden, sie gemeinsam zu erarbeiten, um ihre Umsetzung ebenfalls gemeinsam mitzutragen. Diese Marketingkonzeption als wirkungsvolle Präsentation von Schule nach außen bedarf der gleichzeitigen Entwicklung einer Schulkultur innerhalb der Schule, die sich durch übereinstimmende Wertvorstellungen und Denkmuster der Lehrerinnen und Lehrer auszeichnet. Mit anderen Worten: Die Öffnung der Schule nach außen braucht eine Schulkultur der verbindlichen Werte und der verlässlichen Strukturen und partnerschaftlichen Kooperationsinstrumentarien nach innen, die auf neue Herausforderungen angemessen, d.h. im Sinne der Überlebensfähigkeit des Systems Schule und ihrer pädagogischen Handlungskompetenzen reagieren.

FAZIT:
Bei allen Marketingkonzeptionen steht darum ein Leitgedanke im Zentrum: Die Markt- und Kundenorientierung der Schule ist von der gesamten Schulleitung und allen Lehrer/-innen zu unterstützen.

Wer in Schulen eine solche Forderung stellt, benötigt immer noch Standfestigkeit. Ruft sie doch regelmäßig Widerstände auf den Plan. Mit dem Vorwurf: »Wie können Sie es wagen, Schule unter Marktgesichtspunkten mit Dienstleistungsunternehmen wie Post, Bahn oder Müllabfuhr zu betrachten!« Oder: »Schule macht doch keinen Umsatz!« – Also verbiete sich gefälligst die Verwendung dieses betriebswirtschaftlichen Vokabulars von selbst.

In der Tat sind auf den ersten Blick diese oder ähnliche Vorwürfe durchaus berechtigt. Qualität in der Schule ist noch eher an staatliche Vorgaben gebunden als dem freien Markt unterworfen, da der Staat die Vermittlung von Kenntnissen, Fähigkeiten und Fertigkeiten von den Lehrer/-innen erwartet, um die Schüler/-innen auf die moderne Welt vorzubereiten. Schule ist darum kein produzierendes Unternehmen; Schule kennt keine Produktionsfaktoren. Sie hat allerdings als Non-Profit-Unternehmen den immateriellen Auftrag der Erziehung und Bildung junger Menschen. Schule macht darum keinen Umsatz; ist sie aber an einer Wertschöpfung der ganz besonderen Art maßgeblich beteiligt!

Daher lohnt es, sich doch einmal darauf einzulassen und die volks- und betriebswirtschaftliche Begrifflichkeit im Hinblick auf die Schule als einer dienstleistenden Institution zu präzisieren. Nur so wird der zentrale Leitgedanke des Marketings auf eine angemessene Akzeptanz in der Schule stoßen und dort Anhänger finden.

Worum geht es also?

12.2 Schulen im Meinungsspektrum der Öffentlichkeit

Wer mit offenem Ohr seinen Zeitgenossen zuhört, wird schnell etwas über die Schulen seiner Stadt oder seiner Region erfahren. Sehr bald wird festzustellen sein, dass die Menschen über Schulen sehr unterschiedlich reden und urteilen - und zwar - zum Ärger und Argwohn von Schulleitung und Lehrerschaft - in den seltensten Fällen differenziert. Wie auch immer - fasste man die verschiedenen Facetten eines solchen Meinungsspektrums in der Öffentlichkeit im Hinblick auf einzelne Schulen zusammen, dann wäre man dazu in der Lage, aus diesen Urteilen eine Rangfolge von Schulen zu bilden, deren Qualitätsniveau auf einer Skala ganz unterschiedlich dargestellt werde könnte. D.h., ob wir es für gut erachten oder nicht: Schulen gleicher Schulart oder Schulen, die gleichwertige Abschlüsse vermitteln, stehen untereinander in einem noch – wie auch immer gearteten – verdeckten, aber längst in der öffentlichen Meinung der Menschen sich als Beurteilungstrends abzeichnenden offenen Wettbewerb.

Überall dort, wo es einen Wettbewerb von Gütern oder Dienstleistungen gibt, entstehen offene oder verdeckte Marktstrukturen, die dem marktwirtschaftlichen Grundprinzip von Angebot und Nachfrage folgen. Und dies gilt folglich auch für unsere Schulen.

12.3 Eltern als Schulklientel auf dem Schulmarkt

Wenn die Grundelemente eines Marktgeschehens Angebot und Nachfrage sind, dann sind zunächst einmal die Eltern als Kunden, besser Klienten, von Schulen diejenigen, die durch die Anmeldung ihrer Kinder entscheidend und folgenreich in dieses Geschehen eingreifen. Scheint das von ihnen wahrgenommene Angebot einer Schule für ihr Kind gut, dann melden sie es dort an. Das heißt aber auch, dass sie sich gegen ein objektiv vergleichbares Angebot einer anderen Schule entscheiden. In diesen Prozess der als positiv wahrgenommenen Zustimmung oder der als negativ wahrgenommenen Ablehnung können dann die Schulen steuernd und gezielt eingreifen, wenn sie die dazu notwendigen Mechanismen und Werkzeuge kennen und professionell anwenden.

FAZIT:
In der systematischen und bewussten Klientenorientierung sehen Marketingforscher den Schlüssel zur Steigerung der Attraktivität einer angebotenen Dienstleistung. Aber auch dieser Begriff bedarf der Erläuterung, wenn er – auf Schule angewendet – nicht allzu viele Missverständnisse hervorrufen soll.

Wer ist in der Schule Klient? Und vor allem: Worin besteht die Dienstleistung einer Schule?

12.4 Die erste Frage ist relativ einfach beantwortet

Zu den Klienten gehören in erster Linie die Eltern und ihre Kinder. Einzubeziehen ist auch das soziale Umfeld der Eltern und das ihrer Kinder, in dem sie leben, arbeiten und ihre Freizeit verbringen: Also alle Familienangehörigen, die Kontakte zu Eltern und Kinder haben, die Berufskolleginnen und -kollegen, die Menschen, zu denen man in wirtschaftliche und soziale Beziehungen tritt: Denn überall bietet sich die Gelegenheit für Eltern mit Kindern im schulpflichtigen Alter Zufriedenheit oder Unzufriedenheit über »ihre« Schule zu diskutieren, um auf diese Weise bewusst oder unbewusst Stimmungen zu erzeugen zu Gunsten der einen Schule oder zu Lasten einer anderen: Und diese Stimmungen orientieren sich nicht an hohen Kategorien des Pädagogischen, sondern daran, ob sich das betreffende Kind, das bereits die Schule besucht, in dieser Schule oder im Unterricht eines Lehrers wohl fühlt oder nicht. – Und wer hat nicht schon von seinem Kind erfahren, wie sich nahezu wöchentlich die Reihenfolge der »Lieblingsfächer«, und das heißt ja immer auch der »Lieblingslehrer«, verändert?

12.5 Klienten in der Schule?

Es gibt aber neben den Eltern als mittelbaren Klienten auch unmittelbare Klienten, also Abnehmer von Dienstleistungen, in der Schule: Es sind die jungen Menschen in den verschiedenen Klassen. Aber auch die Lehrer/-innen haben einen Klientenstatus. Sie sind Klienten der Schulleitung. Ihre Zufriedenheit mit den von der Schulleitung und der Schulbehörde gesetzten Rahmenbedingungen ist entweder groß oder klein. Verdeckte oder offen zu Tage tretende Stimmungen in der Lehrerschaft spielen auch hier eine nicht immer überschaubare und zuweilen sogar folgenreiche Rolle: Wie äußert sich Kollegialität im Kollegium? Wie arbeitet man zusammen? Welche Ängste und Befürchtungen gibt es? Solche oder ähnliche Fragen geben Auskunft über den Grad der Berufszufriedenheit, den Stand der Motivation der Lehrer/-innen und über die Bereitschaft, die Arbeit der Schulleitung mitzutragen. Wer diese Beantwortung sebene nicht im Blick hat, vernachlässigt das Wichtigste, was eine Schule braucht: zufriedene und motivierte Lehrer/-innen, denn nur diese können in erzieherischer, sozialer und pädagogischer Hinsicht gute Lehrer/-innen sein, über die junge Menschen bei Tisch zu Hause gerne positiv reden, und auf diese Art und Weise das Ansehen einer Schule in der Öffentlichkeit beeinflussen und langfristig prägen.

12.6 Und worin besteht der Preis?

Diese Frage ist für staatliche Dienstleistungsunternehmen, die sich der Daseinsvorsorge verpflichtet fühlen, die schwierigste. Angesichts der Schulgeldfreiheit wird es auf den ersten Blick auf diese Frage keine betriebswirtschaftlichen Antworten geben können. Auch die Besoldung der Lehrkräfte nach vorgegebenen Gehaltstabellen und nicht nach außertariflichen Vereinbarungen gibt darauf keine Antwort. Aber es gibt immaterielle Preise, die anfallen und die von den Eltern und ihren Kindern zu zahlen sind.

Die Zeit der Schulpflicht ist der höchste Preis, den Eltern bezahlen müssen. Und das aus ganz verschiedenen Gründen. Sie ist die Zeit des partiellen Verzichts auf Freiheit. Eltern folgen der Anordnung des Staates und schicken ihre Kinder in die Schule, um sie bilden und erziehen zu lassen auf der Grundlage von Lehrplänen, Gesetzen und Verordnungen. Sie unterwerfen sich damit vertragsähnlichen Regelungen, zu denen sie als Bürgerinnen und Bürger verpflichtet sind. Immer mehr Eltern, die sich ihre Beziehungen zur Schule nicht mehr länger als Akt der Erfüllung bürgerlicher Pflichten vorstellen, sondern auf Grund ihrer gesellschaftlichen Erfahrungen mit der Annahme oder dem Verzicht auf sonstige Dienstleistungen in der Anmeldung ihres Kindes einen Vertragsabschluss sehen, werden im Hinblick auf die Lebens- und Berufschancen ihres Kindes unweigerlich mehr denn je die Frage nach der »Produkthaftung« bzw. »Dienstleistungshaftung« der Lehrkräfte und Schulleitung stellen.

Eltern wägen darum bei ihrer Entscheidung für oder gegen eine Schule für ihr Kind ab, ob sie den Preis für die Anmeldung zu »zahlen« bereit sind, wenn sie vermuten, dass etwa der Unterrichtsausfall hoch ist, Lehrer/-innen sich nicht ernsthaft um individuelle Förderung bemühen oder einzelne Lehrkräfte oder auch der Schulleiter/die Schulleiterin in der Öffentlichkeit dafür bekannt sind, dass sie ihren Unterricht nicht nach modernen didaktisch-methodischen Gesichtspunkten vorbereiten oder im Umgang mit den anvertrauten Kindern Formen von psychischer Gewalt erkennen lassen. Zu einem solchen Vertragskonzept und zu diesem Preis, den sie dennoch zu »bezahlen« bereit sind, muss aber auch hinzugehören, dass sich Eltern bei der Verwirklichung ihrer Mitbestimmungs- und Kooperationschancen an die Gesetze und Anordnungen der Schule halten.

12.7 Einführung der Marketingkonzeption

Wenn wir also unter Beachtung dieser Vorbemerkungen eine Marketingkonzeption erstellen wollen, dann ist es notwendig, dass diese Konzeption nicht per Anweisung, also top-down, realisiert wird, sondern bereits in ihrer Entstehungsphase, besonders in der Diagnosephase, Lehrer/-innen in einem *bottom-up*-Prozess partnerschaftlich zu beteiligen sind. Wer diesen Führungsgrundsatz außer Acht lässt, läuft Gefahr, sich in schieren Äußerlichkeiten wie etwa in T-Shirt-Aufdrucken, einem Schuldesign oder in einer kreativ gestalteten

Homepage mit klugen Sätzen oder dem pädagogischen Kredo der Schulleitung zu verlieren. Die Folgen könnten fatal sein und in eine Sackgasse führen: Die damit erzeugten Erwartungen bei den Klienten im Umfeld von Schule könnten sich allzu leicht als »Etikettenschwindel« herausstellen, wenn die Eltern nach Anmeldung ihrer Kinder im Alltag der Schule die Verwirklichung aller dieser guten Ideen nicht vorfinden. Menschen, die sich auf diese Weise getäuscht fühlen, neigen zu Aggressivität oder gar Hass. Und welche Konsequenzen diese Stimmungen für eine Schule oder die Sicherung der Arbeitsplätze der dort tätigen Lehrer/-innen haben wird, kann man sich, nach dem bisher Gesagten, sehr gut vorstellen. Während die einen Eltern konsequent sein und ihre Kinder abmelden können, prägen andere das Meinungsbild über Schule in der Öffentlichkeit so negativ, dass die Zahl der Neuanmeldungen sinken wird, solange man – vor allem in den Städten – die Chance hat, zwischen verschiedenen Angeboten zu wählen. Dramatischer stellt sich die Situation auf dem Lande dar, wo einzelne Schulen manchmal eine Art Bildungsmonopol haben, denen Eltern nicht ausweichen können – mit allen möglichen negativen Konsequenzen für die Kinder und das Niveau ihrer Bildung, falls sich nicht für eine systematische pädagogische Schulaufsicht gemeinsam mit den Schulleiter/-innen und den Lehrerfortbildungsinstituten um die Gewährleistung gleichwertiger Bildungsabschlüsse in Stadt und Land einsetzt.

12.8 Das »Produkt«, die »Dienstleistung« einer Schule

Mit Blick auf die Schülerinnen und Schüler besteht das Produkt bzw. die Dienstleistung der Schule zunächst einmal in den Ergebnissen des Lernens und Arbeitens: in den Kenntnissen, Fertigkeiten und Fähigkeiten. Juristisch könnte man sagen: Das Produkt der Schule ist der erfüllte Auftrag des Schulgesetzes, mit dem der Gesetzgeber den Eltern und Menschen allgemein die Zusage macht und verspricht, dass alle staatlichen Schulen in diesem Sinne arbeiten werden. Immer mehr Menschen sind allerdings davon überzeugt, dass der Blick auf diese Ergebnisse von Lernen und Lehren in der Schule nicht genügt. Immer mehr Eltern legen darauf Wert, wie und in welcher Atmosphäre diese Ergebnisse in jeder einzelnen Unterrichtsstunde erzielt werden. Die Forderung nach Professionalisierung des Handelns der für die Schule Verantwortlichen bringt diesen Wunsch zum Ausdruck. Und das bedeutet auch: Es kann nicht sein, dass der berufliche Status der letzten Lehrerprüfung für das gesamte Berufsleben einer Lehrkraft genügt. Diese Form der Selbstzufriedenheit können sich weder diejenigen leisten, die so denken, noch kann es eine Schule geben, in der es in beruflicher Hinsicht um die angemessene Bildung und Erziehung von jungen Menschen geht, die in einer anderen Zeit erwachsen werden als in jener, in der eine Lehrkraft ihre Ausbildung zum Lehrberuf beendet hat.

FAZIT:
Die Entdeckung der Schule für das Qualitätsmanagement ist der hieraus folgende notwendige Schritt, der letztlich dazu dient, aus jeder Schule die beste Schule für ein jedes Kind zu machen, das von seinen Eltern dort angemeldet wurde. Der Aufbau einer Marketingkonzeption trägt diesen Grundgedanken in der Orientierung an den Wünschen von Eltern und Schüler/-innen als Klienten von Schule Rechnung.

12.9 Der Marketing-Fahrplan für eine Schule

Im Folgenden sei eine Checkliste für den systematischen Aufbau einer Marketingkonzeption vorgestellt. Jana Schott[18] hat sie in ihrem Beitrag »Marketing-Fahrplan« zusammengestellt, der in Thomas Johnes (Hg.) Buch »Marketing Praxis. Ein Handbuch für Existenzgründer, Einsteiger und angehende Führungskräfte. Mit Checklisten, Praxisbeispielen und Marketing-Fahrplan.« veröffentlicht ist. Diese Checkliste wurde so bearbeitet, dass sie für Schulen als brauchbare Grundlage für die eigene Arbeit eingesetzt werden kann. Dabei wurde die darin verwendete Begrifflichkeit für Schulen angepasst. Ihre Struktur wurde beibehalten:

18 Dies., Marketing-Fahrplan, in: Thomas Johne (Hg.), »Marketing Praxis. Ein Handbuch für Existenzgründer, Einsteiger und angehende Führungskräfte. Mit Checklisten, Praxisbeispielen und Marketing-Fahrplan.« Frankfurt am Main 2001, S. 209-224 (erschienen in: F.A.Z.-Institut für Management-, Markt- und Medieninformation, ISBN 3-934191-43-6). Ein hervorragendes Buch – nicht nur für Betriebswirtschaftlicher! Vgl. auch dazu die den Corporate-Identity favorisierenden Ansatz bei Renate Reisch, Birgitta Loucky-Reisner, Guido Schwarz, Marketing für Schulen. So gelingt die erfolgreiche Positionierung, Wien 2001 ISBN 3-209-03644-6. Es ist ein interessantes praktisches Arbeitsbuch.

Diese Checkliste sieht folgende Schritte vor.

Schritt 1: Analyse von Markt, Wettbewerb und Produkt

(z.B. Vergleichbare Schulangebot im Einzugsbereich, Unterschiede im jeweiligen pädagogischen Angebot, Klientenbedürfnisse und der Erfüllung durch unsere Schule u.ä.)

Schritt 2: Zielmarkt bestimmen

(z.B. Attraktive Angebotssegmente unserer Schule, unsere unverwechselbaren Angebote, die Rolle des Qualitätsmanagements bei der Entwicklung neuer Segmente, Anmeldegründe für Eltern bei uns u.ä.)

Schritt 3: Entwicklung von Marketingzielen und -strategien

(z.B. unsere Marketingziele, qualitäts-, service- oder angebotsorientierte Strategieentscheidungen u.ä.)

Schritt 4: Gestaltung des Marketing-Mix

(z.B. Art der Leitbildentwicklung, Leitbild und Lern-Leistungs-Atmosphäre, Grad der Identifikation mit der Schulphilosophie, Ansprache potenzieller Klienten und Multiplikatoren u.ä.)

Schritt 5: Marketingpersonal

(z.B. Identifikation der Lehrkräfte mit den Marketingzielen, Klientenzuständigkeit in der Schule, Bekanntheitsgrad der Klientenerwartungen an Schule, Maßnahmen zur Herstellung von Authentizität und professionellem Lehrerverhalten. Konzept eines Beschwerde-managements u.ä.)

Schritt 6: Marketingcontrolling

(z.B. Früherkennungskonzepte, Feed-Back- und Evaluationsstrukturen und deren Rückbindung auf den innerschulischen Entwicklungsprozess, Einfluss auf definierte Erfolgsgrößen von Schule u.ä.)

FAZIT:
Besonders in den ländlichen Regionen wird in den vor uns liegenden Jahren als Folge des demografischen Wandels die Zahl der jungen Menschen rückläufig sein, die eine Schule besuchen. Gleichzeitig werden die

Ansprüche der Eltern an die Schule stetig wachsen. Schulmarketing wird daher in Ergänzung zu einer professionellen Qualitätsentwicklung von Schule und Unterricht zum einen dazu dienen, die Arbeitsplätze der Lehrer/-innen an ihrer Schule zu sichern und damit möglichen Versetzungen vorzubeugen. Zum anderen wird es immer mehr darauf ankommen, dass sich unsere staatlichen Schulen als überlebensfähige Systeme erweisen, die auf einem hohen Niveau professionell dazu in der Lage sind, den jungen Menschen die für ihre Zukunft notwendigen Kenntnisse, Fertigkeiten und Fähigkeiten zu vermitteln. Insofern unterstützt der Aufbau einer systematischen Schulmarketingkonzeption das Bemühen der Schulen um ein glaubwürdiges ethisches Qualitätsmanagement zur Steigerung ihres Vertrauens in der Öffentlichkeit.

Seine Einführung erscheint mir unter diesen Gesichtspunkten ein Gebot der Stunde – ja, und vielleicht werden einmal alle Kinder beim Mittagessen ihren Eltern dafür dankbar sein, dass sie von ihnen an ihrer Schule und an keiner anderen angemeldet wurden.

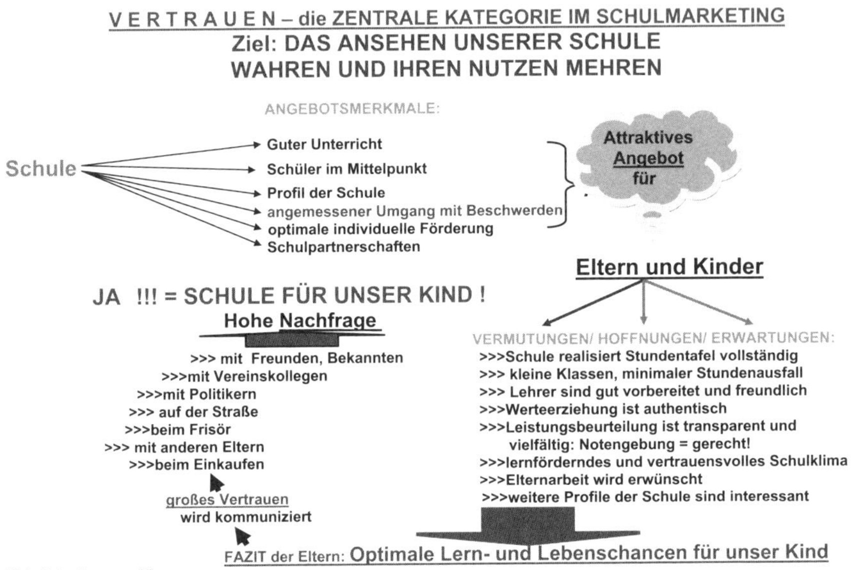

(Abb.: Hubert Luszczynski)

Unser Marketing-Fahrplan[1)]

Schritt 1:

Analyse von Markt, Wettbewerb und Produkt – oder: Analyse von Bildungsangeboten und Formen der Bildungsnachfrage, Wettbewerbssituation zwischen den Schulen und Qualität von Bildung und Erziehung an unserer Schule

1.1	Wie lässt sich unser Schulprofil charakterisieren?	
1.2	Welche Bedürfnisse bestehen im beschriebenen Sinne bei unseren Klienten innerhalb und außerhalb unserer Schule?	
1.3	Inwieweit decken wir bisher in unserer Schule die Bedürfnisse unseres Klientels ab? (Welche vergleichbaren pädagogischen Angebote machen wichtige Schulen im Einzugsbereich?)	
1.4	Welche vergleichbaren Schulen machen welches Angebot? (Angebotsmatrix erstellen)	

1.5	Wie sehen deren Strategien aus – Außenwirkung und Selbstpräsentation?	
1.6	Wie kommt das bestehende Angebot bei den Klienten an?	
1.7	Welche Ressourcen stehen diesen Schulen zur Verfügung – z.B. in Bezug auf die Qualifikation von Lehrerinnen und Lehrern im Kollegium und in der Schulleitung?	
1.8	Welche neuen Entwicklungen sind zu erwarten? Schulphilosophien, Schulprogramme, Schulprofile, Leitbilder, Effizienz der Ausbildung in Bezug auf einen persönlich und fachlich für die Zukunft ausgebildeten jungen Menschen etc.	
1. 9 1.9.1	Wie unterscheidet sich unser schulisches Angebot von dem dieser Schulen? Wie kann unsere Schule in Bezug auf Klientenbedürfnisse, neue Entwicklungen und bisherige Schulstruktur reagieren?	

Schritt 2:

Zielmarkt bestimmen – oder: Adressaten unserer besonderen Bildungs- und Erziehungsformen

2.1	Welche Aufgabenfelder lassen sich hinsichtlich der Angebote unserer Schulart in der Region identifizieren? (z.B. Nutzen unserer Schule, Anmeldeverhalten, Erfolge unserer Absolventen)	
2.2	Was sind unter diesen Gesichtspunkten unsere eigenen und unverwechselbaren pädagogischen Angebote?	
2.3	Welche Nischen sind vorstellbar?	
2.4	Wer wird in unserer Schule mit der systematischen Suche nach neuen Chancen und neuen Aufgabenfeldern beauftragt? (z.B. systematische Bestandsaufnahme in allen Teilbereichen unserer Schule mittels »European Foundation for Quality Management«/ »Total Quality Management«)	

2.5	**Was ist an unserer Schule besser als an allen anderen Schulen gleicher Schulart?**	
2.5.1	**Worin liegt bei uns der zusätzliche Vorteil im Vergleich zu anderen Schulen gleicher Schulart?**	
2.6	**Warum sollten Eltern ihre Kinder gerade an unserer Schule anmelden?**	
2.6.1	**Warum melden eigentlich Eltern ihre Kinder gerade an unserer Schule an?**	

3. Schritt:

Entwicklung von pädagogischen Zielen und grundsätzlichen Verfahren für ihre Verwirklichung

3.1	**Welche langfristigen Ziele bezüglich unseres Auftretens in der Öffentlichkeit verfolgen wir? (Attraktivität und Vorzüge)** **/Absicht**	
3.2	**Wie können sie erreicht werden?** **/Verfahren**	
3.3	**Mit welchen Absichten und Verfahren nach innen und nach außen will unsere Schule langfristig mit ihren pädagogischen Dienstleistungen auftreten?** – **mit hoher Qualität** **Was tun wir, um unsere Qualität nach außen darzustellen und nach innen zu sichern?** – **mit Service** **Was tun wir, um unsere Serviceleistungen nach außen darzustellen und nach innen zu sichern?** – **mit besonderen Angeboten** **Wie rücken wir unsere besonderen Angebote ins richtige Licht?**	

4. Schritt:

Gestaltung des Marketing-Mix – oder: Gestaltung der vielfältig notwendigen Maßnahmen

Es geht darum, dass das Angebot unserer Schule einen Sinn ergeben muss, mit dem sich die Klienten identifizieren. Er sollte einzigartig und daher unverwechselbar sein. Diese Position entspricht den Stimmungssegmenten in Bevölkerungskreisen, die in der geäußerten Einstellung zu einer bestimmten Schule im Vergleich zur anderen Schule übereinstimmen – im Negativen wie im Positiven.

4.1	**Wollen wir an einem einheitlichen Leitbild arbeiten oder soll dieses Leitbild den Anforderungen der einzelnen Aufgabenbereiche (z.B. Klientenbe-dürfnisse hinsichtlich des Unterrichts oder des Kollegiums oder der Schulleitung etc.) angepasst werden?**	
4.1.1	**Welche Schulphilosophie, welche konkreten Leitbilder, die den Charakter unserer Schule bestimmen, wurden schon schriftlich fixiert – Grundlage: Schulrecht?**	
4.2	**Wie wollen wir das Gesamtleitbild und/oder einzelne herausragende Kernkompetenzen unserer Schule herausstellen?**	)
4.2.1	**Welche Version des Produkts (z.B. offene Unterrichtsformen, Methodentraining, Vermittlung von Schlüsselqualifikationen, Schulpartnerschaften etc.) sind für welche Anwendungen geplant?**	
4.3	**Welche Kernkompetenzen des Leistungsangebotes stellen unsere Klienten im besonderen Maße zufrieden? (Was macht die jungen Menschen daraufhin erfolgreicher?)**	
4.4	**»Lebendigkeit« und »Erlebnis« werden zu zentralen Forderungen auch von unserer Schule. Wie tragen wir ihnen mit unseren pädagogischen Dienstleistungsangeboten Rechnung?**	
4.5	**Wie lässt sich zwischen dem Schulleitbild und der vorhandenen Lern-Leistungs-Atmosphäre eine überzeugende Brücke schlagen?**	
4.6	**Welche besonderen Instrumente sollten zusätzlich unserer Schule zur Verfügung stehen, um in der pädagogischen Arbeit angemessen und zuverlässig veränderte Wertvorstellungen mit bereits bestehenden in Einklang zu bringen?**	
4.6.1	**Wie ist sichergestellt, dass Mitglieder des Kollegiums und der Schulleitung den besonderen Wert unserer Schule kennen und in ihrer Arbeit verbindlich beachten?**	

4.7 **Worin liegt der Wert des Lern-Leistungsprozesses und wie kann man seinen zusätzlichen Vorteil/seinen Nutzen den Klienten deutlich machen?**	
4.8 **Welche Schulphilosophie und welche konkreten Leitbilder, die den Charakter unserer Schule bestimmen, wurden schriftlich fixiert?**	
4.9 a) **Wie konnte es gelingen, dass sich die Lehrerinnen und Lehrer mit der Schulphilosophie identifizieren? b) Wie können wir jene einbinden, die sich (noch) nicht mit der Schulphilosophie identifizieren?**	
4.10 **Welche Kommunikationsinstrumente stehen unserer Schule zur Verfügung?** **Welche Wünsche sind diesbezüglich noch offen?** **4.10.1** **Wie ist ein funktionierendes Zusammenspiel aller Kommunikationsmittel innerhalb unserer Schule gewährleistet?** **4.10.2** **Lehrerinnen und Lehrer, Eltern und Schülerinnen und Schüler sind Teil der Schulkultur. Wie gehen sie miteinander um?**	
4.11 **Wie werden potenzielle Klienten und Multiplikatoren auf das eigene Leistungsangebot aufmerksam gemacht?** **4.11.1** **Mit welchen Kommunikationsmitteln werden potenzielle Klienten und Multiplikatoren auf das eigene Leistungsangebot aufmerksam gemacht**	
4.12 **Wie werden innerhalb unserer Schule und gegenüber der Öffentlichkeit Kommunikationsmittel am effektivsten genutzt?** **4.12.1** **Wo und in welchem Umfang werden Informationen über die besonderen Leistungsangebote unserer Schule in direktem Gespräch mit Eltern genutzt?** **4.12.2** **Wie ist die Art der Kommunikation innerhalb unserer Schule verbindlich geregelt?**	
4.12 **Welche Ausgaben für Werbung und Public-Relations fallen an?** **4.12.1** **Welche Ausgaben für Öffentlichkeitsarbeit fallen an? Wie werden sie finanziert?**	

4.13	Welche Überlegungen gibt es an unserer Schule, Fortbildner zur Vermittlung eines präsentationssicheren Auftretens einzusetzen?	...
4.13.1	Welche Referenzklienten will man gewinnen?	
4.14	Wie werden Informationen über das Besondere unserer Schule bei Gesprächen mit Eltern genutzt?	

Schritt 5:

Marketingpersonal – oder: Verantwortlichkeiten

5.1	Welche Schritte können eingeleitet werden, um allen Lehrerinnen und Lehrern den Begriff Marketing und seine Bedeutung hinreichend bekannt zu machen?	
5.2	Wie kann konkret erreicht werden, dass das Gros des Kollegiums hinter den Zielsetzungen einer »Schulentwicklung« steht? (Kosten-Nutzen-Analyse bzgl. Arbeitszeit)	
5.3	In welcher Form werden (»Marketing«-) Anspruch und Wirklichkeit miteinander abgeglichen und dann schrittweise einander angenähert?	
5.3.1	Was geschieht bei Widerständen einzelner Fachgruppen?	
5.4	Wer koordiniert und bündelt in unserer Schule die Maßnahmen für Außenkontakte (Eltern, Kommune, Presse...) und ihr Feedback?	
5.5	Wie wird dafür gesorgt, dass den Lehrerinnen und Lehrern die konkreten Erwartungen der Eltern an unsere Schule bekannt gemacht werden?	
5.5.1	Sind den Schulleitungsmitgliedern die konkreten Erwartungen an die Erfüllung ihrer Aufgaben bekannt? Welche sind es?	
5.5.2	Wer ist Mitglied im Qualitätszirkel und achtet auf Konfliktstoff zwischen Eltern, Lehrplan und Schulbetrieb (Schulleitung mit an Bord!)?	
5.5.3	Wer vermittelt den Eltern die Erziehungsleitlinien unserer Schule?	

5.6.1 Gibt es systematische Gespräche mit Eltern und Schülern, die unsere Schule verlassen wollen? (Prinzip: »Mit denen, die kommen, sprich lange; mit denen, die gehen, sprich doppelt so lange!«) 5.6.2 Wer kümmert sich um regelmäßige Kontakte zu den Absolventen? (Die Absolventen von heute sind die Eltern von morgen!)	
5.7 Wissen Sie, welche Anstrengungen es kostet, einen neuen Klienten zu gewinnen?	
5.8 Durch welche Maßnahmen konnte es gelingen, dass sich die von unserer Schule öffentlich proklamierten Wertevorstellungen im Verhalten der Lehrer untereinander und gegenüber den Schülerinnen und Schülern wieder erkennen lassen? 5.8.1 Wie sieht der »Familienservice« aus? (z.B. Informationspolitik unserer Schule) 5.8.2 Welche Merkmale verbinden sich bei uns mit einem klientenfreundlichen Verhalten der Lehrerinnen und Lehrer?	
5.9 Welche Schritte müssen eingeleitet werden, um einen konstruktiven Umgang mit Beschwerden zu beginnen, und zwar innerhalb unserer Schule sowie zwischen unserer Schule und den Familien?	

Schritt 6:

Marketingcontrolling – oder: Überprüfung des Schulkonzept

6.1 Über welche Früherkennungskonzepte verfügen wir, um unsere Resonanz in der Öffentlichkeit ständig zu erfassen und zu überprüfen? (Rückmeldung auf Pressearbeit, öffentliche Veranstaltungen etc.)	
6.2 Welchen Einfluss haben die Ergebnisse auf die definierten Erfolgsgrößen im Rahmen des Marketingkonzepts (z.B. Bekanntheitsgrad, Image, Positionierung, Design)	
6.3 Wie werden diese Informationen in unserer Schule gesammelt, gepflegt und gemanagt?	
6.4 Wie werden diese Früherkennungskonzepte für die weitere Arbeit genutzt?	

6.5 Welche Methoden der Marktforschung gibt es, um einen eventuellen Wandel im Anmeldeverhalten aufzuspüren? Interne Evaluation	
6.6 Welchen Einfluss haben die oben gewonnen Erkenntnisse auf unsere Ziele im Rahmen des Marketingkonzeptes (z.B. Bekanntheitsgrad, Image)	

12.10 Einrichtung einer »Steuergruppe für Marketing«

Den o.a. »Marketing-Fahrplan« könnte eine eigene »Steuergruppe für Marketing« bearbeiten, an der unbedingt Mitglieder der Schulleitung, des Kollegiums – auch Schüler- und Elternvertreter/-innen beteiligt sein sollten. Es wäre dann Ihre Aufgabe als Schulleiter/-in sowohl in der Einladung und zu Beginn der ersten Sitzung im Sinne einer strategischen Beauftragung u.a. auf die existenzielle Bedeutung einer solche Gruppe für die Schule hinzuweisen und in diesem Sinne für eine erfolgreiche Arbeit zu werben. Der vorliegende Marketing-Fahrplan sollte in jedem Falle daraufhin überprüft werden, ob die darin enthaltenen Fragestellungen auch wirklich mit dem Interesse Ihrer Schule übereinstimmen. Denn – wie schon oben darauf hingewiesen – Fragen wecken Erwartungen und formulieren Versprechen über den Vollzug von Anregungen, die sich aus den Antworten ergeben. Sollten Sie sich aber nicht an bestimmte Fragen binden wollen, dann lassen Sie sich nicht darauf ein.

Bevor Sie aber dieses wirklich zunehmend existenzielle Aufgabenfeld völlig vernachlässigen, könnten Sie sich vielleicht mit dem Gedanken anfreunden, auf einem anderen Weg das Thema für Ihre Schule zu erschließen:

12.11 Nutzung der Elternbedürfnisse für ein Schulmarketing

Besonders günstig für erste Schritte in ein sich langsam aufbauendes Marketingkonzept ist die Zeit der Anmeldungen von Schüler/-innen durch ihre Eltern. Da das Thema für die gesamte Schulleitung von Belang ist, sollten Sie sich zunächst der Unterstützung durch die gesamte Schulleitung, insbesondere die der/s Leiter/-in der Orientierungsstufe vergewissern, denn sie/ihn werden Sie dann mit der Bearbeitung dieses Aufgabenfeldes vorrangig beauftragen. Die/der Leiter/-in der Orientierungsstufe wird dann die künftigen Leiter/-innen der 5. Klassen zu einer Besprechung einladen, um auch sie für das Verfahren zu gewinnen. Durch ihre strategische Beauftragung geben Sie nur die operative Umsetzung ab – nicht aber die Letztverantwortung für die Ziele. Durch die laufende Berichterstattung des/der Leiter/-in im Rahmen ihrer Berichtspflicht werden Sie sie aktiv begleiten und ggf. auch mit ihm/ihr Feinabstimmungen im strategischen Konzept vornehmen können. Ihr dabei subjektiv empfundener Entlastungsfaktor bleibt in jedem Falle erhalten.

Die ersten Schritte in den Aufbau eines innerschulischen Marketingkonzepts könnten zum Beispiel so aussehen:

1. Schritt: Beim Anmeldegespräch fragen Sie oder ihr/e Vertreter/-in im Amt die Eltern: *Warum, meinen Sie, wird es Ihrem Kind besonders gut an unserer Schule gefallen?*
2. Schritt: Die Antworten aller Eltern reduzieren Sie dann auf Schlüsselbegriffe und bilden auf Grund der Häufigkeit von Nennungen eine Prioritätenliste von maximal 10 Begriffen. In der Regel bewegen sich diese Begriffe inhaltlich auf der Bedürfnisebene. Es könnten z.B. dazu gehören: »ein angenehmes Schul- und Unterrichtsklima«, »verständnisvolle Lehrer/-innen«, »keine Angst« etc.
3. Schritt: In einer Besprechung der/s Stufenleiter/-in mit den Klassenleiter/-innen der künftigen Klassenstufe 5 und ihren/seinen Stellvertreter/-innen stellt sie/er diese Liste vor und vereinbart mit ihnen den weiteren Umgang mit dieser Liste mit dem Ziel, dass die Klassenleiter/-innen u.a. dazu in der Lage sind, in von ihnen geleiteten Klassenkonferenzen gemeinsam mit den Fachlehrer/-innen Überlegungen zur operativen Umsetzung im Unterrichtsalltag anzustellen und ein paar grundlegende Ziel-Mittel-Vereinbarungen zu verabschieden, um dann in den jeweiligen Klassen nach einer verabredeten Zeitspanne mit den Schüler/-innen eine Evaluation jener Gründe vorzunehmen, die die Eltern bei der Anmeldung ihrer Kinder vorgetragen hatten. Gemeinsam mit den Schüler/-innen sprechen die Klassenleiter/-innen auch darüber, an welchen Verhaltensweisen ihrer Lehrer/-innen sie ihre Einschätzungen festmachen oder welche Verhaltensweisen sie sich noch mehr wünschten, wenn sie beim nächsten Mal eine noch positivere Einschätzung abgeben sollen.

4. In danach stattfindenden Klassenkonferenzen werden die Fachlehrer/-innen von den Klassenleiter/-innen über die Ergebnisse der jeweiligen Evaluation informiert, um sich untereinander über das weitere Vorgehen auszutauschen oder mit den Schüler/-innen die Ergebnisse noch einmal zu besprechen. Die Protokolle der Konferenzen erhält im Sinne der Berichtspflicht die/der Stufenleiter/-in.
5. Diese/r lädt dann zu einer Stufenkonferenz alle Lehrer/-innen der 5. Klassenstufe ein. Hier werden die bisherige Arbeit und ihre Ergebnisse als Zwischenstände von den Klassenleiter/-innen vorgestellt. Gemeinsam wird man prüfen, inwieweit der Gesamtauftrag in der vorgelegten Fassung bestehen bleiben kann oder welche kleinen Änderungen vorzunehmen sind.
6. Über die Konferenz und ihre Ergebnisse berichtet die/der Stufenleiter/-in die gesamte Schulleitung und damit auch Sie als Schulleiter/-in.
7. Über das Gesamtergebnis werden dann ebenfalls die Eltern in den jeweiligen Elternabenden der Klassen von der/dem Stufenleiter/-in informiert.

Verwendung der ermittelten Elternbedürfnisse für Ihr Internet

Selbstverständlich lassen sich die bei Anmeldung ermittelten Elternwünsche auch für ein Anschreiben an potenzielle Eltern nutzen, das Sie auf Ihrer Internetseite als Brief an die Eltern publizieren können. Ein solcher Brief für Eltern einer künftigen 1. Klasse einer Grundschule könnte vielleicht folgenden Wortlaut (fiktionaler Text d.Verf.) haben:

»Sehr geehrte Damen und Herren,

Sie suchen eine gute Schule für Ihr Kind?

Wir wollen für Ihr Kind und für Sie eine gute Schule sein. Wir gehen mit der Liebe und der Zuwendung, die Ihr Kind in Ihrer Familie erfahren hat, achtsam und verantwortungsbewusst um.

Kinder erleben bei uns Tag für Tag, wie wir sie gemeinsam mit ihren Eltern aufnehmen, um mit ihnen ihre individuellen Begabungen und schöpferischen Kräfte zur Entfaltung zu bringen. Dabei sind uns zum Beispiel auch Einstellungen und Haltungen, Kenntnisse, Fertigkeiten und Fähigkeiten wichtig, die Sie Ihrem Kind von Geburt an auf seinen Weg mitgegeben haben.

Wenn es beispielsweise ganz selbstverständlich ist, dass Sie Ihrem Kind immer wieder gern den Sinn Ihres Handelns erklären, seine Interessen und Neigungen bei Ihren Entscheidungen kreativ und altersgemäß berücksichtigen oder seine Neugier in einer Atmosphäre der Offenheit und Achtsamkeit wecken – wenn Ihr Kind in einer solchen familiären Atmosphäre der Rücksichtnahme und Wertschätzung aufgewachsen ist, dann wird sicherlich für Sie eine Schule in die engere Auswahl kommen, die Ihrem Kind ein Schulklima bietet, das ihm schon von zu Hause vertraut ist. Wir machen das in unseren Unterrichtsstunden, in den Pausen oder in unserer Ganztagsschule.

Wir bieten Ihrem Kind eine Bildung, bei der Ihr Kind im Mittelpunkt steht.

Wenn Sie mehr über uns wissen wollen, freuen wir uns auf einen Anruf und ein Gespräch mit Ihnen und Ihrem Kind.«

Dieses sehr einfache Konzept könnte dann den Einstieg bilden für eine umfassendere und noch systematischere Behandlung des Themas im Sinne des »Marketing-Fahrplans«.

FAZIT:
Die Erstellung einer Prioritätenliste der Wünsche, die die Eltern bei Anmeldung ihrer Kinder der/dem Schulleiter/-in Schule vortragen, kann ein besonders wertvoller Einstieg ins Schulmarketing sein. Das dafür konsequent von Ihnen beachtete Delegationsprinzip entlastet Sie auf einem notwendigen und oft auch existenziellen Feld schulischer Herausforderungen. Dabei werden Sie m.E. wegen seiner existenziellen Bedeutung für Lehrkräfte mit der Unterstützung durch das Kollegium zählen dürfen.

13. »Wissenschaftliche Untersuchungen an Schulen« als punktuelle Hilfen für überschaubare Maßnahmen zur Qualitätssicherung und -entwicklung

Neben Formen der systematischen externen und internen Evaluation an Schulen, die häufig mehr oder wenig breit angelegt sind, gibt es eine dritte und sehr überschaubare Form der Evaluation: Es handelt sich um die Fragebögen von Studierenden der Bildungswissenschaften im Rahmen von »Wissenschaftlichen Untersuchungen an Schulen«.

13.1 Was ist eine wissenschaftliche Untersuchung an Schulen?

»Hierzu zählen insbesondere Forschungsvorhaben, in deren Zusammenhang im Schulkontext z.B. Befragungen, Tests oder Unterrichtsbeobachtungen erfolgen. Durchgeführt werden diese Forschungsvorhaben in der Regel von Hochschulen, außeruniversitären Einrichtungen oder Einzelpersonen im Rahmen von Haus-, Seminar- und Examensarbeiten sowie Dissertationen.«[19]

Worin der Nutzen solcher Arbeiten für eine Schule bestehen kann, welche Überlegungen zu dieser Empfehlung führen und wie sie ansatzweise umgesetzt werden könnte, zeigt der nachfolgende Beitrag:

13.2 Schule vom Untersuchungsobjekt zur interpersonalen Wirkungsstätte – oder: Schule von der »zoologischen« zur pädagogischen Anstalt

Überlegungen zum sinnvollen Zusammenwirken von Bildungswissenschaft und Bildungswesen.

---

19 https://add.rlp.de/fileadmin/add/Abteilung_3/Antraege_und_Informationen/Wissenschaftliche_Untersuchungen/Wissenschaftliche_Untersuchungen_Infos.pdf.

Ob VERA, IQB-Studie[20] oder »Wissenschaftliche Untersuchungen an Schulen« wie etwa eine Bachelorarbeit zum Thema »Chancen und Risiken für die Schüleraktivierung im Frontalunterricht« – in allen Fällen ist die Schule auf unterschiedliche Weise Untersuchungsobjekt. Während bei den Leistungsstudien durch statistische Erhebungen eine Generalisierung der Einzelbeobachtungen erfolgt, die möglicherweise das Ansehen der einen Schule steigern und dem Ansehen einer anderen Schule oder Schulart eher schaden können, werden in wissenschaftlichen Untersuchungen der genannten Art Daten einzelner Personen, einer ganzen Klasse oder mehrerer Schulen gleichzeitig erhoben. Ob die Erhebung von Studierenden vorher mit den Betroffenen besprochen oder ihnen die Ergebnisse anschließend zur Verfügung gestellt werden, damit sie für Maßnahmen der Unterrichtsentwicklung genutzt werden, ist nicht immer sichergestellt.

Ganz gleich wie wir es betrachten: Auch in den beiden letzten Beispielen diente Schule in erste Linie der einseitigen externen Nutzung der über sie gesammelten Daten. Die Schulen werden meist danach lediglich über die Ergebnisse auf Systemebene pauschal in Kenntnis gesetzt. Aber was sollte sich ändern, wenn es doch seit Jahrzehnten »gute Gewohnheit« oder eine zu bewahrende Tradition war, die Schule in erster Linie als Untersuchungsobjekt zu betrachten, ohne immer auch ihre eigene Würde im Blick zu haben?

Wer bei der Durchführung von Leistungsstudien schnell ans Ziel eines Spitzenplatzes im nationalen Schulranking will und deshalb glaubt, kollektive »Bomben« werfen zu müssen, muss sich bewusst sein, dass er ihnen das oft langwierige und demotivierende – hohe Leitungsprofessionalität erfordernde – Aufsammeln von Scherben zumutet.

20 Zuletzt: IQB-Bildungstrend 2016. Kompetenzen in den Fächern Deutsch und Mathematik am Ende der 4. Jahrgangsstufe im zweiten Ländervergleich führte u.a. bei den Eltern der Schüler der 4. Klasse zu eine erheblichen Verunsicherung über die Wertigkeit der Schullaufbahnempfehlung. Ein Grund für das schlechte Abschneiden ist dort zu suchen, wo die Schulträger die Schulen nur mit einer halben Sekretariatsstelle ausgestattet haben und erwartet wird, dass die Rektorinnen und Rektoren diese Stelle ausfüllen und daher für die Entwicklung der Schule kaum noch Zeit bleibt. Siehe: file:///C:/Users/Hubert/AppData/Local/Packages/Microsoft.MicrosoftEdge_8wekyb3d8bbwe/TempState/Downloads/BT2016_Zusammenfassung.pdf.

13.2.1 Schulleistungsstudien – ein »Bombenwurf«

Die genannten Beispiele stimmen darin überein, dass Untersuchungen eine Schule nahezu unvorbereitet antreffen. Gewiss – man hat davon gehört, dass da etwas untersucht werde, aber das Unvorbereitete liegt in der fehlenden Gelegenheit, sich z.B. bei VERA angemessen darauf mit den Schüler/-innen einzustellen – soll heißen, den zur Untersuchung anstehenden pädagogischen Aktivitäten besondere Aufmerksamkeit zu schenken, sie einzuüben oder etwa im Unterricht so zu wiederholen, dass man Schulklassen guten Gewissens in einen Leistungswettbewerb schicken könnte – ganz so, wie es etwa die Übergreifende Schulordnung in Rheinland-Pfalz fordert: »Alle zur Leistungsfeststellung herangezogenen Arbeitsformen müssen im Unterricht geübt worden sein.« (§ 50 Abs. 2 Satz 2). Und weil dieser Grundsatz nicht eingehalten wird, nennt man im Management diese Top-Down-Strategie »Bombenwurf«!

13.2.2 Häufiger Umgang der Lehrkräfte mit externen Evaluationen/ »Interventionen«

Beobachtungen zeigen: Je nach Temperament gehen bei einer solchen massiven Intervention Lehrkräfte ganz unterschiedlich damit um. Angesichts schlechter Ergebnisse von Leistungsstudien ist ihnen generell gemeinsam das Entsetzen über ein tief in ihren Schulalltag eindringendes Erhebungsverhalten oder es sind aus ihrer Sicht die angeblich fragwürdigen Erhebungsinstrumente. Einig fühlt man sich auch noch in der Sorge um das Ansehen der Schule in der Öffentlichkeit, wenn schlechte Ergebnisse durchsickern. Hier scheint aber schon die Eintracht zu enden. Darüber hinaus kann es aber zu sehr unterschiedlichen Reaktionen kommen: Fühlen sich die einen davon überwältigt, ziehen sich andere zurück und werden künftigen Aufforderungen zur Mitarbeit ausweichen, andere hadern wiederum mit der vorgesetzten Dienststelle wegen ihres erneuten Eingreifens in den Schulbetrieb, »tauchen ab« und werden weiter so wie bisher arbeiten. Eine kleine Gruppe von Optimisten und Opportunisten sieht in der Situation ihre Chance, ihre angeblich so einschlägigen Erfahrungen mit dem Thema zur Schau zu stellen und sich nach außen hochmotiviert – d.h. bei hohem Problembewusstsein und geringer Lösungskompetenz – einzubringen. Eine Minderheit Nachdenklicher hat den tieferen Sinn des Verfahrens verstanden und hofft auf eine nachhaltige Wirkung der Ergebnisse besonders bei jenen, die bisher dem Ansehen der Schule in der Öffentlichkeit eher geschadet als genutzt haben. Dazu gehören schließlich noch die »Unbedarften«, die sich engagiert einbringen in der Hoffnung, dass mit den Daten etwas Zielführendes, Sinnvolles passiert, was letzten Endes dem besseren Lernen der Schüler/-innen dient. Diese werden (so meine bisherige Erfahrung) am Ende immer dann enttäuscht, wenn sie merken, dass sich ihre Hoffnung nicht erfüllt hat. Sie haben Fragebogen engagiert und ehrlich ausgefüllt, geändert hat sich am Ende aber nichts. Beim nächsten Mal sind diese Personen als Untersuchungssubjekte »verbrannt«. Für eine Schulleiterin oder einen Schulleiter stellt diese durch den »Bombenwurf« entstandene Situation eine besonders große Herausforderung für ihre/seine Führungs- und Leitungsfähigkeit dar, wenn sie/er nun diese Vielfalt an Einstellungen zu orchestrieren und die unterschiedlichen Gruppen (zusammen)zuführen hat. Gehört sie/er selbst jedoch zu den ersten drei Gruppen, werden die Ergebnisse der externen Evaluation oder der Studien entweder verpuffen oder sie/er wird sich auf das rein organisatorisch Machbare beschränken, so dass sich im Grunde der Aufwand als sinn- und zwecklos erweist.[21] Sie/Er hinterlässt eine Lehrerschaft der Demotivierten und Frustrierten mit einem hohen Aggressionspotenzial oder hoher Arbeitsunzufriedenheit und im Wiederholungsfall kann dies bis zu Formen des Burnouts oder der inneren Emigration gehen bzw. in dem Wunsch gipfeln, an eine andere Schule versetzt zu werden. Ganz im Widerspruch zur eigentlichen Intention des Evaluationsvorhabens ist nicht auszuschließen, dass sich diese Schulleitungen und Kollegien gegen weitere »Störungen« von außen wehren und auf Dauer letzten Endes ihren pädagogischen Auftrag vernachlässigen.

13.2.3 Wie können externe Wünsche und interne Verpflichtungen zueinander finden?

Als politisch durchwirkte Institution hat Schule einen sehr spezifischen Auftrag, mit dessen Umsetzung die Länderparlamente die Lehrkräfte per Gesetz verpflichtet haben. Und alles, was die Erfüllung dieses Auftrags ermöglicht, kann zur schulischen Veranstaltung erklärt werden. Das bedeutet aber auch: Alles ist von der Schule abzuwenden, was nicht mit diesem schulischen Auftrag

21 Vgl. David M. Noer, Die vier Lerntypen. Reaktionen auf Veränderungen im Unternehmen, Stuttgart 1998.

in Einklang steht.[22] Aber es gibt auch eine denkbare dritte Variante: Externe Anfragen an die Schule können auch so interpretiert werden, dass sie auf einer Art Metaebene einen gemeinsamen Sinn – wie etwa den eines für beide Seiten vorteilhaften Gebens und Nehmens – ergeben, der sie bei kluger Schulleitung mit ihren internen Verpflichtungen im Interesse der schulischen Entwicklung von jungen Menschen in Einklang zu bringen versteht:

Denn die zentrale Aufgabe von Schule ergibt sich aus dem Recht des jungen Menschen auf Förderung seiner Anlagen und Erweiterung seiner Fähigkeiten.

13.2.4 Wie glaubwürdig ist Schule als offenes System?

Für Schüler/-innen an öffentlichen Schulen ist die Schule immer auch eine Erstbegegnung mit dem Staat, den dort seine Beamt/-innen als Lehrkräfte repräsentieren. Was sie dabei an Amtsverständnis erleben, ist in aller pädagogischen Freiheit Ausdruck von Pflichterfüllung oder Pflichtvergessenheit. Dazu zählt auch die Frage, wie Lehrkräfte mit den verschiedenen Herausforderungen umgehen, die an die Schule von außen herangetragen werden. Und sie werden dann auch auf die Frage stoßen: Wie glaubwürdig ist eigentlich meine Schule als eine sichtbar – und in allen Reden der Schulleitung immer wieder formulierte – offene Schule – wenn sie Anfragen von außen abwehrt? Oder: Wie gelingt ihr der Umgang mit Herausforderungen von außen zum Wohle einer jeden Schülerin und eines jeden Schülers in ihrer/seiner Lerngruppe?

Was heißt das nun für die praktische Umsetzung, wenn ein/e Student/in eine Arbeit über das Thema »**Chancen und Risiken für die Schüleraktivierung im Frontalunterricht**« verfassen möchte und dazu einen Beobachtungsbogen erstellt hat, den sie/er in zahlreichen Unterrichtsstunden etwa in einer Klassenstufe einsetzen möchte? Im Sinne einer vertrauensvollen Zusammenarbeit zwischen Bildungswissenschaft und Bildungswesen würden sich folgende Schritte lohnen:

22 Annette Julia Brinkmann/Matthias Lang, op. cit.: »Mitarbeiter/-innen...können im Abgleich mit dem Purpose oder ihrer Rolle entscheiden, ob sie ein Projekt annehmen oder nicht. Voraussetzung ist, dass dem Purpose eine gemeinsame Entscheidungsfindung des Teams zugrunde liegt.«.

13.2.4.1 Von innen

Eine Schule sieht Beratungsbedarf im Bereich der Unterrichtsentwicklung und beantragt beim Institut für Bildungswissenschaften deren wissenschaftliche Grundlegung.

13.2.4.2 Von außen

- Ein Anschreiben des Studierenden an die Schulleitung, in der das Projekt beschrieben wird und sein Nutzen etwa im Sinne des Auftrags von Schule gemäß Schulgesetz aufgezeigt wird.
- Im Gespräch des Studierenden mit der Schulleitung werden noch einmal Sinn, Zweck und Nutzen für beide Seiten erörtert. Dazu könnte auf der einen Seite gehören, dass der Studierende valide Ergebnisse für seine Ausarbeitung erhält, dass aber auf der anderen Seite in einem Gespräch mit den Lehrkräften einer Stufenkonferenz z.B. sein Fragebogen vorgestellt und so besprochen wird, dass sie das Anliegen des Studierenden voll und ganz mittragen können, weil sie letzten Endes darin auch einen hohen Nutzen für ihre eigene pädagogische Arbeit entdeckt haben und diesen Nutzen auch definieren könnten. Für den Studierenden ist das ein sehr motivierender Moment, da er etwas über die Wirksamkeit seiner Arbeit erfährt. Die Schulleiterin/der Schulleiter wird darüber und über das weitere Verfahren in einer nächsten Gesamtkonferenz in Anwesenheit des Studierenden berichten.
- Gemeinsam mit den Klassenleiter/-innen unterrichtet der Studierende die Schüler/-innen in ihren Klassen und berichtet ihnen vom Nutzen für ihre Arbeit.
- Schließlich berichtet der Studierende in einer Stufenkonferenz und in einer Gesamtkonferenz sowie in den beteiligten Klassen über die Ergebnisse.
- Die in der Stufenkonferenz beteiligten Lehrer/-innen überlegen, wie sie in ihrem Unterricht von den Ergebnissen profitieren können.

Wo diese Schritte beachtet werden, behält Schule ihren interpersonalen und partizipatorischen Charakter als eine humane Wirkungsstätte für alle Beteiligten und erfüllt die pädagogischen Anforderungen ihres Auftrags.

Ein für beide Seiten vorteilhaftes Geben und Nehmen als Kooperationsbedingung

Ob Lehramtsstudierende mit schulpraktischen Seminar-, Bachelor- oder Masterarbeiten, ob Vergleichsstudien oder nationale Untersuchungen, immer geht es auf den ersten Blick um eine intersystemische Kooperation mit Schulen – also zwischen Bildungswissenschaft und Bildungswesen. Erst ein genauerer zweiter Blick zeigt, dass sich der Kernbereich solcher intersystemischer Kooperationsgefüge als interpersonale Kooperationsformen darstellt, die im unterrichtlichen Sozialgefüge zwischen Lehrerinnen und Lehrern und den Schülerinnen und Schülern in ihren Klassen von der einfachen Beobachtung bis zur systematischen Evaluation interpersonaler Beziehungen reicht, da Unterricht immer auch im Kern als interpersonale Lehrer-Schüler-Aktivität verstanden werden kann. Dazu gehört und ist mit Blick auf ein leistungsförderndes Lernklima unabdingbar eine von beiden Seiten zu gestaltende Begegnung, die als angemessen, respektvoll, wertschätzend und nutzbringend erfahren wird. Und dazu zählt schließlich auch die Beachtung des Grundsatzes: Keine Begegnung ohne gedanklichen Austausch! Mit anderen Worten: Will derjenige, welcher beobachtet wird, nicht nur wissen, was beobachtet wurde, sondern auch zu den Ergebnissen der Beobachtung Stellung nehmen und sie ggf. nutzen dürfen? Schließlich unterscheidet sich der Besuch einer pädagogischen Anstalt doch von dem einer zoologischen. Während man sich hier um einen humanen und partnerschaftlichen Austausch auf Augenhöhe bemüht, hat dort das schiere Anstaunen und Zusehen seinen Platz.

FAZIT:
In Bildungswissenschaft und Bildungswesen kann man zwei Seiten einer Medaille sehen. Ihr Zusammenwirken zur Förderung von Bildung und Erziehung junger Menschen ist daher ein Gebot der Stunde, seine Pflege eine ständige Aufgabe. Es fördert Einsichten in wünschenswerte Verzahnung von Theorie und Praxis im Bereich von Bildung.

14. Genossenschaftliches Zusammenwirken von Schulleitung und Kollegium im Bereich der größten Herausforderung unseres Bildungswesens – des inklusiven Unterrichts

Ausgehend von der Prämisse, dass Ihnen am ehesten ein glaubwürdiger Richtungswechsel Ihres Führungsstils gemeinsam mit Teilen der Kollegiums oder sogar dem gesamten Kollegium gelingen wird, habe ich Ihnen Beispiele gezeigt, die relativ einfach zu managen waren, in denen Ihr aktives Handeln delegierbar war und Sie sich entspannt auf die Wahrnehmung der Gesamtverantwortung konzentrieren konnten. Das war und ist nur möglich, wenn Sie Mitglieder in der Schulleitung haben, denen Sie im Zuge der Delegation Aufgaben zutrauen und daher auch zu treuen Händen übertragen konnten.

Mit dem nächsten Thema, dem »inklusives Unterricht« an allgemein bildenden Schulen, kommen wir zu einer neuen Ebene der pädagogischen Herausforderungen, denen Sie dann am meisten Zeit schenken müssen, die aber ebenfalls der Delegation bedarf auf die Stufenleitung und auf Klassenleitungen in parallelen Klassen. Wenn es um Einrichtung, Begleitung und Koordination inklusiven Unterrichts geht, fällt den Klassenleiter/-innen einer Klasse die meiste Koordinationsarbeit zu. In deren Zentrum ist die Initiierung und Begleitung von Abstimmungsprozessen zwischen den Fachlehrer/-innen, der Förderpädagogin/dem Förderpädagogen und der/dem Integrationshelferin/-helfer wegen der im Hinblick auf den beeinträchtigten jungen Menschen zu erstellenden Förderpläne. Dazu zählt natürlich auch die Berücksichtigung der fachlichen Ratschläge der Förderschullehrkraft für die Erarbeitung alternativer Unterrichtskonzepte der Fachlehrkräfte für deren Unterricht, um den besonders zu fördernden jungen Menschen auch inhaltlich am Unterrichtsgeschehen angemessen teilhaben lassen zu können. Besonders zeitintensiv sind aber nicht allein solche Unterrichtsvorbereitungen für Fachlehrkräfte, sondern vor allem sind es die vielen, sehr sorgfältig vorzubereitenden Klassenkonferenzen durch die Klassenleiter/-innen. Diese in ihrer sehr anspruchsvollen Koordinationstätigkeit zu unterstützen, ist dann auch die Aufgabe der Stufenleiter/-innen.

FAZIT:
Die Vorbereitung einer normalen Unterrichtsstunde braucht viel Zeit – »Inklusiver Unterricht« braucht mindestens doppelt so viel Zeit! Das gilt auch für den Zeitansatz der individuellen Beratung beeinträchtigter Kinder und ihrer Eltern.

14.1 Grundlage: Art. 24 UN-Behindertenkonvention vom 3. Mai 2008

Die Rahmenbedingungen für das Pädagogische Handeln unserer Lehrer/-innen haben schon seit vielen Jahrzehnten Bestand. Dazu zählen die Stundendeputate oder auch die Gewährung von Anrechnungsstunden für besondere Aufgaben. Seit einigen Jahren sorgt die Umsetzung des Art. 24 UN-Behindertenrechtskonvention vom 03. Mai 2008 für Schlagzeilen, weil diese den »Zugang zu einem integrativen [inklusiven], hochwertigen und unentgeltlichen Unterricht an Grundschulen und weiterführenden Schulen…«[23] verlangt. Die Konvention belässt es aber nicht nur bei dieser Forderung, sie nennt auch die Bedingungen, unter denen sie realisiert werden soll. Sie sind m.E. das »sine-qua-non« ihrer Einführung. Die Konvention formuliert sie unter Ziff. (2) e so:

»(2) Bei der Verwirklichung dieses Rechts stellen die Vertragsstaaten sicher, dass …

(…)

(e) in Übereinstimmung mit den Zielen der vollständigen Integration (Inklusion) wirksame individuell angepasste Unterstützungsmaßnahmen in einem Umfeld, das die bestmögliche schulische und soziale Entwicklung gestattet, angeboten werden.«

Nimmt man diesen sehr praktischen Hinweis ernst, dann muss es zur vorrangigen Aufgabe der Verantwortlichen gehören, schon vor der Aufnahme des ersten beeinträchtigten jungen Menschen für solche Rahmenbedingungen

23 https://www.behindertenrechtskonvention.info/.

zu sorgen, die gleichermaßen einen sorgfältigen und gewissenhaften Umgang mit »normalen« **und** beeinträchtigen jungen Menschen ermöglichen. Dabei könnte auch für den dafür zur Verfügung zu stellenden Zeitansatz als Faustregel gelten: Für normale jungen Menschen brauchen wir Zeit, für beeinträchtigte wie ja auch für kranke junge Menschen brauchen wir noch mehr Zeit – ob ein junger Mensch an einer schweren Erkrankung oder an einer emotionalen und sozialen Beeinträchtigung leidet: Wir haben uns anzustrengen. Und diese Anstrengung ist immer auch Ausdruck unserer ernst zu nehmenden Wertschätzung und aktive Zuwendung!

Im nachstehenden Beitrag rege ich an, wie solche Rahmenbedingungen unter verantwortungsbewusster Führung und Leitung bei Beachtung des Delegationsprinzips aussehen könnten. Nach dem Stand meiner Kenntnisse ist dieser Ansatz, wenn ich es recht sehe, bis heute nur eine konkrete Utopie – soll heißen: noch nicht realisiert![24]

14.2 Wie Inklusion gelingen kann – nur eine »konkrete Utopie«?

In der Schulleitungsrunde einer Realschule Plus als Schwerpunktschule berichtete hoch erfreut die Schulleiterin S. von einem Anruf des zuständigen Schulrates, der sie über die Zuweisung eines Schülers mit emotionaler und sozialer Beeinträchtigung in eine 5. Klasse »informiert« habe. Während die meisten Schulleiterinnen und Schulleiter auf solche Anweisungen »von oben« mit einem »Muss-das-sein?« reagieren, erstaunt doch die aufrichtige Freude der Schulleiterin, die, wie sich in ihrer Schulleitungsrunde schnell herausstellte, von allen geteilt wurde.

24 Das traf zum Zeitpunkt des Verfassens zu. Inzwischen hat NRW einige Rahmenbedingungen verbessert: Klassenmesszahl auf 25 Schüler/-innen gesenkt, wenn drei Förderschüler/-innen in der Klasse sind. Außerdem erhält die Schule eine weitere Lehrkraft mit halber Stelle, so dass man rund 13 zusätzliche Anrechnungsstunden zur Entlastung für die/den Klassenleiter/-in und für Fachlehrkräfte in der Klasse vergeben könnte. Von einer Zertifizierung ist nicht die Rede. https://www.welt.de/politik/deutschland/article179257880/Nordrhein-Westfalen-Kehrtwende-bei-der-Inklusion-an-Regelschulen.html.

1. Fazit:
Der behutsame Aufbau von Schwerpunktschulen entscheidet über die Qualität ihres ganz besonderen Profils und nicht schon die Zuweisung beeinträchtigter Kinder durch die Schulbehörde.

Wie kam es dazu?

14.2.1 Die Lösungskompetenz auf der Höhe des Problembewusstseins halten

Die schrittweise Einführung einer partnerschaftlichen Schulkultur wurde zum Schlüssel des Erfolgs. Einschlägige Erfahrungen brachte die Schulleiterin S. aus ihrer letzten Schule mit, wo sie die pädagogische Koordination der Klassen 5 und 6 innehatte. Eine Grunderfahrung lebte sie in ihrer neuen Schule von Anfang an vor:

Sie ging u.a. davon aus, dass bei Pädagogen die Lösungskompetenz möglichst auf der gleichen Höhe wie ihr Problembewusstsein stehen müsse. So beugte sie einem jeden »Anflug« von fortgesetztem Jammern über pädagogische Alltagsprobleme vor durch Fragen danach, wie man es denn besser machen könne. Sie nahm diese ernst und bündelte die Problemstellungen und die Antworten darauf und berichtete darüber regelmäßig im Rahmen von Gesamtkonferenzen. Sie selbst lebte dialogbereite Lösungskompetenz vor. Mit der Zeit erkannten immer mehr Lehrerinnen und Lehrer nicht nur, dass sie mit ihren Problemen nicht alleine waren, sondern dass eine Vielzahl von pädagogischen Vorschlägen zusammenkam, die besprochen und als Empfehlungen für den Alltag in Schule und Unterricht genutzt werden konnten.

Und mit dieser kollegialen Einsicht in den Sinn dieses Verfahrens und des langsam sich entwickelnden neuen Miteinanders konnte der bisher vorwiegend auf der Beziehungsebene zwischen den Kolleginnen und Kollegen gepflegte Zusammenhalt um ein immer mehr um sich greifendes fachlich-pädagogisches Zusammenwirken erweitert werden. Mit dem neuen Verfahren ging nun im Kollegium ein Umdenken bei steigender Berufszufriedenheit einher – anfangs unbemerkt, aber dann immer wirkungsvoller.

2. Fazit:
Nur wer schon an einfachen Beispielen immer wieder erlebt, dass ein abgestimmtes pädagogisches Handeln das eigene Unterrichten erleichtert, wird sich gerne auf das Koordinationsinstrument »Klassenkonferenz« einlassen, es nutzen und schätzen lernen.

14.2.2 Das Partnerschaftskonzept und seine Pflege

Der Schulleiterin kam dabei eine Seminararbeit in ihrem Pädagogikstudium zugute, in der sie sich mit dem Partnerschaftsbegriff bei Theodor Wilhelm in den 50er Jahren des letzten Jahrhunderts befasste. Wie Wilhelm sah auch sie in der Pflege und Gestaltung der Partnerschaft eine zentrale pädagogische Aufgabe:

Worauf kam es ihr dabei an?

Zu den für ihr späteres Managementwissen zentralen Kategorien der Partnerschaft zählen Menschenwürde, Freiheit, Verantwortung, Gemeinsinn, Zivilcourage und kollegiales Vertrauen – eben nicht Vertraulichkeit. Hinzu kommen weitere, selbstauferlegte Pflichten:

- Die Pflicht, sich ständig selbst nach Kräften weiterzubilden,
- die Pflicht, sich bei der Bewältigung von neuen Herausforderungen aktiv einzubringen und
- die Pflicht, nach bestem Wissen und Gewissen Regeln, Rituale und Vereinbarungen zu beachten.

Diese Ethik der Partnerschaftlichkeit schafft Spielregeln von erstaunlicher sozialintegrativer Wirkung. »Für den Kern dessen, was Partnerschaft ist,« – so Theodor Wilhelm (pseudonym: Friedrich Oetinger), »gibt es das gute deutsche Wort >Genossenschaft<, das zu den rechtlichen und wirtschaftlichen Grundvorstellungen unserer Vorfahren gehört hat.«(…) Das alte deutsche Genossenschaftsprinzip bezeichnet etwas sehr einfaches: »…die gemeinsame Wahrnehmung der Interessen; (und) die Gepflogenheit…und die selbstverständliche Bereitschaft zu helfen, wo Hilfe Not tut.«[25]

25 Friedrich Oetinger, Wendepunkt der politischen Erziehung, Stuttgart 1951, S. 108.

Partnerschaftliche Schulkultur ist folglich die enthierarchisierte Form eines kompetenten, schüler- und ergebnisorientierten kollegialen Umgangs an Schulen. Die Funktionsträger in der Hierarchie der Schule fördern, unterstützen und bestärken es durch angemessene Personalführung und Begleitung. Wird partnerschaftliche Schulkultur auf allen möglichen Ebenen der Schule gepflegt, dann lassen sich selbst die größten »Brocken« gemeinsam »bergen«.

14.2.3 Inklusion erfordert neue Rahmenbedingungen

Aus drei wichtigen Einsichten zog die Schulleiterin neue Konsequenzen. Dazu zählten:

- Immer wieder neigten Lehrerinnen und Lehrer dazu, sich in Überschreitung ihrer professionellen pädagogischen Kenntnisse auf therapeutisches Terrain zu begeben. Mit Blick auf das betroffene Kind mussten sie aber nicht selten zugeben, dass sie gescheitert sind.
- Mit Blick auf jede Schülerin/jeden Schüler sollte von Fall zu Fall überlegt werden, ob eine pädagogische Klassenkonferenz nicht nur für schwierige Schüler/-innen, wie etwa bei ADHS, Lese-Rechtschreibschwäche oder für Kinder mit Migrationshintergrund, individuelle Förderpläne schreiben sollte, sondern auch ganz im Sinne des Individualrechts eines jeden jungen Menschen auf gleiche Bildungschancen den Austausch über die beobachtbaren Lernstrategien einer jeden Schülerin/eines jeden Schülers pflegen sollte. Gemeinsames Interesse fördert nun mal gemeinsame Aktivitäten! Hier ist die Führungs- und Leitungskompetenz der Klassenleiter/-innen gefordert. Sie darauf vorzubereiten und dabei zu unterstützen, sollte innerschulisch zum Aufgabenbereich der Stufenleiter/-innen gehören. Leitung und Anleitung müssen immer mehr zusammengehören.
- Da im Zentrum ihrer damaligen Koordinationstätigkeit die Förderung des Zusammenwirkens der Klassenleiter/-innen und ihrer Stellvertreter/-innen in Stufenkonferenzen stand, wurde ihr zunehmend bewusst, wie individuelle Förderpläne ihre stigmatisierende Wirkung verloren. Es wurde ihr damals auch deutlich, welcher enorme Koordinationsaufwand besonders für die Klassenleiter/-innen gemeinsam mit den Fachlehrkräften für jedes Kind der Klasse bei der Ersterarbeitung und der sich anschließenden Fortschreibung dieser Förderpläne zugemutet werden musste – galt es doch

auch bei der schnellen Entdeckung der individuellen Lerngeschwindigkeiten und Lernstrategien der jungen Menschen noch enger als bisher mit allen Eltern zusammenzuarbeiten. Sie spürte, wie damit Lehrer/-innen an ihre physische und psychische Belastungsgrenze[26] kamen und manche darüber sogar erkrankten (Ausbeutungsverbot).

Aus allen drei Einsichten zog sie vier sehr wichtige Schlussfolgerungen für die Personalausstattung bei Antritt ihrer Stelle als Schulleiterin. Erfolgreich konnte sie dafür einen Antrag auf ein Pilotprojekt (Laufzeit 5 Jahre) beim Ministerium stellen. Darin forderte sie:

1. Die feste Einstellung eines Schulpsychologen mit förderpädagogischen Kenntnissen; und für jede/n Schüler/in mit sonderpädagogischem Förderbedarf eine fachlich vorgebildete Lehrkraft oder eine bewährte pädagogische Fachkraft.
2. Alle Planstellen werden schulscharf ausgeschrieben. Bei der Einstellung neuer Lehrkräfte werden jene bevorzugt, die im Rahmen ihrer Lehrerausbildung theoretische und erste praktische Managementkenntnisse im Bereich der Prozessentwicklungs- und Steuerungskompetenz erworben haben.
3. Sie erhält zusätzliche Anrechnungsstunden für jede Lehrkraft bei mindestens einer Schülerin/einem Schüler in der Klasse mit besonderem Förderbedarf – und zwar noch einmal so viele Jahreswochenstunden, wie die Lehrkraft in der Klasse unterrichtet. Die/der Klassenleiter/-in bekommt wegen ihrer/seiner Schlüsselfunktion als Leiter/-inder so wichtigen Klassenkonferenz acht Anrechnungsstunden.
4. Die Klassenmesszahl wird in Schwerpunktklassen auf 20 + 10% gesenkt.

14.2.4 Aller Anfang ist schwer..., aber es gelingt solidarisch fast alles.

Mit diesen Ideen im direktoralen Führungs- und Leitungsgepäck setzte sie von Anfang darauf, den Kolleginnen und Kollegen die Sinnhaftigkeit kooperativer Lösungsansätze durch die Zunahme an eigenständigen Erfahrungen nachhaltig

26 Joachim Bauer, Die Freiburger Lehrerstudie, in: SchulVerwaltung, Ausgabe BW,12 (2004) Professor Bauer fand empirisch heraus, dass die Klassenstärke und »schwierige Schüler« zu den beiden Hauptbelastungsfaktoren für die Gesundheit von Lehrkräften zählen.

zu vermitteln. Im Mittelpunkt stand hier die Konferenzkultur. Dazu zählte ihre sorgfältige Vorbereitung als Ausdruck des Respekts vor den Teilnehmenden ebenso wie deren Nachbereitung, die Implementierung der Beschlüsse, ihre Evaluation und Weiterentwicklung sowie deren koordinierende Begleitung. Nachdem diese positiven Konferenzerfahrungen der Kolleginnen und Kolleginnen zunächst mit der gemeinsamen Suche nach kollegialen pädagogischen Lösungen bei relativ einfachen Themen gemacht werden konnten und die Kolleg(inn)en immer mehr von ihrer Notwendigkeit, weil subjektiv als entlastend empfunden, überzeugt waren, kam erst dann das große Thema »Erstellen von individuellen Förderplänen« hinzu und fand seine größte Herausforderung im ersten Umgang mit beeinträchtigen Schüler/-innen. Sie sollten sowohl der angemessenen Bewältigung von Alltagssituationen dienen als auch für spezifische didaktisch-methodische Entscheidungen hilfreich sein bei der nunmehr doppelten Unterrichtsvor- und –nachbereitung des Fachunterrichts, da der förderpädagogische und schulpsychologische Expertenrat bei jeder Unterrichtsvorbereitung zu beachten war. – Immer mehr gewannen die Lehrer/-innen Zutrauen zu diesen Formen des gemeinsamen Arbeitens zum Wohle einer jeden Schülerin/eines jeden Schülers. Und immer mehr erfuhren sie zum ersten Mal den allgemeinen und persönlichen Nutzen von Gruppenarbeit ganz im Sinne der partnerschaftlich-solidarischen Grundidee, an Problemen immer dann gemeinsam zu arbeiten, wenn man sie alleine so wirksam und so schnell nicht würde lösen können.

FAZIT:
Eine partnerschaftliche Schulkultur fördert die Berufszufriedenheit ihrer Teilnehmer/-innen, erhöht das Ansehen der Schule in der Öffentlichkeit und dient der Verbesserung des Unterrichts und Schulklimas, das in der individuellen Begabungsförderung und Leistungserbringung eine humane Notwendigkeit einer jeden Lehrkraft und aller Lehrkräfte, die in einer Klasse unterrichten, sieht.

Wer darüber hinaus ein solches pädagogisch geprägtes und solidarisches Miteinander als bereichernd und immer wieder als sinnvoll erfährt, der freut sich über jede neue Form der so ermöglichten Flow-Erfahrung.

Und so ausgestattet, war sich die Schulleiterin sicher, dass sie gemeinsam mit dem Kollegium auch dem neu zugewiesenen Schüler mit emotionaler und sozialer Beeinträchtigung eine Integrations- und Inklusionschance geben könne.

Inzwischen wurde die Realschule als Schwerpunktschule zertifiziert, d.h., alle betroffenen Eltern können sicher sein, dass man an dieser Realschule das Wohl eines jeden Kindes durch gezielte individuelle Förderpläne im Auge hat – jedes normalbegabten ebenso wie eines jeden beeinträchtigten.

Diese aufgezeigten Gelingensbedingungen für inklusive Bildung sollten gegeben sein, damit sie nicht länger nur eine wünschenswerte »konkrete Utopie« bleibt. (Vgl. Fußnote 22)

15. Eine partnerschaftliche Schulkultur sollte es sein – mit vielen Vorteilen für Sie als Schulleiter/-in!

Ich habe mich oben damit befasst, wie eine wirklich wirksame Zusammenarbeit von Schulleitung, Klassenleitung, Integrationskräften oder pädagogischen Hilfskräften und einem fest angestellten Psychologen zu optimalen Rahmenbedingungen für Inklusion, aber auch für andere individuelle Förderpläne, die wirklich notwendig sind, gelingt. Besonders wichtig war mir auch zu zeigen, wie sorgfältig erfolgreiche Klassen- und Klassenstufenkonferenzen vorzubereiten sind, in der eine jedes Konferenzmitglied nach entsprechender Vorbereitung zu einer ebenfalls optimalen Teilhabe befähigt wird. Ganz gleich auf welcher Ebene der Aufbauorganisation gearbeitet wird – alle sehen sich in gleichem Maße zur Hilfe, Förderung und Unterstützung verpflichtet. Wer allerdings sich einer so starken persönlichen Anspannung aussetzen muss, weil es Gesetz- und Verordnungsgeber so wollen, dem muss auch der dafür notwenige Freiraum gegeben werden, damit aus einem der Aufgabe innewohnenden Idealismus heraus keine Ausbeutung wird.

Ein weiterer Gedanke spielte bei der mit Blick auf das gemeinsame Ziel gleichberechtigter Zusammenarbeit unter funktional Gleichen eine Rolle – es ist das einer »partnerschaftlichen Schulkultur«. Was es damit auf sich, entfalte ich vor dem Hintergrund grundsätzlicher Überlegungen im nachfolgenden Beitrag und ziehe daraus Schlussfolgerungen für die Qualitätssicherung an Schulen als einer Ihrer wichtigsten Aufgaben als Schulleiter/-in.

> **»Prinzip der Selbstorganisation:**
>
> ***(…) In einem dynamischen Umfeld können Aufgaben durch selbstorganisierte Teams besser gelöst werden als durch straffe Steuerung »von oben«. Wenn zentrale Kontrollinstanzen an Wirksamkeit verlieren…müssen sie durch funktionierende Selbstorganisation in der Unternehmensperipherie ergänzt werden«.*** (Peter Kinne[27])

---

27 Ders., Alte Prinzipien widerstehen der Digitalisierung. Kundenorientierung, Vielfalt und Verantwortung zählen auch heute noch, in: FAZ v. 13.02.2017.

16. Eine Partnerschaftliche Schulkultur optimiert die Qualitätssicherung von Schule

16.1 Begriffsdefinition

»Schulkultur« – so lautete einmal der Titel einer Dokumentation des Landesmedienzentrums Rheinland-Pfalz. Welches Interesse weckt ein solcher Titel bei dem, der sich mit Schulmanagement befasst? Was wurde dort behandelt? Mitnichten das, was ich erwartet hätte. Vielmehr befasste sich die Dokumentation mit »Theateraufführungen«, festlichen Konzerten und Sketchen in verschiedenen Schularten als wichtige Bestandteile einer so verstandenen Kultur von Schule. Es war folglich nicht mein Thema, ging es doch dort um so etwas wie die Pflege der gesellschaftlichen und gutbürgerlichen Bildung – also z.B. um »gute« Literatur oder »gute« Musik. Um es vorab klarzustellen: Um genau diesen bildungsbürgerlichen Kulturbegriff des »homo cultus«, des kultivierten Menschen, im Gegensatz zum »homo incultus«, dem unkultivierten Menschen, geht es bei der »partnerschaftlichen Schulkultur« nicht.

Vielmehr soll bei dem Thema »Schulkultur« ein erweiterter Kulturbegriff zugrunde gelegt werden, der – und das ist durchaus beiden gemeinsam – eine ganze Menge mit dem lateinischen Ursprungswort *colere*, also dem immer wieder Pflegen, Be- und Anbauen, zu tun hat.

16.2 Kultur im Sinne des erweiterten Kulturbegriffs

An einem Beispiel sei gezeigt, was damit gemeint ist. Ich erinnere mich noch immer sehr lebhaft an eine Besprechung an einem Gymnasium. Es ging damals um erste Erfahrungen von Kolleg(inn)en mit der Einführung von offenen Unterrichtsformen in der Unterstufe. In einem abschließenden Blitzlicht bekannte eine Lehrerin, die ich stellvertretend für andere in dieser Runde zitieren möchte: »*In den letzten zwei Jahren geht es mir von Woche zu Woche besser. Wenn ich bedenke, wie das in den 15 Jahren davor war. Ich hatte zunehmend keine Lust mehr zu unterrichten, fühlte mich völlig demotiviert, irgendwie krank und ausgebrannt. Jetzt bin ich wieder motiviert, gehe freudestrahlend in meine Klassen und bin wieder gern in meinem Beruf, weil ich besser loslassen kann.«*- (Übrigens könnte jede/r Schulleiter/-in unter vergleichbaren Gegebenheiten eine ähnliche Erfahrung machen.)

Das hörte sich ermutigend an – nahezu ein Musterbeispiel für das Ergebnis einer starken intrinsischen Motivation mit gestiegener Berufszufriedenheit. Was will man mehr?

Was war in dieser Schule, was war mit dieser Kollegin geschehen?

Damals hatten sich Lehrer/-innen unter Leitung ihrer schulfachlichen Koordinatorin der Orientierungsstufe zusammengefunden, um neue Methoden und didaktische Ansätze für die Klassenstufen 5 und 6 zu entdecken. Sie hatten nämlich festgestellt, dass sie die Schüler/-innen in dieser Stufe mit ihren konventionellen didaktisch-methodischen Zugängen nicht mehr erreichten: Mehr denn je wurden sie nach einer gewissen Zeit unaufmerksam, lustlos und unruhig.

Zur Lösung solcher Demotivationsprobleme setzten sie sich zusammen und tauschten sich aus über neue Formen des Methodentrainings, der Freiarbeit und des eigenverantwortlichen Arbeitens. Nach stärkerer individueller Einarbeitung in die Thematik waren sie sich zunehmend sicher, dass sie mit diesen neuen, offeneren Formen des Unterrichtens besser und leichter die sich veränderten Begabungsrichtungen, Interessen und Bedürfnisse ihrer Schüler/-innen ansprechen würden.

Gemeinsam erarbeiteten sie Schritt für Schritt die dafür notwendigen Materialien und erprobten sie mit den Schüler/-innen, um sie schließlich ebenso schrittweise einzuführen. In Fach- und Gesamtkonferenzen, pädagogischen Klassenkonferenzen und an Elternabenden warben sie für dieses Thema und gewannen immer mehr Kolleg(inn)en zur Mitarbeit: Schließlich konnten sie ein überzeugendes, am Profil ihrer Schulart orientiertes Unterrichtskonzept vorlegen. Auf dieser Grundlage vereinbarten sie für die Klassenstufen 5 und 6 verbindliche methodische und didaktischen Konzepte und führten u.a. ein ebenfalls verbindliches Methodentraining in den ersten sechs Wochen für die 5. Klassen in allen Fächern ein.

Außerdem war es ihnen durch gegenseitige Unterrichtsbesuche (kollegiale Hospitationen), Kritik und Bestärkung – auch durch die Schulbehörde – gelungen, ihre bisherigen kollegialen Beziehungen – unabhängig von der hierarchischen

Zuordnung – neu zu definieren. Das Ergebnis ihrer Bemühungen konnte sich bald sehen lassen: Mit der Zeit beobachteten sie ein sich qualitativ verbesserndes Lern- und Leistungsverhalten ihrer Schüler/-innen. Das wiederum ermutigte sie dazu, gemeinsam weitere methodisch-didaktische Handlungskonzepte professioneller Verhaltensweisen im Umgang mit Schüler/-innen, Eltern und auch untereinander für alle Klassen- und Kursstufen bis zur 13. Jahrgangsstufe zu entwickeln, die sie regelmäßig pflegten und die somit zu einer neuen pädagogischen Kultur ihrer Schule wurden. Das Erleben einer sehr fruchtbaren gegenseitigen, kollegialen Beratung und Bestärkung verstärkte ihre Begeisterung für das gemeinsame Tun.

Bald hatten alle ein zentrales Ziel erreicht: Es war ihnen in relativ kurzer Zeit gelungen, innerhalb des bestehenden Systems Schule das Subsystem »Offener Unterricht« auf- und einzubauen. Seine Etablierung glich einer innerschulischen Neugründung. Sie hatten zudem erfahren dürfen, wie wirkmächtig und zielführend kollegiale Zusammenarbeit für die Schüler/-innen sein kann.

Dieser Prozess setzte sich später fort. An ihm beteiligten sich immer mehr Lehrer/-innen. Professionell begleitet wurde er von Heinz Klippert vom EFWI in Landau.

Was hier in wenigen Jahren geschah, ist ein gutes Beispiel dafür, wie sich durch eine gemeinsame Hinwendung zu neuen pädagogischen Herausforderungen (i.e. Lethargie der Schüler/-innen) netzwerkartig neue Verhaltensstrukturen zwischen Lehrerinnen und Lehrern herausbilden, etablieren und implementiert werden konnten. Sie führten sowohl zu einer verbesserten Qualität des Unterrichtens als auch zu einer größeren Zufriedenheit der Eltern mit ihrer Schule und erhöhten gleichzeitig, am Beispiel dieser einen Lehrerin zu Beginn meiner Ausführungen verdeutlicht, die Berufszufriedenheit der beteiligten Lehrkräfte.

16.3 Was war an der Schule geschehen?

Es konnte sich an diesem Gymnasium dank der bewusst machenden und problemorientierten Wahrnehmung einer gemeinschaftlich erfahrenen Herausforderung durch die zuständige Koordinatorin binnen kürzester Zeit eine veränderte, gegenüber der Mehrheit des Kollegiums teils abweichende, wohl aber eigenständige Schulkultur bei den Lehrer/-innen der Orientierungsstufe entwickeln. Sie haben den Sinn und Zweck ihres Handelns selbstmotivierend neu bestimmt, Ziele und neue pädagogische Standards im Sinne des »offenen Unterrichts« gesetzt und durch kooperative Formen des Bestärkens und Förderns selbst evaluiert. D.h.: Die an diesem Projekt beteiligten Lehrkräfte konnten erfolgreich ein selbstwirksames Subsystem aufbauen, das nach den Grundsätzen des Qualitätsmanagements handelte. Es hätte damit auch extern evaluiert und zertifiziert werden können.

FAZIT:
Für den Jesuiten und Managementexperten Rupert Lay ist Unternehmenskultur, und Schule ist nun mal auch ein Dienstleistungsunternehmen, »Ausdruck der Entwicklung von Sein und Bewusstsein im Unternehmen. ›Kultur‹ bezeichnet ein System von Wertvorstellungen in dialektischer Einheit mit Verhaltensnormen, die von den Menschen eines sozialen Gebildes erlernt und akzeptiert wurden.«[28]

Ich wiederhole den Effekt: An unserem Beispiel ist sehr anschaulich zu erkennen, wie synergetisch und faszinierend sich die Forderung nach motivierendem Unterricht bzw. hoher Unterrichtsqualität mit einer höheren Zufriedenheit der Eltern mit ihrer Schule und der Lehrer/-innen mit ihrem Beruf verbinden. Es ist ebenfalls ein Beweis für den Erfolg guter Führung und Leitung einer Stufe.

Das Beispiel macht aber auch den besonderen Erfolg kooperativer Kollegialität jenseits von hierarchischen Strukturen deutlich, sodass wir bereits jetzt die Partnerschaftlichkeit als ein wichtiges Kennzeichen dieser Schulkultur benennen können:

FAZIT:
Partnerschaftliche Schulkultur ist die bewusste Pflege von problem- und aufgabenbezogenen Verhaltensweisen als enthierarchisierte Form der

28 Rupert Lay, Über die Kultur des Unternehmens, Düsseldorf-Wien-New York-Moskau 1992,S. 89.

Kooperation in allen Fragen, die für eine überschaubare Gruppe von Lehrer/-innen von besonderer pädagogischer Bedeutung sind – also Fragen, die im Sinne pädagogischer Freiheit der einzelnen Lehrkraft bisher bloß ihrer persönlichen Entscheidung, ihrem subjektiven Ermessen und ihrer eigenen Verantwortung unterworfen waren, die jetzt aber kollegial geregelt, vereinbart und verwirklicht werden. Diese Art von Schulkultur enthält bereits Elemente eines neuen Schulverständnisses: Es ist das einer »partnerschaftlichen, lebendigen Schule«, in der pädagogische Erfolge »... aus gemeinschaftlichen Lösungsanstrengungen resultieren, bei denen pädagogisch engagiert um Sachfragen gerungen wird und Konfliktfähigkeit im Kollegium besteht.«[29]

16.4 Warum soll Schulkultur partnerschaftlich sein?

Der Aspekt der Komplementarität, also der Notwendigkeit, scheinbare Gegensätze und Spannungen auszuhalten und als Beweggründe des Handelns für die praktische Zusammenarbeit zu nutzen, spielt in unserem Zusammenhang eine zentrale Rolle – nämlich in der wesentlichen Unterscheidung zwischen männlich-linearem und weiblich-lateralem Denken. Andere Beobachtungen in Schulen bestätigten die Notwendigkeit dieses verbindenden Ansatzes. So beobachteten wir Folgendes: In fast allen Schulen waren es in erster Linie weibliche Lehrkräfte, die bei hohem psychosozialen Problemdruck neue Kooperationsformen ausbildeten, pflegten und auf diese Weise zusammen mit ihren männlichen Kollegen eine hohe und überdurchschnittliche Problemlösungskompetenz zeigten, während nicht selten gleichzeitig ein nicht geringer und teilweise sogar in Führungspositionen anzutreffender männlicher Teil des Kollegiums jammerte, schimpfte oder überhaupt ablehnende Verhaltensweisen an den Tag und damit für Außenstehende zuweilen sogar eine Art situativer Hilflosigkeit an den Tag legte.

29 Ulrich Steffens /Tino Bargel, Erkundungen zur Qualität von Schulen, in: Praxishilfen Schule, Neuwied-Kriftel-Berlin 1993, S. 66.

Wie wichtig diese weiblichen Verhaltensweisen sind, darauf wies bereits 1992 der Soziologe Karlfried Graf Dürkheim hin. Er stellte fest, »dass... (dieser) »Macher-Manager« im westlichen Geschlechterrollenbild verankert ist.' Er ist die Verkörperung aller weltbeherrschenden Kräfte bei völligem Mangel eines Sinnes für das innere Reifen und die seelische Tiefe.' Durch Vernachlässigung der weiblichen, und damit der musischen Seite des Lebens werden im Unterbewusstsein große Angst und Stress ausgelöst.«(...)»Größere Problemlösungskapazität im Management ist folglich auch in einer Integration von typisch männlichen und weiblichen Charakteristika begründet. Partnerschaftlichkeit meint also – vorläufig formuliert – gemeinsame und aktive Teilnahme von Frauen und Männern an der Bewältigung von Aufgaben, der Lösung von Problemen oder der Konstruktion gemeinsamer Konzepte.«[30]

Die zentralen Kategorien der Partnerschaftlichkeit sind Menschenwürde, Freiheit, Verantwortung, Gemeinsinn, Zivilcourage und kollegiales Vertrauen – eben nicht Vertraulichkeit. Hinzukommen weitere, selbstauferlegte und vom Verordnungsgeber (i.e. dem zuständigen Ministerium) aufgetragene Pflichten:

- Die Pflicht, sich ständig selbst nach Kräften weiterzubilden,
- die Pflicht, sein geistiges Eigentum anderen zur Verfügung zu stellen (Sozialpflichtigkeit von Bildung) und
- die Pflicht, nach bestem Wissen und Gewissen Regeln, Rituale und Vereinbarungen zu beachten.

(Anmerkung: ähnliche Formulierungen finden sich in Ziff. 7.5 Dienstordnung für Leiter und Lehrer an öffentlichen Schulen in Rheinland-Pfalz: »*Jeder Lehrer ist gehalten, durch eigene Beiträge in Konferenzen und Fortbildungsveranstaltungen sowie durch Übermittlung von Arbeitsergebnissen und unterrichtlichen Erfahrungen die Zusammenarbeit der Lehrer zu fördern, auch die Zusammenarbeit mit Lehrern anderer Schularten.*«)

30 Zit nach: Gilbert Lenssen, Besinnung in der Wirtschaft, in: Richard Matheis (Hrsg.), Leadership Revolution. Aufbruch zur Weltspitze mit neuem Denken, Frankfurt am Main-Wiesbaden 1994, S. 380.

16.5 Ethik der Partnerschaftlichkeit

Diese Ethik der Partnerschaftlichkeit schafft Spielregeln von erstaunlicher sozialintegrativer Wirkung. »Für den Kern dessen, was Partnerschaft ist,« – so Theodor Wilhelm (pseudonym: Friedrich Oetinger), einer der zentralen Verfechter der Partnerschaftsdidaktik in der politischen Bildung zu Beginn der Fünfzigerjahre- »gibt es das gute deutsche Wort Genossenschaft, das zu den rechtlichen und wirtschaftlichen Grundvorstellungen unserer Vorfahren gehört hat.«(…) Das alte deutsche Genossenschaftsprinzip bezeichnet etwas sehr einfaches: »…die Rechts- und Wirtschaftsgemeinschaft derer, die in der Nachbarschaft wohnen; die gemeinsame Wahrnehmung der Interessen; die Gepflogenheit, die Dinge dieser Gemeinschaft möglichst weitgehend ohne Anspruch staatlicher Mithilfe zu verwalten; die Bindung der Mitbestimmung an Mitarbeit; die Bereitschaft, das Tun und Schaffen auf die Erfordernisse aller Genossen abzustimmen und die selbstverständliche Bereitschaft zu helfen, wo Hilfe Not tut.«[31]

Wenn wir also über partnerschaftliche Schulkultur sprechen, dann soll das damit entstandene Netzwerk der Beziehungen zwischen Lehrkräften nicht das bestehende Hierarchiemodell ersetzen, sondern es vor allen Dingen im Hinblick auf die gemeinsam in einer Klasse unterrichteten Schüler/-innen in allen methodisch-didaktischen und erzieherischen Fragen komplementär ergänzen und erweitern.

Babette Julia Brinkmann, Professorin für Organisations- und Gruppenpsychologie an der TU Köln und Matthias Lang, Ko-Gründer von dwarfs und Giants, fassen die Vorteile der Selbstorganisation so zusammen: »Selbstorganisation bedeutet, dass Mitarbeiter/-innen, Teams und Einheiten in einem verbindlichen und klar kommunizierten Rahmen selber entscheiden, was sie erledigen können und wie sie dies am besten tun. Damit dies gelingt, braucht es klare Spielregeln, die auf allen Ebenen und für alle Beteiligte gleichermaßen gelten, auf die sich alle verlassen können und die, sobald sie nicht mehr hilfreich sind, gemeinsam weiterentwickelt werden können.«[32]

31 Friedrich Oetinger, Wendepunkt der politischen Erziehung, Stuttgart 1951, S. 108.

32 Babette Julia Brinkmann, Matthias Lang, Selbstorganisation braucht klare Regeln, in: FAZ v. 16.07.2018, S. 18.

FAZIT:
Partnerschaftliche Schulkultur ist folglich die enthierarchisierte Form eines kompetenten, leistungsstarken kollegialen Umgangs in Schulen – ein Modell, das sich beliebig erweitern lässt um Eltern- und Schülerschaft an jeder Schule. Sein sozialintegrativer und partizipatorischer Grundansatz fördert jede zielorientierte Kooperation und stärkt die Weiterentwicklung der Qualität von Unterricht und von allern Teilbereichen der Schule. Eine Partnerschaftliche Schulkultur fördert gleichzeitig die Berufszufriedenheit ihrer Teilnehmer/-innen, erhöht das Ansehen der Schule und dient der Verbesserung eines Unterrichts- und Schulklimas, das in der Begabungsförderung und Leistungserbringung eine humane Notwendigkeit sieht. Die/der Schulleiter/-in fördert, unterstützt und bestärkt es zusammen mit den Mitgliedern der Schulleitung durch angemessene Personalführung und vertrauensvolle Delegation.

16.6 Aktualitätsebenen

Im geschilderten Beispiel reagierten Lehrer/-innen auf ein verändertes Verhalten ihrer Schüler/-innen, mit dem sie eher unzufrieden waren. Dies ist nur eine Seite des möglichen Leidensdrucks, der bei entsprechender Sensibilität nach Veränderungen ruft. Derartige Veränderungen, wie alle anderen Herausforderungen oder auch »Störungen«, denen sich das staatliche Schulwesen stellen muss, sind nicht allein im Zeitgeist elterlicher Erziehung oder elterlicher Zukunftsprognosen für ihre Kinder zu suchen. Die steigende Zahl der Privatschulen in Deutschland könnte ein Indiz dafür sein, dass die notwendigen Anpassungsprozesse ganz offensichtlich den staatlichen Schulen in den letzten Jahren immer noch nicht im erforderlichen Maße zugetraut werden.

Unterschiedliche theoretische Deutungsmuster bieten sich für dieses Phänomen des Verlusts an Ansehen und Wirksamkeit staatlicher Schulen an. Das für mich einsichtigste ist das systemtheoretische. Danach hat die Überlebensfähigkeit eines Systems grundsätzlich etwas zu tun mit dem Grad seiner Offenheit gegenüber seiner Umwelt und seiner Fähigkeit, die von dort kommenden Herausforderungen oder Inputs ökologisch, d.h. hier umweltangepasst und umsichtig, gemeinsam effektiv zu lösen. Und an dieser Stelle wird es zunehmend von Bedeutung sein, dass wir die systemökologischen Herausforderungen, in denen unsere Schulen stehen, umfassender als bisher identifizieren.

Worum es im Folgenden geht, möge eine Skizze veranschaulichen:

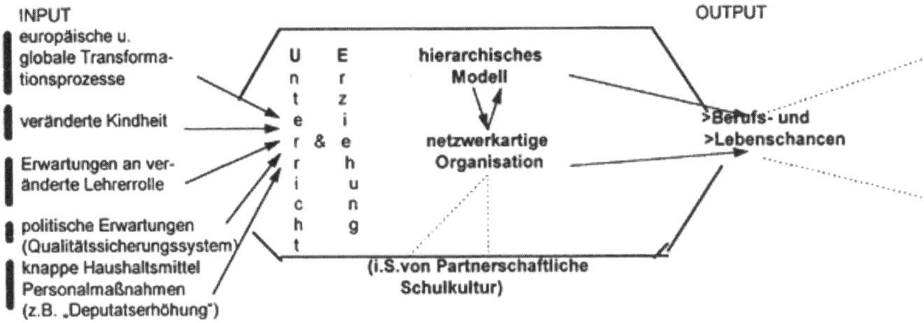

Schule-Umwelt-Beziehungen (Abbildung: Hubert Luszczynski)

16.7 Europäische und globale Transformationsprozesse

Zu dem Verlust von Offenheit von Schule und der damit einhergehenden schleichenden Problemlösungsinkompetenz kommen andere, weiträumigere Veränderungsprozesse hinzu, die mittelbar oder unmittelbar auf unsere Schulen einwirken. So waren viele Menschen in unserem Land spätestens ab 1989 der Überzeugung, dass das Ende des Ost-West-Konflikts automatisch zu einer neuen, friedlicheren Ordnung in Europa führen würde – einer Ordnung, in der dann die durch die fundamentalen Reformen in Mittel- und Osteuropa freigesetzten gesellschaftlichen Kräfte selbstständig dazu in der Lage sein würden, eine neue Ära des friedlichen Miteinanders zu beginnen und zu entwickeln. Die Voraussetzungen dafür schienen im Cyperspace oder per Mausklick im Internet gegeben.

Unterdessen spielen sich die – zunächst und von den meisten von uns nur für den Osten Europas als notwendig erachteten Transformationsprozesse – nicht nur mitten in Deutschland ab, sondern finden gleichzeitig europaweit und global statt.

Hieraus erwachsende europäische und globale Herausforderungen sind nicht allein nur ökonomische. Sie werden sich, da es in Verbindung mit Schule und Ausbildung immer um die Frage der Fähigkeit des Bildungssystems geht, um sich auch im internationalen Wettbewerb zu behaupten, im Kampf um die Festlegung der Arbeitsmärkte im internationalen Maßstab entscheiden. Dieser entfesselte Wettbewerb, der letztlich durch Schulsysteme zu dem zwischen den geschulten Köpfen wird, wird im Falle einer rückläufigen Wettbewerbsfähigkeit von jungen Menschen, die an deutschen Schulen und Universitäten ausgebildeten werden, innerstaatlich die grundsätzliche Frage nach der Legitimation der staatlichen Schulpflicht und des weitestgehend staatlich geregelten Bildungsmonopols aufwerfen. Die Ergebnisse der 3. internationalen Studie über Mathematik- und Naturwissenschaften (TIMSS) sind darum mehr als nur interessante statistische Größen. Sie prognostizieren darüber hinaus für die globale Öffentlichkeit die internationalen Arbeitsmarktchancen junger Menschen in vergleichbaren Industriestaaten und sagt etwas aus über ihre zukünftige Platzierungen und damit über die künftigen Lebens- und Berufschancen junger Menschen auf einem immer mehr als global bzw. europäisiert zu denkenden Arbeitsmarkt, wenn das deutsche Bildungswesen im internationalen Ranking damals auf dem ersten Platz im unteren Drittel lag.

Diese Zukunftsherausforderungen verschärfen sich national und auch bei uns im Lande vor allen Dingen durch den Zwang zum sparsamen Umgang mit öffentlichen Mitteln, der seinerseits seine Ursache im eigenen nationalen Transformationsprozess hat.

16.8 Veränderte Kindheit

Über die verändert Kindheit als Folge von Medienkonsum, Isolation und Einkindfamilien ist schon viel geschrieben worden. Die sich hieraus für die Schule ergebenden Folgen sind hinlänglich bekannt. In allen Fällen werden wir in den Schulen stärker als bisher in Erziehungs- und Sozialfragen gefordert bzw. bis an die Grenzen unserer persönlichen Kompetenzen und Belastungsfähigkeit herangeführt.

16.9 Veränderte Lehrerrolle in einer veränderten Gesellschaft

Die damit einhergehende veränderte Lehrerrolle in einer veränderten pluralistischen und eher egozentrischen Gesellschaft erfordert mehr denn je ein dysfunktionales Verständnis von Schule als einer staatlichen Institution, die neben der notwendigen Wissensvermittlung und Sozialisation die für diese Welt erforderlichen Kultur- und Zivilisationstechniken und -haltungen bereitzustellen hat. Auf Letzteres scheinen wir kaum bzw. immer noch nicht ganz eingestellt zu sein. Hinzu kommt, dass im Zuge des soziologischen Gesamtwandels unserer Gesellschaft immer mehr die Tugenden und Werthaltungen einer *Arbeitsgesellschaft* ersetzt werden durch jene einer *Freizeitgesellschaft,* welche sowohl über unsere Schüler/innen und die Elternschaft als auch über immer größere Teile der jüngeren Lehrerschaft in unsere Schulen einziehen, worüber der Bielefelder Soziologe Bernd Guggenberger schon Ende der 70er Jahre berichtete. In manchen Kollegien führt dies überall dort zu schier unüberwindbaren Brüchen und Konfrontationen, wo bei fehlendem oder stiefmütterlich von den pädagogischen Führungskräften behandelten Konsensmanagement eine gemeinsame pädagogische Plattform als tragende Sinnebene (noch) nicht aufgebaut und weiterentwickelt wurde, obwohl die dafür einsetzbaren schulrechtlichen Vorgaben längst vorliegen und nur mehr als bisher beachtet und u.a. schulaufsichtlich eingefordert werden müssen. In anderen Kollegien wiederum hat es den Vorteil, dass die für die Freizeitgesellschaft typische Bereitschaft zur Kooperation, zur Mitbestimmung und zur Übernahme von Verantwortung für selbst geregelte Prozesse und Entscheidungen wächst. Wir haben damit – perspektivisch gesehen – durchaus günstige Voraussetzungen für eine substanzielle Weiterentwicklung unseres Schulwesens, aber das heißt noch lange nicht, dass jede junge Lehrkraft, die ein Studienseminar verlassen hat, a priori kooperativ wäre und jede ältere kooperationsresistent. Dennoch gilt es, sich diesen Stand bewusst zu machen, daran zu arbeiten und ihn zu nutzen.

16.10 Situation von Schule

Die oben beschriebenen Herausforderungen sind inzwischen – zum Teil mit erheblicher Aufprallwucht – in allen Schulen angekommen. Gleichwohl geht man damit ganz unterschiedlich um. Die Verhaltensmuster reichen vom

Wegschauen über die nostalgische Beschwörung eines ewig schönen Gestern – etwa mit einem »Lob der Disziplin« – bis hin zu einer Vielzahl von vorbildlichen Aktivitäten von Schulleitungen, Gleichstellungsbeauftragten und Personalräten – aber auch einer Zunahme von autoritären Leitungsverhalten als Zeichen von mangelnder Professionalität oder Hilflosigkeit, auf notwendige Veränderungen angemessen und weithin partnerschaftlich zu reagieren.

16.11 Fokussierung des Schullebens durch Eltern und Öffentlichkeit

Wenn Sabine Etzold[33] z.B. schon im August 1998 auf der Titelseite der Wochenzeitung »Die Zeit« unter der Oberschrift »Fit für die Zukunft. Schüler und Studenten sind besser als ihr Ruf« hinzufügt, »Bildungspolitiker und Lehrer verdienten die Note »mangelhaft«, dann stehen Eltern bei der Frage: »Welche Schule für mein Kind?« unter Hochspannung. Ob es nun als Motiv für solche Schlagzeilen nur um Erhöhung der Auflagenstärke einer Zeitung geht oder ob sich Eltern zusammenschließen, um sich für ihre minder- oder hochbegabten Kinder öffentlich oder bei Elternabenden einzusetzen – der öffentliche Druck auf die Schulen steigt im Kessel unserer Gesellschaft.« Gleichzeitig steht Schule mehr denn je unter der Beweispflicht, dass sie wirklich das Beste für jedes Kind leistet, das bekanntlich nur eine einzige Chance in seiner Kindheit und Jugend hat zur Schule zu gehen und weiterqualifizierende Abschlüsse zu erwerben. Da dies so ist, tragen wir dafür eine große Verantwortung nicht erst in den Empfehlungskonferenzen der Grundschulen, sondern in jeder Unterrichtsstunde und bei der Bewertung jeder Schülerleistung.

16.12 Berufliche Situation der/s Lehrerin/Lehrers

Auf diese neue Wirklichkeit in unseren Schulen sind längst nicht alle Lehrer/-innen und gleichermaßen vorbereitet. Noch immer verlassen Lehrer/-innen die Studienseminare und Ausbildungsschulen, die nur selten der Linearität des Wissens- und Kenntniserwerbs ihrer Schul- und Universitätsausbildung entwachsen sind. D.h., sie sind auf den Umgang mit Berufskolleg(inn)en

33 Dies., Fit für die Zukunft. Schüler und Studenten sind besser als ihr Ruf, in: DIE ZEIT, Nr. 23 v. 27.8.1998.

kaum vorbereitet und auf eine gemeinsame Bewältigung vieler oben aufgeführter Herausforderungen weder geschult noch darin trainiert.[34] Zu sehr, scheint mir, wird immer noch unter Verweis auf die pädagogische Freiheit jede Unterrichtsstunde eher als individueller Akt der Selbstbestimmung gesehen und als solcher verteidigt. Hinzu tritt bei fast allen, die seit der Einführung des Kurssystems in unseren Oberstufen die Schulen verlassen, ein Verlust an Erprobungsmöglichkeiten des gesellschaftlichen Lebens im Stadium ihrer Adoleszenz. Berufsalltag ist insofern für immer mehr junge Lehrer/-innen etwas Fernes und Fremdes; und schulische Berufspraxis an den Ausbildungsschulen erleben sie je nach pädagogischem und kollegialem Gusto dieser Schulen ganz unterschiedlich. Dazu später mehr!

16.13 Die Rekrutierung von Führungs- und Leitungspotenzial

Derart individualistisch und mit wenig sozialer Kompetenz ausgestattete Lehrer/-innen werden darüber hinaus bis heute kaum hinreichend auf die Übernahme von Führungs- und Leitungsaufgaben in allen Bereichen vorbereitet. »Versuch und Irrtum« als Konditionierungsschema für der Erwerb von Führungsqualifikationen begleitet sie in Leitungsaufgaben in nahezu allen Bereichen des Bildungswesens. Wenn beispielsweise ein Schulleiter feststellt, nach sieben Jahren habe er jetzt endlich verstanden, was es wirklich heiße, Schulleiter zu sein, dann ist das m.E. ein erschreckendes Indiz für ein außerordentlich bemerkenswertes Verständnis von Personalführung der dafür zuständigen personalführenden Behörde: Sowohl die nach Amtsübertragung vorgenommene Verpflichtung zum Besuch von Führungslehrgängen als auch die Maßnahmen der schulinternen Lehrerfortbildung unter Führung engagierter Lehrkräfte genügen wohl eben nicht zum Aufbau der erforderlichen Professionalität amtierender Führungskräfte.

16.14 Reaktionen des Systems Schule auf neue INPUTS

Die Reaktionen des Systems Schule und seiner Mitglieder fallen naturgemäß sehr unterschiedlich aus. In aller Regel ist man bemüht, mal gewissenhaft

34 Vgl. dazu auch das Kapitel in diesem zum Thema: »Schule leiten lernen von Anfang an.« S. 245.

und mal selektiv mit den vorhandenen Instrumentarien umzugehen, die der Gesetz- und Verordnungsgeber erlassen hat.

16.14.1 Vorhandene Instrumentarien zur systemischen Bewältigung von neuen Herausforderungen

Zu den zentralen Instrumenten zur systemischen Bewältigung von neuen Aufgaben zählen alle schulrechtlichen Bestimmungen, für deren Einhaltung die Schulleitung, beratend und mitbestimmend die Gleichstellungsbeauftragte und der Personalrat verantwortlich sind. Als Kooperationsinstrument Nummer Eins dienen die verschiedenen Konferenzen und Dienstbesprechungen. Unterrichtsbesuche finden in aller Regel nur anlässlich bevorstehender Beurteilungen statt. So kann es sein, dass eine Lehrkraft, die keine Karriereambitionen hat oder nicht dienstordnungsrechtlich auffällig wird, über Jahrzehnte weder im Unterricht besucht noch beurteilt wird. Die Erziehungsarbeit liegt zumeist bei den Klassenleiter/-rinnen. Elternabende werden – manchmal zum Erstaunen der beteiligten Lehrerschaft – zu ebenso harmonischen wie kontroversen Veranstaltungen der Performanz direktoralen Selbstverständnisses. Auch Professionalität in der Konferenzführung scheint in den meisten Fällen nicht an der Tagesordnung. Die Problemlösungs- und Gestaltungskompetenz von Konferenzen wird eher als gering veranschlagt und darum zu Recht beklagt. Auch darum sind diese Besprechungen nicht besonders beliebt – besonders dann, wenn sie wie Zeitdiebe wirken, weil in einer Weise zeitlich oftmals so überzogen, dass für manche dies schon einem Akt der Freiheitsberaubung nahekommt. Die Zeichen des Widerstands sind daher allenthalben auszumachen. D.h., bereits im Bereich dessen, was vorgeschriebene Pflichterfüllung ist, ist eine Inventur dringend geboten, damit die Problemlösungskompetenz von Konferenzen nicht von Schule zu Schule zu einer Farce verkommt. Hier wäre die Stunde der pädagogischen Schulaufsicht auf der untersten Qualitätsstufe der Schulen, dem rechtlich Gebotenen – verbunden mit der Frage, ob die Schulen in ihrem förmlichen Interaktionsverhalten den Anforderungen des Gesetz- und Verordnungsgebers überhaupt im Alltag noch genügen.

16.14.2 Kollegiale Kohärenz und Leistungsfähigkeit von Schule

Auf die Zusammenarbeit der Lehrkräfte hinzuwirken, ist eine wesentliche und zentrale Aufgabe der Schulleiterin/des Schulleiters. Es wird nicht nur im Schulgesetz von ihm gefordert. Es findet sich auch in anderen Verwaltungsvorschriften, z.B. in der Dienstordnung für Leiter und Lehrer an rheinland-pfälzischen Schulen, im Landespersonalvertretungsgesetz oder auch im Gleichstellungsgesetz. Man könnte also den Eindruck haben, dass es eine konditionale Beziehung gibt zwischen Leistungsfähigkeit und Zusammenhalt im Kollegium, die so aussehen könnte: Je größer der innere Zusammenhalt (Kohärenz) und die Zusammenarbeit eines Kollegiums ist, desto leistungsstärker ist eine Schule. – Wirklich?

Weit gefehlt!

16.14.3 Kohärenz oder Leistungsfähigkeit?

Denn es kommt immer darauf an, auf welcher Grundlage eine solche kollegiale Kohärenz entstanden ist. Da gibt es Schulen, in denen findet Zusammenarbeit immer nur dann statt, wenn sie vom Schulleiter/von der Schulleiterin angeordnet wird. Das bedeutet: Wenn bei einer derartig autoritären Kooperationssteuerung der/s Schulleiter/-in den Druck vom Kollegium nimmt, fällt die Zusammenarbeit wie ein Kartenhaus zusammen. Die Leistungsfähigkeit dieses Kollegiums ist folglich nur eine punktuelle und überwiegend verschwindend geringe. Eine Antwort darauf könnte sein, dass sich das Kollegium auf anderen, mehr privater Ebenen – also beispielsweise bei Nachmittagskaffees, Stammtischen oder auf Festen und Feiern – zusammenfindet. Die Folge: Alle Anforderungen von außen, die auf Erhöhung kollegialer Leistungsfähigkeit, z.B. in einer Klasse zu Wohle der Lernfähigkeit der Schüler/-innen, abzielen – werden als ungebührlich empfunden und wortreich abgelehnt. Wer schulintern davon abweicht, wird bald als Karrierist verdächtigt und nach Möglichkeit geächtet, weil als Störenfried der gar so netten, vertraulichen und harmonischen Beziehungen im Kollegium empfunden. Die Leistungsfähigkeit einer solchen kollegialen »Lehrerfamilie« geht auf Dauer gegen Null.

Anders in einem Kollegium, in dem die Lehrer/-innen ziel- und sinnorientiert von jedem Mitglied der Schulleitung geführt und motiviert werden oder wo eine effizient gestaltete und effektive Kooperation als wichtige individuelle

Alltagsentlastung empfunden wird. Das eher distanzierte Verhältnis, die Fähigkeit zu unterscheiden zwischen beruflichen Verpflichtungen und persönlichen Interessen, verleiht einem solchen, auf eine Art mittlerer Kohärenz arbeitenden Kollegium, eine hohe Problemlösungskompetenz, große Offenheit und die Chance zur Herstellung einer breiten Übereinstimmung in grundsätzlichen pädagogischen Fragen. Dies so zu steuern und ein Kollegium so zu führen, ist freilich abhängig vom professionellen Können der Schulleitung – insbesondere der/des Schulleiter/-in.

16.14.4 »Schule neu denken und neu gründen« als legitime Grundhaltung zur Bewältigung der Qualitätssicherung von Schule

Spricht man mit engagierten Kolleg(inn)en, dann fällt auf, dass die meisten immer mal wieder einen Traum träumen. Es ist der Traum von der Gründung einer eigenen Schule. Zentraler Bestandteil dieses Traums ist eine gute Schule, in der Lehrer/-innen gerne – also heiter und gelassen – ihren Dienst verrichten und zum Wohle der ihnen anvertrauten Schüler/-innen bestmöglich zusammenarbeiten. Dem Traum von der Schulgründung wohnt meistens die Sehnsucht nach einer gemeinsamen »Stunde null« inne, von der an alle an einem Strang ziehen und mit ihrer Schule, mit der sich dann alle identifizieren, einen guten Start haben.

Nur: Kaum einer von uns wird sich einen solchen Traum erfüllen können. Dabei liegt es nicht nur am Geld. Andere Sicherheiten müssten hinzukommen. Und doch gibt es meines Erachtens auch an unseren Schulen eine ständige Chance, jene Gründungseuphorie unserer Träume in den Alltag mitzunehmen. Wir können dann zwar nicht beim Zauber allen Anfangs verweilen, aber wir haben es in der Hand, »Störungen« willkommen zu heißen und ernst zu nehmen, damit wir neue Ziele formulieren und die Wirklichkeit daraufhin prüfen, ob wir mit den eingeschliffenen und seit Jahren erprobten Instrumentarien eigentlich noch dazu in der Lage sind, diese Ziele, unsere pädagogischen Träume, gemeinsam zu verwirklichen.

Wer sich so den Gedanken der möglichen inneren Schulneugründung vorstellen kann, wer so noch immer den Wunsch und den Mut hat, mitten im Schulalltag, Schule neu zu denken und bei gemeinsamer Bewältigung in

Gruppen – und nicht in einem schon totalitär anmutenden Ansatz immer nur mit dem gesamten Kollegium – partnerschaftlich zu gestalten, der scheint mir auf einem guten Weg. Es geht darum, dass Schulen zunächst selbstständig eine Bestandsaufnahme ihrer Arbeit vornehmen, eine Art pädagogischer Inventur in allen möglichen Bereichen. Diese Bestandsaufnahme wird zunächst und überwiegend die Stärken der eigenen Schule aufzuzeigen haben. Sie gilt es, sich zu allererst bewusst zu machen, bevor man sich gemeinsam zur behutsamen Behebung der Schwächen oder Störungen auf den Weg macht und schließlich prüft, d.h. evaluiert, ob die selbst gesteckten Ziele erreicht wurden.

FAZIT:
Die Bereitschaft zur Bestimmung des eigenen pädagogischen Standorts implementiert die Lust auf Schulgründung in den Alltag. Sie sichert Schule ihre Offenheit und damit ihre Leistungs- und Überlebensfähigkeit.

16.15 Unterrichtsentwicklung im Zentrum von Personal- und Organisationsentwicklung und warum wir für eine Optimierung der Qualitätssicherung von Schule die Entwicklung einer partnerschaftlichen Schulkultur brauchen

Unser Eingangsbeispiel – Öffnung von Unterricht durch Methodentraining und eigenverantwortliches Arbeiten – zeigte, welche besondere Rolle die Unterrichtsentwicklung in der Triade von Personal- und Organisationsentwicklung einnehmen muss. Schließlich steht ja im Mittelpunkt von Schule der Unterricht und jede/r Schüler/-in. Und dafür tragen Schulleiter/-innen die erste und letzte Verantwortung. Alle Maßnahmen müssen daher daraufhin geprüft werden, ob und inwiefern sie dazu in der Lage sind, den Unterricht zu stärken und damit den Kernauftrag von Schule zu erfüllen. Eine gezielte und professionell angewandte Personalförderung und Personalentwicklung der Kolleg(inn)en durch die/den Schulleiter/-in ist hierfür ebenso notwendig wie die souveräne Handhabung aller Instrumente der Organisationsentwicklung. Es wird daher darauf ankommen, dass in besonderem Maße Funktionsstelleninhaber/-innen, Gleichstellungsbeauftragte und Personalräte die dafür notwendigen Kenntnisse, Fähigkeiten,

Fertigkeiten und Haltungen erwerben. Die Schulaufsicht hat m.E. hier eine großes und sehr wichtiges Betätigungsfeld: Sie muss die dafür notwendigen Entwicklungen und Prozesse in den Schulen einfordern, begleiten und durch festvereinbarte Rückkopplungsprozesse als Zielvereinbarungen kontrollieren.

Sie alle – auch Schulaufsicht und Lehrerfort- und -weiterbildungsinstitute als Serviceeinrichtungen für externe Begleitung von Entwicklungsprozessen in der Schule – benötigen dazu fundierte Kenntnisse sowohl in den hierarchisierten und formalisierten als auch in den enthierarchisierten und informellen Abläufen und Steuerungsprozessen des Systems Schule. Hier wird dann ebenfalls zu evaluieren sein. Doch das allein wird nicht genügen, weil, wie wir am Beispiel der Tätigkeit des/der Orientierungsstufenleiter/-in gesehen haben, damit noch lange nicht per se die für die Schule notwendige Öffnung und Sicherung der Problemlösungskompetenzen in pädagogischer Hinsicht gewährleistet werden kann.

FAZIT:
Wir alle sehen uns vor viele komplexe und enorme Herausforderungen gestellt – in einer Größenordnung, die in dieser Dichte Lehrergenerationen vor uns kaum kennengelernt haben. Gleichzeitig belasten einen jeden von uns die personalpolitisch notwendigen Konsequenzen aus dem Rückgang und aus der Stagnation der zu Verfügung stehenden öffentlichen Mittel. In dieser massiven Bündelung von Problemen in einem bisher von keinem von uns erfahrenen Umfang und Zuschnitt benötigen wir einen glaubwürdigen Ansatz zur Bündelung von Wissen, Fähigkeiten und Haltungen in einer Zeit vieler Herausforderungen an unseren Schulen. In Rückbesinnung auf den Partnerschaftsgedanken von Friedrich Oetinger, den er in einer vergleichbaren Zeit der Umbrüche und Neuanfängen der beginnenden 50 Jahre nahelegte, brauchen wir auch und gerade heute wieder den sozial-integrativen Ansatz einer partnerschaftlichen Schulkultur in möglichst allen Teilbereichen von Schule und Schulverwaltung. Er bietet besonders wegen seiner entlastenden Wirkung eine glaubwürdige Hilfe. Ich bin davon überzeugt, dass die bewusste Entwicklung einer partnerschaftlichen Schulkultur dazu in der Lage sein wird, die vor uns stehenden, notwendigen Maßnahmen zur Qualitätssicherung von Schule grundlegend und nachhaltig zu optimieren.

16.16 Was, wenn uns schon Herausforderungen im Kleinen begegnen?

In den Überlegungen zum Thema »Partnerschaftliche Schulkultur« ging es um gesellschaftliche, nationale oder gar globale Herausforderungen für unsere Schulen. Die Situation, die ich beschrieben habe, erinnert mich an einen Unterrichtsbesuch. Der Lehrer versuchte zu Beginn, sehr realitätsnah mit einem aktuellen Jugendproblem in die Sozialkundestunde einzusteigen, von dem er in einer Jugendzeitschrift gelesen hatte. Zu seiner großen Enttäuschung führte der Einstieg zu keiner höheren Schüleraktivierung als sonst. Im Gegenteil: Es schien sich unter den Schüler/-innen eine allgemeine Verwunderung über dieses Beispiel breit zu machen. Nach der Stunde fragte ich natürlich, worauf er die ausgebliebene Aktivierung zurückführen würde. Er zeigte sich zu einer Begründung nicht in der Lage. So fassungslos sei er. Schließlich habe er doch die jüngste Shell-Studie gelesen. Und dort habe man statistisch festgestellt, dass die Jugend im Jahre X dieses Thema besonders anspräche.

Sein Problem war: Er stützte seine didaktischen Vorüberlegungen auf einen statistischen Befund über *die* deutsche Jugend und bereitete seinen Unterricht letztlich wie ein urteilender Richter vor: Ohne Ansehen der Person! Denn hätte er anstatt der Antworten die Ausgangsfrage der Shell-Studie seinen Schüler/-innen gestellt, wäre er mit Sicherheit zu Ergebnissen gekommen, die für diese Klasse zutrafen und die für seine didaktischen Überlegungen hätten ausschlaggebender sein müssen als die Ergebnisse der Shell-Studie. Das hier verwendete didaktische Prinzip der Betroffenheit bezieht sich stets auf die Lerngruppe selbst. Verallgemeinerungen statistischer Art mögen zwar interessant sein, sind aber in den meisten Fällen weder motivierend noch aktivierend – in Sinne von: »Das mag ja alles so sein, lieber Herr Lehrer, aber das bin nicht.«

Ihnen als Schulleiter/-in geht es nicht viel anders, wenn Sie auf der Grundlage von allgemeinen Lehrerstudien ihren Alltag bestreiten sollten. Wenn z.B. Joachim Bauer in seiner Freiburger Lehrerstudie zu dem Ergebnis kommt, dass für Lehrer/-innen »das Verhalten schwieriger Schüler/-innen« als besonders belastend angesehen werde[35], dann ist das sicherlich ernst zu nehmen, auch

35 Joachim Bauer, Die Freiburger Lehrerstudie, in: SchulVerwaltung, Ausgabe BW,12 (2004).

wenn es sich um eine Binsenweisheit handelt, aber daraus zu folgern, dies träfe immer uzu, dann müsste das konsequenterweise u.a. ja dazu führen, dass diese »schwierigen Schüler« a priori schulpsychologisch zu begleiten seien. Aber das würde der Lehrerschaft, die in einer Klasse unterrichtet, nicht gerecht, wenn etwa ein Teil eine Schülerin oder einen Schüler für schwierig halten, während eine andere Gruppe von Lehrkräften eben diese Schülerin oder diesen Schüler zur Stütze ihres Unterrichts zählten. Also auch hier gilt es differenzierend hinzuschauen, mit jeder/jedem Kollegin/Kollegen ausführlich zu sprechen und zu einem ebenfalls differenzierenden Urteil zu kommen, bevor man allzu schnell (oft auch falsche) Urteile über eine Schülerin oder Schüler fällt.

Nachstehend sei ein Fall dargestellt, der auf den ersten Blick im Grunde keine größere Herausforderung ist. Denn es geht um eine Alltagssituation, die Sie sicherlich schon häufig erlebt haben:

Da hat eine Lehrkraft schon seit Jahren einen Versetzungsantrag gestellt. Und dann geschieht das, was man als Schulleiter/-in nicht so gerne sieht: Plötzlich tut sich für die Lehrkraft zum Halbjahr – und nicht zum Schuljahresende – *die* große Versetzungschance auf. Was wollen Sie machen? Sie lassen sie selbstverständlich gehen und sorgen für eine Vertretung im zweiten Halbjahr. Ja, und dann passiert das! Der nachstehende Beitrag zeigt das Problemfeld auf und eröffnet im zweiten Teil eine interessante Lösung, die erfreulicherweise zu einem zufriedenstellenden Ergebnis führte – es hätte auch anders ausgehen können.

Fühlen Sie sich bitte zur Lektüre eingeladen:

»Jeder Mensch hat das Recht auf Bildung.«

Art. 26 Allgemeine Erklärung der Menschenrechte (1948)

17. Die Lehrer-Schüler-Beziehung als Herzstück des Qualitätsmanagements – Teil I

Oder: Warum versteht der neue Lehrer die 8. Klasse nicht?

17.1 Vorbemerkung

Es schien unumgänglich: Nach dem Lehrerwechsel im Fach Mathematik in der sehr harmonischen Klasse 8a musste nach 6 Wochen im neuen Schuljahr endlich ein Elternabend stattfinden. Grund: Herr M. macht Probleme!

Was war geschehen? Nach einer Eingewöhnungsphase von zwei Wochen verging kaum ein Tag, an dem sich nicht viele Schüler/-innen bei ihren Eltern über Herrn M. beschwerten: Herr M. erkläre viel zu kompliziert. Einige würden inzwischen den Unterricht stören, weil sie nichts mehr verstünden, und dann würde es so laut, dass man gar nichts mehr mitbekomme. Die Folge: Die erste Mathematikarbeit fiel so schlecht aus wie noch nie: Fast ein Drittel der Noten lag unter »ausreichend«!

Für die meisten Eltern war die Ursache klar: »Herr M. unterrichtet über die Köpfe unserer Kinder hinweg. Darum stellt er für das bisher so harmonische Lernklima in der Klasse ein Störfaktor dar.«

Wie lässt sich diese Situation erklären? Noch wichtiger: Wie könnte man Herrn M. beraten? Und wie könnte die Vorbereitung auf den Elternabend aussehen?

17.2 Erste Deutungsmuster und Verfahrensweisen

Auf der Suche nach Antworten sollen neuere Erkenntnisse über Lehr-Lern-Situationen genutzt werden – und zwar die des neuseeländischen Pädagogikprofessors John A. C. Hattie und des Freiburger Neurobiologen, Arztes und Psychotherapeuten Joachim Bauer: Von Hattie erfahren wir, wie wichtig es für die Lehrkraft ist, die individuellen Lernstrategien ihrer Schüler/-innen zu kennen. Joachim Bauer zeigt uns, welche zentrale Rolle die Spiegelneuronen bei der Lehrer-Schüler-Beziehung spielen. In der Kombination beider

Einflussfaktoren finden wir Antworten auf die Frage, unter welchen Bedingungen Lehrer-Schüler-Beziehungen scheitern oder gelingen.

Was beeinflusst nach Hattie und Bauer die Lehr-Lern-Situation?

a) John Hatties »Visible Learning«[36]

John A.C. Hattie untersuchte ab 1994 in 50.000 Unterrichtsstudien, welche zentralen Einflussgrößen im Unterricht für den Lernerfolg von Schüler/-innen besonders wirksam sind. 2009 legte er die Ergebnisse seiner Forschungsarbeiten in der umfangreichen Studie »Visible Learning« (»Sichtbares Lernen«) vor.

Aus seinen Analysen zieht er den Schluss: Für den Lernerfolg ist entscheidend, **dass die Lehrkraft** das Lernen durch die Brille des Schülers sieht.

Was versteht Hattie darunter? Er erwartet, dass Lehrkräfte wissen, auf welche *Lern- und Denkstrategien* oder auch *»Bewältigungsstrategien«* Schüler/-innen zurückgreifen, »wenn sie lernen und Schwierigkeiten haben.« Er beschreibt den Vorgang auch als das »Wissen darüber, in welcher Art und Weise die Lernenden denken…« – oder aus der Schülerperspektive als die Art und Weise, »wie ich dazu komme, Wissen, Kenntnisse, Fähigkeiten und Fertigkeiten zu erwerben.«

Zwar werden Sie diesem so entscheidenden Befund aus eigener Erfahrung zustimmen, aber auch fragen:

Wie kommt die Lehrkraft an diese für ihren Unterricht so entscheidenden Informationen über die Lern-, Denk- oder Bewältigungsstrategien seiner Schüler/-innen? Bei Hattie finden wir darauf eine Antwort: Er fordert vom Lehrer, er müsse dem Lernen seiner Schüler mehr »Beachtung schenken«: Dazu zählen für ihn u.a. Fragen nach ihrem Denken, ihren Zielen oder nach den Gründen ihres Lerninteresses.

Und wenn ein Lehrer über diese Informationen verfüge, so sei dieses Wissen »von höchster Bedeutung für die Auswahl der Stoffe und Aufgaben durch die Lehrperson…«

36 John A.C. Hattie, Lernen sichtbar machen. Überarbeitete deutschsprachige Ausgabe von Visible Learning, besorgt von Wolfgang Beywl und Klaus Zierer, Baltmannsweiler 2013.

Hattie geht in seiner Forschungsarbeit exemplarisch interessanterweise nur auf die Lernstrategien von »gewissenhaft Lernenden« ein. Diese Gruppe zeichne sich dadurch aus, dass sie für das Erbringen guter Leistungen motivierter sei. Auch sei sie »in der Regel organisierter«. Diese Schüler/-innen »arbeiten hart, sind gründlich, selbstdiszipliniert und leistungsorientiert.« D.h., wenn der Lehrkraft dieses Lernverhalten ihrer Schülerin/ihres Schülers bekannt ist, dann kann sie angemessen unterweisen und fördern, indem sie ihr/ihm z.B. Aufgaben stellt, durch die sie/er sich neu gefordert fühlt und an denen sie/er wirklich Freude hat. Wo diese besonderen Anforderungen an »gewissenhaft Lernende« ausbleiben, verlieren sie trotz ihrer großen Selbstmotivation nahezu jegliche Lust am Lernen und neigen dann z.B. auch zu Provokationen der Lehrkraft im Unterricht. Wie bedeutsam die Beachtung der von Hattie für so zentral gehaltenen »enge(n) Beziehungen zwischen bestimmten Selbststrategien und Lernleistungen« ist, wird spätestens dann klar, wenn man an jene Schüler/-innen denkt, die weniger gewissenhaft und selbstdiszipliniert, dafür aber spontan, schnell begeisterungsfähig und kreativ sind. Dazu später mehr!

FAZIT:
Der Lernerfolg der/s Schüler/-in wird entscheidend beeinflusst durch das auf ihre/seine Lernstrategien abgestimmte Unterrichtsverhalten ihrer Lehrerin/seines Lehrers.

b) Joachim Bauer[37]

Joachim Bauer teilt im Prinzip die Meinung von Hattie, was die Bedeutung einer interpersonalen Sichtweise auf den Unterricht betrifft. Denn auch ihm geht es um die Beziehung zwischen der Lehrkraft und jeder Schülerin/jedem Schüler. Er fragt aber nicht nach den Lernstrategien, sondern nach den Ursachen von Motivation für die Teilnahme am Unterricht. Gewissermaßen geht er

37 Joachim Bauer, Spiegelung als Kern der pädagogischen Beziehung: Die Schule aus dem Blickwinkel der Hirnforschung, in: Bund der Freien Waldorfschulen. Jubiläumsheft 2009. 90 Jahre Zukunft, S. 64 -66.

noch einen Schritt zurück, wenn er nach den Voraussetzungen für eine gelingende interpersonale Begegnung fragt.

Er sieht eine Hauptaufgabe von Unterricht – also letztlich in Verantwortung der Lehrkraft – in der »Erzeugung von Motivation«. Dabei spielt die interpersonale Beziehung zwischen der Lehrkraft und jedem/r einzelnen Schüler/-in in neurobiologischer Hinsicht eine Schlüsselrolle. Es handelt sich um die Rolle der Spiegelnervenzellen oder Spiegelneuronen im Gehirn: »Spiegelnervenzellen sind ein neurobiologisches Resonanzsystem« mit Sitz im Mittelhirn. D.h., sie werden in unserem Körper bei Gefühlen – wie etwa Freude, Trauer oder Schmerz – in Gang gesetzt. Sie sind darüber hinaus auch dann tätig, wenn wir solche Gefühle bei anderen Menschen wahrnehmen.

Für Bauer ist diese Spiegelung der »Kern der pädagogischen Beziehung«. Das völlig natürliche Bemühen eines jungen Menschen im Unterricht besteht folglich darin, dass jede/r Schülerin/Schüler »... unbewusst nach der Resonanz (sucht, H.L.), die sie/er in ihren/seinen Lehrkräften auslöst.« Spiegelt sich z.B. im Verhalten des Lehrers ein »Ich sehe Deine Fähigkeiten und glaube an Dich«, dann entsteht in der Schülerin/im Schüler die Gewissheit: »Ich kann etwas leisten und bin für etwas zu gebrauchen«. Entscheidend ist folglich nicht allein, **was** wir als Erwachsene **sagen**, sondern wie wir mit den Schülerinnen und Schülern **umgehen**. Das »Geheimnis« sieht er daher in Folgendem: »Jugendliche, die sich wahrgenommen und einfühlsam verstanden fühlen...und die spüren, dass man leidenschaftlich an ihre Zukunft glaubt..., vertragen es, dass man auch ihre Schwächen klar benennt und sie bei Bedarf durchaus auch kritisiert!« Denn: Nur begeisterte Lehrer begeistern Schüler!

17.3 Die Situation in der Klasse 8

Nach allem, was bisher zusammengetragen wurde, stellt sich die Lehr-Lern-Situation in der 8. Klasse so dar: Die Lerngruppe besteht aus einer kleinen Gruppe leistungsorientierter und einer sehr großen Gruppe handlungsorientierter Schüler. Bis zum Ende der Klasse 7 haben offensichtlich und ausnahmslos alle Lehrkräfte so unterrichtet, dass sie auf die Lernstrategien ihrer Schüler/-innen bewusst durch ihr Verhalten in einem solchen Ausmaß eingegangen sind, dass sie erfolgreich und mit Freude lernen konnten. So erfreuten sich die Leistungsorientierten z. B. an der Sachkompetenz ihres Lehrers, während die Handlungsorientierten gerne an praktischen Beispielen lernten und froh waren über kurze Rückmeldungen der Lehrkraft bei richtigen Antworten auf ihre Fragen. In einem solchen leistungsfördernden und harmonischen Lernklima fühlten sie sich wohl, arbeiteten gerne im Unterricht mit und freuten sich überwiegend täglich auf die Schule. Die Eltern waren letztlich damit zufrieden und fühlten sich in ihrer Schulwahl bestätigt.

1. FAZIT:
Im Anschluss an Bauer ist davon auszugehen, dass das Resonanzsystem von Lehrenden und Lernenden in einem hohen Maße übereinstimmte und die Schüler/-innen durch jeweils angemessene Lernarrangements in die Lage versetzt wurden, ihre Motivation zur erfolgreichen Teilnahme am Unterricht nahezu dauerhaft auf einem erfolgversprechenden Niveau zu halten: Sie verfügten mehrheitlich über Resonanzsysteme, die ihre Lehrkräfte bei ihnen zum Schwingen bringen konnten.

2. FAZIT:
Die Beschwerden einer größeren Zahl von Eltern und Schüler/-innen über den Mathematikunterricht des neuen Lehrers legen den Schluss nahe, dass es durch den Lehrerwechsel in der 8. Klasse zu einer Störung des bisherigen Leistungsvermögens der Klasse kam. So rutschten die Leistungen der Hälfte der Schüler/-innen, die bisher schon befriedigende Leistungen zeigten, in die Notenbereiche »ausreichend« und »mangelhaft« ab. Die schon vorhandene Leistungsspitze von drei Schülern blieb allerdings bei dem neuen Mathematiklehrer konstant. Sechs Schüler/-innen hatten die Note »gut«. Bei fast einem Drittel der Klasse lagen die Leistungen bei »mangelhaft«. Im Anschluss an Hattie ist also davon auszugehen, dass Herr M. über die Lernstrategien eines großen Teils der Schüler dieser Klasse möglicherweise viel zu wenig wusste.

17.4 Störungslinien in der Klasse

An Störungslinien, die das harmonische Miteinander beeinflussten und sich teilweise gegenseitig bedingten, gab es folglich drei.

1. **Zwischen dem Mathematiklehrer und der Klasse**
2. **Zwischen den Schüler/-innen untereinander und**
3. **zwischen dem Mathematiklehrer und den anderen Fachlehrkräften der Klasse**

Wie stellten sich die unterrichtsrelevanten Ausprägungen dieser Störungslinien dar?

17.4.1 Zwischen dem Mathematiklehrer und der Klasse

Im Sinne Hatties Grundforderung, die Lehrkraft solle das Lernen durch die Brille der Schüler sehen, ist davon auszugehen, dass der Mathematiklehrer einen Unterrichtsstil pflegte, der bei sehr vielen Schüler/-innen eine bisher nicht gekannte Demotivation im Fach Mathematik auslöste, was dann in der Folge deren Aufmerksamkeit absenkte und schließlich zu einem nachlassenden Interesse an den Lerninhalten führte. Kurz: Die Leistungen sanken bei den meisten Schüler/-innen so erheblich ab, dass der Notendurchschnitt in der ersten Klassenarbeit nur noch bei 3,6 und nicht mehr bei 2,9 lag.

17.4.2 Zwischen den Schüler/-innen untereinander

Schüler/-innen, die dem Unterricht ab einem bestimmten Punkt nicht mehr folgen konnten, reagierten darauf mit Unterrichtsstörungen unterschiedlicher Art. Das Reden mit dem Banknachbarn gehörte hierzu ebenso wie aufkommende Anfeindungen gegen jene Mitschüler/-innen, die sich trotz allem noch nach Kräften selbstständig oder unter Mithilfe von Eltern oder durch Privatstunden um die Beibehaltung oder Verbesserung ihres Leistungsstandes bemühten. Da der Lehrer aber die Ursache für die sinkenden Lernleistungen bei den Schüler/-innen und nicht bei sich selbst sah, kam es zu Unterbrechungen des Unterrichts durch Maßregelungen der Klasse oder Einzelner. Schüler/-innen, die sich dadurch missverstanden und/oder ungerecht behandelt fühlten, brachte er dadurch gegen sich auf. Bevor nun das Unterrichtsklima insgesamt zu kippen drohte, schritten die Eltern ein und luden wegen des Unterrichts des Herrn M. zu einem Elternabend ein.

17.4.3 Zwischen dem Mathematiklehrer und den anderen Fachlehrkräften der Klasse

In ihrer Not wandten sich die Schüler/-innen Hilfe suchend an jene Lehrkräfte, mit denen sie sich gut verstanden haben. Diese Gruppe hatte weder Leistungs- noch Verhaltensprobleme mit der Klasse. Darum zeigten sie zunächst Verständnis für die Nöte ihrer Schüler/-innen und rieten einzelnen Eltern zu Gesprächen mit dem Mathematiklehrer. Dieser sah aber nach wie vor den Hauptgrund nicht in seinem Verhalten, sondern im geringen Leistungswillen seiner »pubertierenden Schüler/-innen«.

FAZIT:
Die Verantwortung für den Leistungsabfall sieht der Mathematiklehrer bei den Schüler/-innen. Dieser Befund steht allerdings im Widerspruch zu den Kernaussagen von Hattie und Bauer. Nach Hattie wäre festzustellen, dass der Mathematiklehrer durch sein Lehrverhalten fast die Hälfte der Klasse in der Nutzung ihren Lernstrategien nicht unterstützt hat. Und mit Bauer gelang es dem Lehrer durch eben dieses Verhalten nicht, Resonanzsysteme zwischen ihm und seinen Schüler/-innen zu aktivieren.

17.5 »Hilfe statt Häme«: Wege zum rationalen Verständnis der Lernsituation auf allen Seiten

In »Visible Learning« benennt Hattie als zentralen Einflussfaktor, die eine Lehrkraft kennen sollte, die Lernstrategie einer jeden Schülerin/eines jeden Schülers, um sie/ihn erfolgreich zu unterrichten. Mit anderen Worten: Die interpersonale Lehrer-Schüler-Beziehung ist erst dann optimal, wenn die Lehrkraft als Herausforderung auf die Lernstrategie einer Schülerin/eines Schülers das Lernarrangement durch angemessene Inputs steuert. Erst so führt ihr Unterricht zu tragfähigen und überzeugenden Ergebnissen (out-comes). Das bedeutet, dass ich als Lehrkraft nicht nur meine Klasse, sondern immer auch jede/r einzelne/n Schüler/-in im Unterricht im Blick haben muss. Denn in besonders heterogenen Lerngruppen kann das Lehrverhalten, was für die eine Schülergruppe innerhalb der Klasse als angemessen erscheinen mag, sich folglich für eine andere Gruppe in der Klasse als ungünstig erweisen, wenn nicht sogar als unangemessen oder sogar als lernhemmend.

Wenn dem so ist, dann müssen sich Lehrerverhaltensweisen benennen lassen, die bei bestimmten Lernvoraussetzungen für einzelne Schüler/-innen von besonderem Vorteil sind. Anders formuliert: Wenn ich mir bewusst mache, welchen Unterrichtsstil ich bevorzuge, kann ich mit großer Wahrscheinlichkeit voraussagen, für welche Schüler/-innen mein Unterrichtsstil motivierend ist und für welche eben nicht!

Um welche Unterrichtsstile es sich hierbei handelt, wie ich meinen eigenen herausfinden und vor allem auch die Lernstrategien meiner Schüler bestimmen kann, dazu erfahren Sie Näheres in Teil II.

18. Die Lehrer-Schüler-Beziehung als Herzstück des Qualitätsmanagements – Teil II

Die Förderung individuellen Lernens in der Klasse 8

18.1 Vorbemerkung zur Erinnerung

Im ersten Teil wurden die negativen Folgen eines Lehrerwechsels im Fach Mathematik in einer 8. Klasse dargestellt. Zur angemessenen Beurteilung der Situation wurde zum einen auf John E. Hattie Bezug genommen, wonach der Lehrer die Lernstrategien seiner Schüler/-innen kennen solle, um sie angemessen zu unterrichten, zum anderen wurde im Anschluss an Joachim Bauer auf den Einfluss der Spiegelneuronen auf die Lehr-Lern-Beziehung zwischen Lehrer und Schüler zurückgegriffen. Im zweiten Teil geht es nun um die Frage:

Wie gelingt es, dass auch der neue Lehrer seine Schüler zu besseren Lernerfolgen führt und damit das harmonische Miteinander in der Klasse wieder hergestellt wird?

In unserem Beispiel pflegte Herr M. einen eher intellektuellen und leistungsorientierten Unterrichtsstil, der dem ähnlich gewesen sein dürfte, den Hattie in seinem Beispiel vom »gewissenhaft Lernenden« im Auge hatte. Damit konnte Herr M. durch seine Art zu unterrichten die sehr guten und guten Schüler/-innen erreichen – zwei Drittel der Klasse aber nicht!

In unserem Buch »Typendiagnose – ein Schlüssel zur individuellen Förderung, Schüler und Lehrer im Spiegel ihrer Persönlichkeit«[38] haben Roswitha Riebisch und ich eine Zuordnung von Lehrerverhalten und Schülerlerntypen zusammengestellt. Sie zeigt, mit welchem Unterrichtsstil welcher Schülerlerntyp erreicht werden kann. Und da – wie wir jetzt wissen – jeder Unterrichtsstil die Schüler/-innen ganz unterschiedlich anspricht, erfährt man auch, welche Schülerin/welchen Schüler man mit seinem Unterrichtsstil mit Erfolg

38 Roswitha Riebisch/Hubert Luszczynski, Typendiagnose – ein Schlüssel zur individuellen Förderung, Schüler und Lehrer im Spiegel ihrer Persönlichkeit, Paderborn 2010 – ISBN 978-3-14-023811-3.

(i.e. mit einer entsprechenden Resonanz) unterrichten und fördern kann, aber auch welche nicht. Das bedeutet: Wenn ich unter Heranziehung der unten angefügten Tabellenausschnitte erkenne, dass ich mit meinem alltäglichen Lehrverhalten z. B. überwiegend die Denktypen in meiner Klasse anspreche, bekomme ich gleichzeitig auch viele Hinweise, warum ich Schüler/-innen (also Lerntypen) mit ganz anderen Lernstrategien nicht erreiche. Durch die Auswertung der Tabellen erfahre ich schließlich nicht nur von der Notwendigkeit einer Erweiterung meines Unterrichtsstils, sondern auch, wie eine solche Erweiterung aussehen müsste.

18.2 Tabellenausschnitte: Denktyp und Tatentyp

Wer bei der Reflexion seines Unterrichts, durch Rückmeldung von Kollegen bei einer kollegialen Hospitation oder durch Sie als Schulleiter/-in im Rahmen einer beratend-formativen Unterrichtsentwicklung oder auch durch ein Feedback der Schüler/-innen zu dem Ergebnis kommt, dass er oft und immer wieder nur auf eine bestimmte Weise unterrichtet, der wird vorrangig nur einen Schülerlerntyp mit der ihm eigenen Lernstrategie im Unterricht motivierend ansprechen. Von David Noer[39] wissen wir aber, dass es mindestens vier Basis-Lernstrategien gibt: Ein Ausschnitt aus einer Übersichtstabelle zum Thema Lerngrundtyp und Unterrichtsstil zeigt erste Zusammenhänge beim Denk- und Tatentyp auf:

39 Vgl. David M. Noer, Die vier Lerntypen. Reaktionen auf Veränderungen im Unternehmen, Stuttgart 1998, S. 193.

Welchen Schülerlerntyp erreiche ich, wenn ich so…(s. Realisierung) unterrichte?[40]

DENKTYP – Charakteristika	Den Denktyp erreiche ich, indem ich…	Realisierung …und	Selten	Oft	Immer wieder
Stärken: – intellektuell, leistungsstark – ehrgeizig, lernbegierig – durchdenkt die Aufgaben und Situationen **Schwächen:** – überehrgeizig – überheblich, provokativ – schnell erschöpft, reizbar	1. sachkompetent und souverän bin 2. höhere intellektuelle Anforderungen stellen	• den Unterricht sorgfältig fachlich/ fachdidaktisch plane • Ergebnisse konsequent und vollständig einfordere/abfrage • (sachliche Autorität) • mir keine Blöße gebe (Lehrer ist fachliches und soziales Vorbild) und in Konflikten Unsicherheiten überspiele • Extraaufgaben vorbereite • besondere Leistungen besonders anerkenne (sachliches Lob, gute Zusatznote)			

40 Hubert Luszczynski/Roswitha Riebisch, Als Lehrer das Lernen durch die Brille des Schülers sehen – aber wie? Die Typendiagnose maximiert individuelles Lernen im Unterricht, in: SchulVerwaltung HE/RP, 5/ 2014, S. 135 – 138.

TATENTYP Charakteristika	Den Tatentyp erreiche ich, indem ich…	Realisierung …und	Selten	Oft	Immer wieder
Stärken: – Interesse für alles Neue – aktives, vielseitiges Tätigsein – schnelle Motivierbarkeit – spontane Flexibilität – gutes, praktisches Denken	1. handlungsorientierten und praxisnahen Unterricht plane	• z.B. Lernspiele und Lernmaterialien selbst herstellen lasse • besondere Aufgaben stelle, die handwerkliches Geschick oder schnelles Handeln erfordern, z.B. Projektwand gestalten oder Materialsammlung übernehmen			
Schwächen: – motorische Unruhe – kurze Aufmerksamkeitsspanne – wenig Ausdauer – schnell entmutigt – hält sich nicht an Regeln – unzuverlässig – stört	2. das Unterrichtsthema in kleine Teilziele überschaubar aufteile	• Teilziele benenne und in kleinen Lernschritten voranschreite			
	3. schnelle Erfolgserlebnisse verschaffe	• bei kleinsten Erfolgen lobe; ihre Leistung anerkenne • innerhalb einer Gruppenarbeit z.B. die Stoff- und Materialsammlung übernehmen lasse (ihrem Bedürfnis – von Eindruck zu Eindruck zu springen – entgegenkomme)			

18.3 Überlegungen zum Umgang mit der aktuellen Situation in Klasse 8

Bei einer Beratung durch die vorrangig in unserem Fallbeispiel zuständige Stufenleitung für die Mittelstufe verdient eine Frage besondere Aufmerksamkeit: Wie wurde Herr M. von seinem Vorgänger auf die Lehr-Lern-Situation vorbereitet? Im vorliegenden Falle sah die Übergabe so aus:

FAZIT:
Herr M. wurde von seinem Vorgänger ausschließlich anhand des Notenspiegels der Klassenarbeiten in der 7. Klasse über den Leistungsstand der Lerngruppe informiert. Für mehr Informationen – also auch über das Lern- oder Sozialverhalten – reichte kurz vor den Sommerferien einfach die Zeit nicht mehr aus.

Die beachtlichen Ergebnisse der letzten Klassenarbeiten in der 7. Klasse ließen allerdings den Schluss zu, dass es sich bei der nunmehr 8. Klasse um eine sehr leistungsstarke Lerngruppe handeln müsse. Da er infolgedessen die Lerngruppe im Sinne dieses sehr positiven »Halo-Effekts« von Anfang an als sehr leistungsstark einschätzte und so behandelte, verzichtete er zur Vermeidung von Unterforderungen immer wieder auf Übungs- und Festigungsphasen und stellte möglichst in jeder Stunde hohe Anforderungen im Sinne der Bildungsstandards seines Fachs. Umso mehr überraschte ihn dann sowohl das unangemessene Unterrichtsverhalten der Schüler/-innen in Form von Störungen als auch das niederschmetternde Ergebnis der ersten Klassenarbeit.

18.3.1 Persönliche Konsequenzen aus dem Ergebnis der Klassenarbeit

Nach diesem unerwartet schlechten Ergebnis fragte er seine Schüler/-innen möglichst oft gegen Ende einer Unterrichtsstunde oder am Ende einer Unterrichtseinheit, was sie gut und weniger gut verstanden hätten. Den damit auf den ersten Blick einhergehenden Zeitverlust nutzte er konstruktiv, um für nahezu jede/n Schüler/in auf Dauer ein solides Fundament an mathematischen Kenntnissen, Fertigkeiten und Fähigkeiten zu schaffen, damit möglichst kein/e Schüler/-in zurückbleibe.

Außerdem führte er ein langes Gespräch mit einem befreundeten älteren Fachkollegen und folgte seinen Ratschlägen, indem er sich bei der Rückgabe der Klassenarbeit und Besprechung der Aufgaben vor allem mit jenen Schüler/-innen befasste, die sehr häufig falsche Lösungen hatten, um gemeinsam mit ihnen herauszufinden, welche Operationsfehler von ihnen gemacht wurden. Die Berichtigung der Fehler konnte durch ein Schüler-Schüler-Coaching erfolgen, das vom Lehrer abschließend zur Sicherung des Gelernten zusammengefasst und durch anregende Aufgaben ähnlicher Art in der Klasse geübt wurde.

Darüber hinaus hatte er sich vorgenommen, nicht nur mehr Wiederholungs- und Übungsschleifen in seinen Unterricht einzubauen, sondern auch mehr Zeit für die Besprechung der Hausaufgaben einzuplanen.

Das waren seine persönlichen pädagogischen Schlussfolgerungen, aber er sollte eines Tages noch etwas mehr über seine neue Lerngruppe erfahren.

18.3.2 Kollegiale Konsequenzen aller Lehrer der Klasse

Wie schon ausgeführt, sollte es nicht bei diesen persönlichen Schlussfolgerungen bleiben, die Herr M. aus dem Lehr-Lern-Ergebnis, wie er es inzwischen nannte, künftig ziehen wollte. In einer pädagogischen Konferenz für alle Lehrkräfte in der Klasse, die die Klassenleiter in angesichts des bevorstehenden Elternabends einberief, sollte der Elternabend gemeinsam vorbereitet werden. Das Ziel der Konferenz war es, die bereits getroffenen pädagogischen Maßnahmen noch einmal zusammenzustellen, mit denen das Bild einer harmonischen Klasse bei den Eltern wieder hergestellt werden konnte.

18.4 Kollegiale Klärung des typengerechten Lehrverhaltens in der pädagogischen Klassenkonferenz

In dieser pädagogischen Konferenz erfuhr der neu hinzugekommene Mathematiklehrer leider zum ersten Mal, dass alle Lehrkräfte bereits seit dem letzten Schuljahr in der Klasse unterrichteten. Schon damals stellte sich das Lernverhalten eines Großteils der Schüler/-innen für alle Lehrkräfte als besondere pädagogische Herausforderung dar. Daraufhin hatte man mit Hilfe des Buches »Typendiagnose – Schlüssel zur individuellen Förderung. Schüler und Lehrer im Spiegel ihrer Persönlichkeit« sehr systematisch die Lernstrategien einer jeden Schülerin/eines jeden Schülers der Klasse beobachtet und erfasst. Auf dieser Grundlage verabredete man insbesondere für die Tatentypen der Klasse Unterrichtsstile, mit denen diese Schüler/-innen am besten in ihrem Lernen gefordert werden konnten.

Um aber ganz sicher zu sein, dass die Ergebnisse der Selbstevaluation des eigenen Unterrichtsverhaltens verlässlich sind, hatte man sich bereits im letzten Schuljahr durch die systematische Einführung von »kollegialen Unterrichtshospitationen« Feedbacks – i.S.v. beschreibender und werturteilsfreier Beobachtungen – einholen können, die in Nachbesprechungen des jeweiligen Unterrichts gemeinsam vertieft wurden. Diese Hospitationen waren das Ergebnis einer kollegialen Vereinbarung auf Klassenebene in einer weiteren pädagogischen Konferenz. Grundlage für den Besuch bildete ebenfalls der Erhebungsbogen »Unterrichtsstile und Lerntypenzuordnungen«. (s. Anhang) Es besuchten sich Lehrkräfte, die sich persönlich gut verstanden, wobei die besuchende Lehrkraft immer ganz bewusst die Rolle eines Gasts einnahm, der von der gastgebenden Lehrkraft in ihre fachliche und pädagogische Unterrichtssituation vor der besuchten Stunde eingeführt wurde. Auch wurden Beobachtungswünsche gegenüber dem »Gast« formuliert, die die Lehrer-Schüler-Beziehungen oder die Schüler-Schüler-Beziehungen betrafen. Nach dem Unterricht füllte auch die besuchte Lehrkraft den Fragebogen zur Lerntypendiagnose aus, so dass beide dann über die Ergebnisse der jeweiligen Erhebungen in einen stets sehr fruchtbaren pädagogischen Dialog zum Nutzen eines verbesserten Lernverhaltens einzelner Schüler/-innen eintreten konnten.

Und wie damals in der 7. Klasse haben sich dann erneut alle Lehrer auf Förderpläne für einzelne Schüler verständigt.

Am Ende der Vorbesprechung für den Elternabend wurde dem Mathematiklehrer angeboten, sich diesem Verfahren einer kollegialen Qualitätssicherung und -entwicklung anzuschließen und die Förderpläne künftig zu beachten. Er stimmte dem gerne zu, konnte er doch auf Grund seiner bisherigen Erfahrungen sehr gut nachvollziehen, dass hier der Schlüssel für ein besseres Verständnis seines eigenen Handelns im Hinblick auf das erfolgreiche Lernverhalten einer jeden seiner Schülerinnen/eines jeden seiner Schüler liegen würde.

FAZIT:
Am Elternabend selbst wurden auch diese neuen Überlegungen und künftigen Planungen allen Eltern vorgestellt. Da sie sich schon im letzten Schuljahr vom Erfolg dieser wertvollen pädagogischen Arbeit der in der Klasse unterrichtenden Lehrkräfte überzeugen konnten, waren sie sicher,

dass ihre Kinder auch bald im Fach Mathematik dem Unterricht des Herrn M. motiviert und erfolgreich folgen.

So war es dann auch: Denn schon die Ergebnisse der zweiten Klassenarbeit im Fach Mathematik dokumentierten, dass das positive individuelle und kollegiale Qualitätsmanagement der Lehrkräfte auch in der 8. Klasse sichtbar wurde und Früchte trug.

Das Beispiel zeigt, wie durch individuelle und kollegiale Maßnahmen im Sinne einer wirklich kollegial-partnerschaftlichen Unterrichtsentwicklung als Herzstück des Qualitätsmanagements der Unterricht gewinnbringend für alle verbessert werden kann. Und das ist nicht die Aufgabe der Schulleiterin oder des Schulleiters. Gleichwohl wird sie/er von ihrer/seiner Stufenleiterin in der Schulleitungsrunde darüber immer wieder über den Stand der Dinge auf dem Laufenden gehalten. Sie/Er mischt sich aber auf lange Strecken nicht ein – es sei denn die Stufenleiterin/der Stufenleiter braucht eine personalrechtliche Klärung, die am besten die Schulleiterin/der Schulleiter herbeiführen kann – auch hierfür muss sie/er letzte Entscheidungsinstanz in der Schule sein und bleiben.

19. »Unterrichtsstile und Lerntypenzuordnungen«

Umgang mit nachstehenden Tabellen[41]:

Die vier Tabellen zum Thema »Unterrichtsstile und Lerntypenzuordnungen« kann man als Lehrer/-in im Rahmen einer Selbstevaluation nach einem Unterricht heranziehen, indem man bei allen Lehreraktivitäten ankreuzt, ob man sie »selten«, »oft« oder »immer« genutzt hat. So wird sichtbar, welche Schüler(lerntypen) man gut oder gar nicht erreichen konnte. Die Tabellen eignen sich auch für Fremdevaluationen – z.B. im Rahmen von kollegialen Hospitationen.

41 Dieser Anhang wurde bearbeitet nach Roswitha Riebisch/Hubert Luszczynski, Typendiagnose – ein Schlüssel zur individuellen Förderung. Schüler und Lehrer im Spiegel ihrer Persönlichkeit, Paderborn 2010, S. 106 ff.

DENKTYP – Charakteristika	Den Denktyp erreiche ich, indem ich...	Realisierung ...und	Selten	Oft	Immer wieder
Stärken: – intellektuell, leistungsstark – ehrgeizig, lernbegierig – durchdenkt die Aufgaben und Situationen **Schwächen:** – überehrgeizig – überheblich, provokativ – schnell erschöpft, reizbar – ausdauerndes, praktisches Tun fällt schwer – hat wenig soziale Kompetenz	1. sachkompetent und souverän bin	• den Unterricht sorgfältig fachlich/fachdidaktisch plane • die Ergebnisse konsequent und vollständig einfordere/abfrage (sachliche Autorität) • mir keine Blöße gebe (fachliches und soziales Vorbild); in Konflikten Unsicherheiten überspiele			
	2. höhere intellektuelle Anforderungen stelle	• Extraaufgaben vorbereite • besondere Leistungen besonders anerkenne (sachliches Lob, gute Zusatznote)			
	3. Schüler in der Partnerarbeit nach Leistungsstärke nebeneinander setze	• Erlebbar mache, dass ein gemeinsames Projekt erst durch viele unterschiedliche Begabungen zum Erfolg wird, z.B. auch durch das künstlerische Gestalten von Schaubildern. (Ziel: Überheblichkeit dämpfen, Respekt vor den Fähigkeiten anderer entwickeln)			
	4. den Schüler an die Grenze seiner intellektuellen Leistungsfähigkeit führe	• Aufgaben stelle, bei denen die/der Schüler/-in an natürliche Grenzen stößt (z.B. Aufgaben mit festgelegten Rahmenbedingungen: wie bestimmter Finanzrahmen oder soziale Voraussetzungen)			

FÜHLTYP Charakteristika	**Den Fühltyp erreiche ich, indem ich…**	**Realisierung …und**	**Selten**	**Oft**	**Immer wieder**
Stärken: – ganzheitlich-bildhaftes Vorstellungsvermögen; – kreativ, innovativ – soziales Engagement, einfühlsam – besondere Interessen/ Sympathien; – philosophiert gern **Schwächen:** – emotional wechselhaft – sehr einseitig interessiert – hat starke Sympathien/ Antipathien – arbeitet verbissen oder bricht ab – eigenwillig	1. bildhaft unterrichte	• Unterrichtsinhalte so plane, dass Schüler sich gefühlsmäßig damit verbinden können • Am Erlebnishorizont der Schüler anknüpfe			
	2. besondere Begabungen/ Hobbys im Unterricht berücksichtige	• Extraaufgaben vorbereite und eigene Lösungswege zulasse			
	3. Interesse am Kind zeige durch Zuhören, Anteil nehmen, Betroffenheit zeigen und aktiv auf den Schüler zugehe	• aktives Zuhören pflege, mitfühle und am Schicksal des Kindes Anteil nehme (Unterrichtszeit, z.B. täglich 5 Minuten, zum »Loswerden« von Erlebnissen einräume) • Betroffenheit artikuliere (Lehrer ist emotionales Vorbild)			
	4. dem sozialen Engagement im Unterricht Raum gebe	• Unterrichtszeit einräume z.B. für einen Austausch über soziale Werte und Normen;			
	5. Umgangsregeln gemeinsam aufstelle und konsequent einfordere	• Grundregeln des Sozialverhaltens, wie Toleranz, Kommunikationsfähigkeit… Konflikte genau bespreche; soziale Verhaltensregeln gemeinsam aufstelle			

FÜHLTYP Charakteristika	Den Fühltyp erreiche ich, indem ich...	Realisierung ...und	Selten	Oft	Immer wieder
	6. zu emotionaler Stabilität verhelfe *Ziel: Selbstbeherrschung: aushalten lernen von Bedürfnisspannungen*	• mich nicht durch Negativismus und ständigen Widerspruch beeinflussen lasse, nüchtern und sachlich auf Gefühlsschwankungen/ »Meckereien« reagiere und sie dadurch ausgleiche; im Konflikt sachlich bin und bleibe			
	7. Unterrichtsziele genau festlege und erreichen helfe	• nüchtern und sachlich festlege, was getan werden muss; *Ziel: Unlust und Antipathien für einzelne Themen oder Fächer überwinden* • konsequente Hausaufgabenüberwachung (Regeln bespreche und konsequent auch auf nur halb angefertigte oder nicht beendete Arbeiten anwende) • darauf achte, dass er/ sie in der Gruppenarbeit integriert bleibt			

TATENTYP Charakteristika	**Den Tatentyp erreiche ich, indem ich...**	**Realisierung ... und ich...**	**Selten**	**Oft**	**Immer wieder**
Stärken: – Interesse für alles Neue – aktives, vielseitiges Tätigsein – schnelle Motivierbarkeit – spontane Flexibilität – gutes, praktisches Denken **Schwächen:** – motorische Unruhe – kurze Aufmerksamkeitsspanne – wenig Ausdauer – schnell entmutigt – hält sich nicht an Regeln – unzuverlässig – stört	1. handlungsorientierten und praxisnahen Unterricht plane	• z.B. Lernspiele und Lernmaterialien selbst herstellen lasse • Besondere Aufgaben erteile, die handwerkliches Geschick oder schnelles Handeln erfordern, z.B. Projektwand gestalten oder Materialsammlung übernehmen			
	2. das Unterrichtsthema in kleine Teilziele überschaubar aufteile	• Teilziele benenne und in kleinen Lernschritten voranschreite			
	3. ihr/ihm zu schnellen Erfolgserlebnisse verhelfe	• bei kleinsten Erfolgen lobe; seine/ihre Leistung anerkenne • innerhalb einer Gruppenarbeit z.B. die Stoff- und Materialsammlung übernehme (ihrem Bedürfnis – von Eindruck zu Eindruck zu springen – entgegen komme)			
	4. dem großen Bewegungsbedürfnis Raum gebe/Geduld aufbringe	• Gelegenheit zu motorischer Betätigung gebe, z. B. Hefte verteilen, Tafel abwischen, ins Sekretariat gehen o.ä.			

TATENTYP Charakteristika	Den Tatentyp erreiche ich, indem ich...	Realisierung ... und ich...	Selten	Oft	Immer wieder
		• ihrem/seinem Wunsch nach schnellem Wechsel zu Neuem, so oft es geht, entspreche			
	5. ein hohes Maß an persönlicher Zuwendung praktiziere	• verständnisvoll anspreche (bzgl. ihrer/seiner Unbeherrschtheit und Unruhe) • mich kurz neben die Schülerin/den Schüler setze, um zu helfen bei Ausdauer und Konzentration			
	6. neugierig mache	• den Unterricht so plane, dass er die Schülerin/den Schüler neugierig macht und Interesse an Details weckt; sie/ihn motiviere, den Dingen auf den Grund zu gehen			
	7. zum ausdauernden Üben anhalte	• abwechslungsreiche Übungsphasen; zum Durchhalten ermuntere • »Altes« immer wieder neu verpacke			
	8. verantwortungsbewusstes Verhalten einfordere *(z.B. im zwischenmenschlichen Umgang)*	• der Schülerin/dem Schüler besondere Aufgaben und Pflichten übertrage, z.B. Verabredungen einzuhalten, die über einen längeren Zeitraum erfüllt werden müssen.			

KOOPERATIONSTYP Charakteristika	Den Kooperationstyp erreiche ich, indem ich...	Realisierung ... und ich...	Selten	Oft	Immer wieder
Stärken: – teamorientert – zuverlässiger Mitarbeiter – ausdauerndes, kontinuierliches Tätigsein – ausgeglichen – ruhig – überfordert sich nicht	1. vielfältige Gruppenarbeit anbiete und Aufgabenverteilung genau plane	• sie/ihn in die Gruppenarbeit gut einbinde • intellektuell anrege – Vorbild durch Gleichaltrige schaffe • neben leicht motivierbare Mitschüler setze			
Schwächen: – motorische und geistige Trägheit – zeigt wenig Eigeninitiative – wenig Interesse (phlegmatisch) – schwer zu motivieren – wenig Ehrgeiz – nutzt andere aus	2. Verständnis für eine gewisse Bequemlichkeit zeige	• Mindestanforderungen formuliere			
	3. die besonders ausdauernden Fähigkeiten dieses Typs berücksichtige	• In der Projekt- oder Gruppenarbeit ihm Aufgaben gebe, die viel Geduld erfordern, z.B. in der Gruppenarbeit als Protokollant tätig sein dürfen			
	4. die besondere Verlässlichkeit dieses Typs nutze	• besondere Aufgaben erteile, wie Klassenbuchbetreuung übertragen, an bestimmte Termine erinnern lasse, Klassenkasse führen u. ä.			
	5. über Mitschüler motiviere	• In den Unterricht aktiv einbinde, indem die guten Leistungen der Mitschüler als nachahmenswert hervorgehoben werden: »Klaus hat schon... und du schaffst das auch!«			

KOOPERA-TIONSTYP Charakteristika	Den Kooperationstyp erreiche ich, indem ich...	Realisierung ... und ich...	Selten	Oft	Immer wieder
	6. fordere, aktiviere	• Viele Aufgaben zum selbständigen Erarbeiten gebe, um dadurch dem Zuviel an Phlegma und Desinteresse dieses Typs entgegen zu wirken. • Der Passivität dieses Typs entgegenwirke, indem sie/er z.B. in Gesprächsrunden persönlich angesprochen wird • Hausaufgaben regelmäßig überprüfe und bei Vergessen konsequent bin • humorvoll, aber nicht ironisch oder zynisch, auf Versäumnisse aufmerksam mache,			
	7. auf klare Aufgabenverteilung in der Gruppenarbeit achte	• darauf achte, dass Gruppenmitglieder nicht ausgenutzt werden, indem z.B. jeder Schüler eine *eigene* Aufgabe erhält. (Keiner darf sich »drücken«!)			

20. Und noch einmal: »Aber wenn ich doch durchregiere, dann kann ich sicher sein, dass alles so läuft, wie ich es mir vorgestellt habe.«

Ohne Zweifel ist das Durchregieren fast immer von (Ihrem persönlichen) Erfolg gekrönt. Der Einwand, man würde anderen Leitungsmitgliedern die Arbeit weg- oder abnehmen, ließe sich ja auch noch mit dem Helfersyndrom der Chefin/des Chefs oder mit einer begründeten Eilbedürftigkeit wegen Gefahr im Verzug vom Tisch wischen. Jedoch stellt sich dann die bildungsökonomisch nicht ganz uninteressante Frage, warum man sich in großen Schulen eine arbeitsteilige Schulleitung mit unterschiedlichen Koordinationsaufgaben leisten muss, wenn doch am Ende die/der Schulleiter/-in die meisten Dinge selbst erledigt und sich ihre/seine maternalistisch/paternalistisch motivierten und stets fürsorglich gemeinten Wohltaten fürs Kollegium immer wieder selbst zugutehält. Insofern erstrahlt die umfassende und als Fürsorge begründete Dienstleistung durchaus in einem gewissen personalen Glanz. Wer wollte da widersprechen, solange dann alles gut geht oder sogar besser läuft? – Einmal abgesehen von dem bemerkenswerten Menschenbild und wohlfahrtsstaatlichen Staats- oder Gesellschaftsmodell, das sich dahinter verbirgt.

Wehe aber der Schule, die nach so einem *pater familias* eine/n Schulleiter/-in bekommt, dem/der partizipatorisches Führen und Leiten ein sehr zentrales Anliegen von Anfang an ist. Ihre/seine schwierigste Aufgabe wird darin bestehen, das Ruder behutsam herumzureißen und schrittweise die Kräfte der delegierten Selbst- und Mitverantwortung in der Schulleitung zu wecken und zu stärken. Und dazu gehört die Definition klar umrissener strategischer Aufgaben auf allen Ebenen und ein funktionierendes System der Unterstützung »nach unten« und das einer verpflichteten Berichterstattung »nach oben«. Zum Kernbereich partizipatorischen Führens und Leitens auf allen relevanten Ebenen – bis hin zur Klassenleitung – gehört die Koordination schulfachlicher Aufgaben als der Kernaufgabe eines jeden Konsensmanagements.

Von der paternalistischen zur partizipatorischen Führung

Wenn Sie als Schulleiter/-in nicht mehr durchregieren, wird daher ihre vornehmste Aufgabe darin bestehen, die innere Struktur der Aufgabenteilung und der Wechselwirkung von Unterstützungs- und Berichtspflicht zu pflegen, indem Sie sie beständig einfordern und Sie sich in angemessenen, verabredeten Zeitabständen oder bei Bedarf berichten lassen. Dabei ist der jeweilige Koordinationsbedarf zur Verwirklichung der Chancengleichheit für die Schüler/-innen in der Regel ein Ausfluss des Bemühens um gleiche Mindeststandards in unterschiedlichen Aufgabengebieten. So hat etwa ein/e Mittestufenleiter/in dafür zu sorgen, dass die Klassenleiter/innen einer Stufe nach übereinstimmenden Standards ihre Klassen und vor allem ihre Klassenkonferenzen leiten. Der/die Stufenleiter/-in berät sie ggf. dabei (Unterstützung) und erfährt von ihnen die Ergebnisse ihrer Arbeit mit den Fachlehrer/-innen in den Klassen (Berichtspflicht). Diese Ergebnisse fasst der/die Stufenleiter/-in zusammen und berichtet darüber der gesamten Schulleitung – und Sie als Schulleiter/in werde dadurch in die Lage versetzt, in Kenntnis dieser und anderer Vorgänge und in der Sicherheit, dass Sie der/dem Koordinator/-in wirklich weiterhin vertrauen können, noch bewusster und souveräner Ihrem Auftrag der Übernahme der Verantwortung für Unterricht und Erziehung gerecht. Vielleicht erinnern Sie sich noch an das Beispiel des Leiters einer Reparaturwerkstatt (s.o), der, indem er immer tiefer in die konkreten Arbeitsvollzüge seiner Gesellen eingriff, eine allgemeine Motivationskrise einleitete und immer mehr Kündigungen seiner Mitarbeiter verursachte. Das wird zwar bei Ihnen ja niemals zu einer Insolvenz führen wie beim Leiter der Reparaturwerkstatt. Wenn sich aber immer mehr sehr gute Lehrer/-innen aus immer mehr außerunterrichtlichen Aktivitäten zurückziehen oder in einem nächsten Schritt eine Versetzung beantragen, sollten Sie darauf sensibel reagieren – etwa so, wie ich es im Abschnitt über Schulmarketing rate: Fragen Sie diese Damen und Herren nicht nur, was für sie so attraktiv an der anderen Schule sei, sondern fragen Sie danach, was sie an Ihrer Schule vermissen. Vielleicht werden Sie über die Antworten erstaunt sein! Vielleicht könnten Ihnen ja diese Kollegen/-innen ganz neue und interessante Aufgaben an Ihrer Schule vorstellen, auf die Sie bisher nicht gekommen sind. Ermutigen Sie sie dazu es zu versuchen und sagen Sie Hilfe – ernst gemeinte Hilfe – als Coach zu, wenn Sie um Hilfe oder Rat gebeten werden. Vielleicht werden die Kolleg(inn)en ja dann ihren Versetzungsantrag zurücknehmen. Hier kann Führung – ganz im Sinne von Anselm Grüns Buchtitel – wahrhaft Leben wecken.

Manchmal geht das Durchregieren aber auch schief – und das mit Folgen. Im nachfolgenden Beispiel ist ein/e Stufenleiter/-in seiner/ihrer Aufgabe nicht nachgekommen, einen Klassenleiter zu unterrichten, wie er einen Elternabend vorbereiten sollte. Und dann ist es passiert:

21. Lehrerpersönlichkeit und Lernerfolg – oder: Der Schüler im Spiegel der Lehrerpersönlichkeit

Ein peinlicher Elternabend: Nur selten sind Lehrer/-innen so umfassend auf Elternabende vorbereitet, dass sie auf alle Fragen eine gemeinsame Antwort hätten – zum Beispiel auch nicht immer dann, wenn Eltern sie um eine persönliche Einschätzung der Klasse bitten. So kommt auf beiden Seiten Nachdenklichkeit auf, wenn Eltern anschließend den Eindruck haben, dass einige dieser Lehrkräfte in einer ganz anderen Klasse unterrichten: So unterschiedlich, ja entgegengesetzt, kann ein und dieselbe Klasse beschrieben werden.

Auf beiden Seiten bleiben dann Verunsicherungen, Irritationen und Fragen zurück:

Manche Eltern fragen: Ist die Persönlichkeit unseres Kindes jedem Lehrer so bekannt, dass es seinen Anlagen gemäß gefördert wird? Einerseits spüren sie das sehr persönliche Bemühen um die Klasse, vermissen aber ein gemeinsames pädagogisches Wirken aller. Lehrer/-sehen sich womöglich ziemlich bloß gestellt und empfinden auf Grund ihrer unterschiedlichen Antworten einen aufkommenden Konkurrenzdruck besonders stark, der bestehende Unzufriedenheiten verstärken kann; andere nutzen die Gelegenheit und bemühen sich klassenweise um eine Optimierung ihrer pädagogischen Konferenzen durch systematische Lerntypenbesprechungen und verbessern damit ihre Fähigkeit zur professionellen Lernberatung ihrer Schüler/-innen und deren Eltern. Dabei werden sie sich der engen Beziehung bewusst, die zwischen ihrer jeweiligen eigenen Persönlichkeitsstruktur und denen ihrer Schüler/-innen besteht.

Dass die Persönlichkeitsstruktur einer jeden Lehrerin/eines jeden Lehrers so wichtig ist, zeigen u.a. die in Finnland üblichen Persönlichkeitstests, denen sich ein jede/r Lehramtsstudent/-in vor Aufnahme ihres/seines Studiums unterziehen muss. Wer hier besonders hinsichtlich seiner Sozialkompetenz versagt, wird nicht zugelassen.

Nun gibt es bei uns diese Tests nicht, es gibt aber Instrumentarien zur Selbst- und Fremddiagnose in diesem sehr sensiblen Bereich. Mit diesem

Beitrag möchte ich einen Weg zur notwendigen Einschätzung der eigenen Persönlichkeit aufzeigen, der entweder vorhandene Stärken des Unterrichtsstils belegt oder auf Erweiterungen des bestehenden Handlungsrepertoires aufmerksam macht.

21.1 Schritte in die Selbstdiagnose

Wenn meine eigene Wahrnehmung eines Schülers nicht übereinstimmt mit der Wahrnehmung durch meine Kolleg(inn)en, dann stellt sich die Frage nach unserem Wahrnehmungsstandpunkt und damit unserer Perspektive. Anders formuliert: Über welche aussagekräftigen Diagnoseinstrumente verfüge ich, um nicht nur die Schüler/-innen einer Klasse in ihren Lernvoraussetzungen und Lernbedürfnissen zu erkennen, sondern um auch meinen eigenen Lehr- und Unterrichtsstil durch eine objektivere Brille zu betrachten. Die Bedeutung dieses Schrittes führt zur Hauptthese:

Die Persönlichkeitsstruktur des Lehrers entscheidet nicht unmaßgeblich über das Ausmaß des Lernerfolges seiner Schüler. Je eher beide Persönlichkeitsstrukturen übereinstimmen, desto eher kann erfolgreiches Lehren und Lernen im Unterricht stattfinden.

Wenn Anna noch in der 7. Klasse feststellt, Erdkunde sei »doof«, aber dieses Fach am Ende der 8. Klasse für das »beste Fach« hält, dann liegt ein erster Grund für den Einschätzungswandel im Lehrerwechsel. Unser Alltagswissen kennt das hier beschriebene Phänomen sehr gut und hält dafür eine ganze Reihe von Redewendungen bereit, mit denen wir eine Typisierung unserer Zeitgenossen vornehmen und mit denen wir Wesensübereinstimmungen oder -unterschiede beschreiben. Wenn zwischen Kollegen »die Chemie stimmt«, dann erfreuen wir uns hoher Übereinstimmung am Arbeitsplatz; wenn wir jemandem nicht vertrauen, dann ist mit ihm nicht gut »Kirschen essen«. Mit anderen Worten: Mit wem wir gut umgehen können, der versteht uns und wir verstehen ihn, man könnte auch sagen: Beide sind bereit voneinander zu lernen. Und es gilt auch: Zeige mir, mit wem du umgehst, und ich sage dir, wer du bist.

Da in Klassen nicht nur Schüler/-innen sitzen, mit denen ich wesensverwandt bin, sondern auch diejenigen, die meinem Wesen nicht entsprechen, verlangt mein Gerechtigkeitsgefühl nach einem Instrumentarium, durch das ich meine subjektive Ein- und Wertschätzung einer jeden Schülerin/eines jeden Schülers überwinde und zu der/dem ich einen angemessenen, weil objektiveren, pädagogischen Zugang finde. Es geht also nicht mehr länger um die Frage nach dem Lerntyp meiner Schülerin/meines Schülers. Jetzt sollte *ich* mir Fragen stellen wie:

»Wie entdecke ich meinen Lerntyp?« Oder: »Was für ein Verhaltenstyp bin ich selbst?«

Antworten auf diese Fragen finden wir vor allem bei Vera Birkenbihl und David M. Noer. Während Vera Birkenbihl bei uns besonders bekannt wurde mit dem Buch »Stroh im Kopf« und als Beraterin verschiedener Industriezweige, ist David M. Noer u.a. geschäftsführender Inhaber einer Agentur für Unternehmensberatung und Personalentwicklung in Greensboro, North Carolina. Als Vorlage für diese Überlegungen diente sein Buch: *Die vier Lerntypen. Reaktionen auf Veränderungen im Unternehmen.* Die besondere Herausforderung besteht nun darin, die relevanten Erkenntnisse von Birkenbihl und Noer aus dem Bereich des Wirtschaftsmanagements auf das Schulmanagement zu übertragen.

21.2 Vera Birkenbihl[42] und die beiden Gehirnhälften

Eine der wichtigsten Aussagen der Neurobiologen lautet im Kern: Bei den allermeisten Menschen wird vorzugsweise **eine** Gehirnhälfte eingesetzt, so dass alle Menschen in die eher Rechtshirnorientierten und die eher Linkshirnorientierten aufzuteilen sind. Dass linkshirnorientierte Menschen andere Persönlichkeitsmerkmale haben als rechtshirnorientierte, darauf nimmt Vera Birkenbihl Bezug. Welche Verhaltensausprägungen sich hieraus ergeben, das zeigt **Abbildung 1**:

Linke Hemisphäre:	**Rechte Hemisphäre:**
• Erzählen und Berichten	• künstlerischer Ausdruck
• Zuhören	• Visualisierung
• Aufgaben erledigen	• Kreative Eingebungen
• Lesen	• Haptische Wahrnehmung
• Abstraktion (Symbole)	• Gefühl
• Differenzierung von Details und Fakten	• Ganzes Bild und räumliches Empfinden
• Kurzzeitspeicher	• Gedächtnis
• Struktur	• Chaos

42 Vgl. Dies., *Stroh im Kopf? Gebrauchsanleitung fürs Gehirn, Bergisch-Gladbach 1997, S. 33 ff.*

Birkenbihl hat – freilich überzeichnet – herausgefunden:

Ein **überwiegend** linkshirnorientierter Mensch kann bei günstigen Voraussetzungen ein hochkarätiger Spezialist, bei ungünstigen Voraussetzungen ein »Erbsenzähler« sein.

Einen **überwiegend** Rechtshirnorientierten erleben wir bei günstigen Voraussetzungen als einen höchst kreativen Zeitgenossen mit einem beachtlichen Wissensspektrum (z. B. Künstler, Wissenschaftler, Autor oder Lehrer), bei ungünstigen Voraussetzungen allerdings als einen »Hans-Dampf-in-allen-Gassen«, der es auf keinem Gebiet wirklich zu etwas gebracht hat.

Ordnet man diese unterschiedenen Persönlichkeitsmerkmale dem jeweils bevorzugten Führungsstil eines/r Lehrer/-in, eines/r Schulleiters/-in oder einer Schulrätin/eines Schulrates etc. zu, dann ergibt sich wieder nach Birkenbihl Folgendes:

Eine Person mit einem eher »linkshirnigen« Führungsstil neigt zum autoritären Verhalten und ist der eher rationalen Intelligenz des linkshemisphärisch betonten Menschen zuzuordnen. D.h., dass eine solche Lehrkraft alles »im Griff« haben will. Zahlen, Fakten, Daten sind das, was für sie zählt. Schüler/-innen erscheinen ihm notfalls austauschbar. Schlüsselwörter für sein Verhalten sind: Kontrolle, Sicherheit, aber auch ein leicht anzukratzendes Selbstwertgefühl.

Eine Person mit einem eher »rechtshirnigen« Führungsstil zeichnet sich durch ein flexibles Verhalten aus. Hier kommt die so genannte *emotionale Intelligenz* zum Einsatz. D. h., dass eine solche Lehrkraft die unterschiedlichen Eigenarten seiner Schüler/-innen zu berücksichtigen weiß, um die jeweils am ehesten geeignete Aufgabe jedem Einzelnen zuordnen zu können. Schlüsselwörter sind hier: Freude und Spaß, aber mitunter auch Chaos und Unberechenbarkeit.

Das bedeutet: Wenn ein Schüler urteilt: »Mathe ist doof!«, sagt er nichts über das Fach Mathematik als solches, sondern er führt Beschwerde darüber, wie sein Mathematiklehrer unterrichtet. D.h.: Er kommt eigentlich nicht mit dem Fach, sondern mit der Persönlichkeit seines Mathematiklehrers nicht zurecht: Er fühlt sich nicht von ihm angemessen, d.h. seiner Persönlichkeit und seinem Lerntyp gemäß, angesprochen. Denn: Der jeweilige Unterrichtsstil ist immer auch Ausdruck der Lehrerpersönlichkeit:

Man kann daher den bereits zitierten Satz so abändern: Zeige mir, wie du unterrichtest, und ich sage dir, wer du bist!

21.3 Unterrichtsstil und Lehrerpersönlichkeit

Auf den für jede/n Schüler/-in so entscheidenden Zusammenhang zwischen unterschiedlichen Unterrichtsstilen und Lernerfolg machte das Psychologenehepaar Tausch[43] aufmerksam. Dazu griffen sie auf zwei für den langfristigen Lernerfolg entscheidende Unterrichtsdimensionen zurück: Die **Lenkungsintensität** des Lehrers und die **Ausprägung der Emotionalität** des Lehrers. Hieraus ergaben sich u. a. folgende Ergebnisse:

FAZIT:

1. **Bei rund 80% der Lehrer findet Unterricht stark strukturiert und gelenkt statt. Emotional wirken sie eher distanziert. Mit einem solchen leistungs- und sachorientierten Ansatz werden in erster Linie linkshemisphärische Schülertypen erreicht – also jene Schüler/-innen, die – wie ihr Lehrer/-innen – im rationalen Denken zu Hause sind.**
2. **Dagegen wird es ein solcher Lehrertyp schwer haben mit einer Schülergruppe, die gern handlungsorientiert lernt und arbeitet. Diesen Schüler/-innen wird ihre Lehrerin/ihr Lehrer als linkshemisphärisch orientierte Persönlichkeit eher ein Dorn im Auge sein; bzw. wird ein/e solche/r Lehrer/-in das Verhalten ihrer/seiner Schüler/-innen entweder falsch deuten oder damit kaum etwas anfangen können. Denn in der Regel werden sich diese Schüler/-innen wegen des für sie unverständlichen, abstrakt-verbalen Niveaus der Lehrerausführungen »rächen« und versuchen, durch Störungen ihre/seine Anforderungen zu unterlaufen.**

Zusammenfassend kommen Tausch/Tausch zu dem Schluss: Grundsätzlich ist kein Erziehungsstil dem anderen vorzuziehen, weil in einer Klasse von unterschiedlichen Schülerindividualitäten jeder Erziehungsstil seine vorübergehende Berechtigung hat. Die Lehrkraft sollte jedoch in der Lage sein, zwischen allen Erziehungsstilen flexibel – je nach Schüler- und Sachnotwendigkeit – zu wechseln.

43 Tausch/ Tausch *in:* Joachim Tiedemann, *Leistungsversagen in der Schule, München 1977, S. 138.*

Zur Vermeidung von Einseitigkeiten wird es darauf ankommen, sich um ein ganzheitliches Lehren und Lernen zu bemühen. Prinzipiell sind dazu folgende Fähigkeiten der Lehrkraft notwendig: Empathie, Ausgeglichenheit, gegenseitiger Respekt und Flexibilität.

Diese Ganzheitlichkeit kann durch die Berücksichtigung folgender methodischer Hinweise erreicht werden. Sie werden auch als **Regeln aus der Lernbiologie *(biologische Lernhilfen)*** bezeichnet und dienen als Ausgleich zu einem linkshemisphärisch geprägten Unterricht:

- ☐ **konkrete Handlungen ermöglichen,**
- ☐ **viele Eingangskanäle benutzen,**
- ☐ **am altersgemäßen Erlebnis- und Erfahrungshorizont anknüpfen,**
- ☐ **Neugierde wecken und eigene Lösungen suchen lassen,**
- ☐ **einen wohlwollenden Umgang pflegen und**
- ☐ **vom Ganzen ins Detail gehen oder den Unterrichtsinhalt in größere Zusammenhänge stellen.**

21.4 Vereinseitigungen überwinden

Idealtypisch unterscheidet David Noer[3)] zwischen vier Lernstrategien. So steht im Mittelpunkt der Lernstrategie des Denktyps das Denken, was bedeutet, dass er sein Leben durch rationale Analyse interpretiert, auf Fakten vertraut und durch strategisches Denken lernt. Im Mittelpunkt der Lernstrategie des Fühltyps steht das Fühlen, was bedeutet, dass er auf Gefühle baut und ihm Gefühle bei Entscheidungen wichtig sind. Entsprechendes gilt für den Taten- und den Kooperationstyp in Abb. 2:

Fazit:
In einer angenehmen Lernatmosphäre abwechslungsreich und anschaulich unterrichten! Raum für entdeckendes Lernen lassen!

Denktyp: DENKEN	Fühltyp: FÜHLEN	Tatentyp: HANDELN	Kooperationstyp: MIT ANDEREN ZUSAMMEN-ARBEITEN
☐ Das Leben durch rationale Analyse interpretieren. ☐ Vertrauen in Fakten. ☐ Lernen durch strategisches Denken	☐ Das Leben durch Gefühle interpretieren. ☐ Vertrauen in Gefühle. ☐ Lernen durch Verstehen von eigenen und fremden Gefühlen	☐ Das Leben durch Handeln interpretieren. ☐ Vertrauen ins Handeln. ☐ »Learning by doing«	☐ Das Leben durch Input von anderen interpretieren ☐ Vertrauen in Zusammenarbeit ☐ Von anderen lernen

Die vier Grundtypen nach Noer

Ob Denk-, Fühl-, Taten- oder Kooperationstyp[44] – stets wird es darauf ankommen, einzelne Lehr- und Lernstrategien zu koppeln, um die ihnen innewohnenden Methoden optimal miteinander zu verbinden.

Dazu ein Beispiel, das vielfältig variiert werden kann:

Ein Schulleiter stellte fest, dass er von einem Lehrer belogen wurde. Er wurde wütend und war bereit, sofort zu handeln. Er wollte jetzt endlich Konsequenzen ziehen und den Lehrer entlassen, zumal dieser sich schon öfters etwas hatte zuschulden kommen lassen. So riet er ihm dringend die Schule zu verlassen, um einer Versetzung zuvor zu kommen. Zuletzt besprach er die Angelegenheit noch mit dem Schulrat, der sehr erstaunt und sofort in der Lage war, eine Reihe anerkennenswerter Leistungen dieses Lehrers zu benennen.

Da erkannte der Schulleiter plötzlich sein typisches Verhaltensmuster wieder: Entscheidungen auf der Basis von Gefühlen zu treffen. Denn dieser Lehrer hatte seine Gefühle verletzt! **(Fühlen ohne Denken)**

44 Eine wichtige Anmerkung zum Umgang mit Lerntypendiagnosen: Die o.g. vier Grundtypen treffen Sie niemals in »Reinform« an. Vielmehr sind wir alle Mischtypen und verfügen über gewisse Typendominanzen in die eine oder andere Richtung.

Also setzt er sich nun hin und schrieb alles auf, was für oder gegen eine Entlassung sprach. Durch das Aufschreiben kam er in die Lage, das gesamte Bild des Lehrers rationaler zu sehen.

Noer nennt eine solche Vereinseitigung des Entscheidungshandelns: »Fühlen ohne Denken«.

Allgemein bedeutet das: Wenn Verhaltens- und Lernstrategien einseitig bzw. eingeschränkt verfolgt werden, dann entstehen Verhaltensmuster, die neue Probleme auslösen und angemessene Entscheidungen erschweren. Es werden in nachfolgender Tabelle an vier Beispielen die Probleme benannt, die bei zu einseitigen Verhaltensmustern entstehen und die es zu durchbrechen gilt.

21.5 Die Gefahren eingeschränkter Lernstrategien (überarbeitete Fassung im Anschluss an Noer)

	Denktyp	Fühltyp	Tatentyp	Kooperationstyp
Gefahren einseitiger Lernstrategien	Denken ohne... Fühlen, Handeln oder Zusammenarbeiten führt zu – einer Intellektualisie-rung und Rationalisie-rung (ignoriert Gefühle), – einem Fehlen von Denkanstößen und Ausgleich durch andere, – einem zaudernden Handeln.	Fühlen ohne... Denken, Handeln oder Zusammenarbeiten führt zu – einer Neigung zu gefühlsmäßigen Überbewertungen, – einem fehlenden Ausgleich durch andere; – einer Art Lähmung, die schlecht ins Handeln führt.	Handeln ohne... Denken, Fühlen oder Zusammenarbeiten führt zu – allzu schnellen Entscheidungen; – einem Verzicht auf ein Lernen aus Fehlern (handelt zu spontan); – einer Ignorierung oder Leugnung von Gefühlen und einem Abgleiten in gewohntes Verhalten; – einer Verärgerung anderer durch unstete Mitarbeit (ist unzuverlässig).	Zusammenarbeiten ohne... Denken, Fühlen oder Handeln führt zu – einem Zerreden des Problems, ohne ins Handeln zu kommen; – einem Verlust wichtiger Arbeitsanweisungen oder einer Ausblendung von Informationen (Denken?); – einer egoistischen Ausnutzung der Zusammenarbeit (Gefühle?).

Auf Grund dieser Überlegungen, die zu einem notwendigen Verhaltens- und Lernstrategien-Mix führen, können wir mit David Noer folgende Schlüsse für unser eigenes Handeln ziehen:

FAZIT:

1. **Es ist wichtig, flexibel zu sein und verschiedene Lehstrategien zu verwenden. Für jedes Problem wird das dazu passende Reaktionsmuster gewählt. Und dieses Verhalten erfordert Zurückhaltung und Disziplin.**
2. **Beim ungewohnten Ausprobieren eines neuen Verhaltensmusters (z.B. Gruppen- statt Frontalunterricht) sind möglicherweise vorübergehend Nachteile in Kauf zu nehmen. Sie können z. B. in Formen der Verhaltensverunsicherung liegen.**
3. **Neue Lehrstrategien sollten zunächst bewusst und gut geplant eingesetzt werden. Zusammen mit den alten Reaktionsgewohnheiten führen sie eindeutig zu besseren Problemlösungen und besseren Entscheidungen.**[45]

Es gilt also eine **Vielfalt des Lehrerverhaltens** im einzelnen Unterricht zu erzeugen. Denn: Jede eingeschränkte Art des Lehrens und Lernens kann nur zu eingeschränkten Ergebnissen führen.

Einsichten

Wenn die Persönlichkeit des Lehrers so entscheidend ist für den Lernerfolg der Schüler, ergibt sich folgendes Bild:

- ☐ Lerngruppen mit einer hohen Zahl von Denktypen werden zu besseren Lernergebnissen kommen und insgesamt positiver eingeschätzt werden von Lehrerpersönlichkeiten mit einer eher linkshemisphärischen Ausprägung.
- ☐ Dieselbe Schülergruppe wird jedoch erhebliche Probleme mit einem dominant rechtshemisphärischen Lehrer haben, wenn dieser nicht bereit ist auch zu einem verbal-abstrakten und klarer strukturierten Unterrichtsstil.
- ☐ Die in einer Klasse unterrichtenden Lehrer sollten sich immer wieder auf eine nachvollziehbare und übereinstimmende Sichtweise ihrer Schüler verständigen.
- ☐ Um zu verhindern, dass an Elternabenden bei Eltern der Eindruck entsteht, den Lehrer/-innen seien ihre Schüler/-innen nicht wirklich bekannt,

45 Vgl., Ders., *Ebd., S. 197.*

sollten sich die Lehrer/-innen vorab diagnostisch verständigen, um zu einem abgestimmten pädagogischen Handeln zu gelangen.

FAZIT:
Die Hauptursache für die unterschiedliche Sichtweise der Schüler/-innen einer und derselben Klasse liegt in der Unterschiedlichkeit die in ihr unterrichtenden Lehrerpersönlichkeiten. Lernerfolge hängen wesentlich damit zusammen, ob Schülerindividualität und gewählter Unterrichtsstil zusammenpassen. Gewählter Unterrichtsstil und Lehrerpersönlichkeit wiederum stehen in einem weiteren unmittelbaren Zusammenhang.

Lösungsimpuls:

Will man jedem Schüler/jeder Schülerin realistische Chancen für bestmögliche Lernerfolge eröffnen, sollten Schüler- und Lehrerpersönlichkeitsprofile einer Klasse erstellt werden. Auf diese Weise kann dann ganz besonders dafür Sorge getragen werden, dass Schüler/-innen in einem gleichmäßigen Wechsel (je nach Schülerlerntyp und Sachnotwendigkeit) in der für sie lerntypgerechten Weise angesprochen und unterrichtet werden.[46]

Ausblick: Unsere Schüler/-innen haben nur einmal im Leben die Möglichkeit durch Schule jene Qualifikationen zu erwerben, die ihnen ernst zu nehmende Berufs- und Lebenschancen entweder verbauen oder eröffnen. Wegen dieser höchst dramatischen Bedeutung von Schule lohnt sich ein noch bewussterer pädagogischer Blick auf jede/n einzelne/n Schüler/-in.

Da wir aber wissen, dass unsere eigene Persönlichkeit diesen Blick verengen kann, sind wir gefordert, uns in einer Selbstdiagnose pädagogisch dafür zu sensibilisieren. Auf diese Weise dürften wir auf Dauer – ähnlich wie an finnischen Schulen – einen wirklichen Beitrag leisten zur Verbesserung der individuellen Förderung in heterogenen Lerngruppen – und schließlich zur Verbesserung unserer eigenen Berufszufriedenheit.

46 Vgl. hierzu: Roswitha Riebisch/ Hubert Luszczynski, *Wer ist Stefan? Über den Umgang mit unterschiedlichen Schülertypen in Lerngruppen, in: SchulVerwaltung 1/2005, S. 10-13.*

22. Lehrer- und Leiterlerntypen – ein erster Zugang zum Personalverständnis

Wenn Lehrer/-innen ein paar Jahre im Dienst sind und sie zwei oder drei Durchgänge von Schüler/-innen von der Aufnahme in die Schule bis ihrer Verabschiedung unterrichtet haben, fällt auf, dass in dieser Gruppe ganz unterschiedliche Entwicklungen vonstatten gehen. So werden die hoch motivierten Lehrkräfte weiterhin mit gleichbleibendem Engagement und großer Freude ihre Schüler/-innen unterrichten. Wer nicht zu einem solchen schülerorientierten Ansatz vordringt und schon immer lieber seine Fächer unterrichtet, dem droht über die Jahre ein beobachtbares Abgleiten in demotivierende Langweile. Nicht viele anders ist das bei Schulleiter/-innen. Wer hier von Anfang an in Kenntnis der Stärken und Schwächen seiner Kolleginnen und Kollegen einen kooperativen Führungsstil – also im Sinne von Hattie eine so genannte transformative Führung bevorzugt, erreicht eine Ebene überdurchschnittlicher Arbeitsfreude auf Dauer – es sei denn, dass sie/er sich durch ein immer häufiger auftretendes Hinein- oder Durchregieren so sehr mit zusätzlicher Arbeit belastet und blockiert, dass er/sie den Führungsaspekt seines Handelns aus den Augen verliert und an den Grenzen seiner Belastbarkeit sehr bald angekommen ist.

David Noers Einteilung in die vier Grundlerntypen[47] im Unternehmen dürfte für Sie eine Hilfe sein sowohl für Ihr Selbstverständnis als Lerntyp als auch eine erste Grundlage szum besseren Verständnis Ihrer Kolleginnen und Kollegen im Rahmen einer aktiven Fürsorge als Grundlage für deren personale Entwicklung und Förderung.

VORSICHT vor voreiliger Zuordnung:

Die unten aufgeführten vier Lerntypen, die sich unschwer den vier Schülergrundtypen zuordnen lassen, sind ihrerseits Grundtypen, die in dieser »reinen« Form sehr selten auftreten. Vielmehr sind wir alle Mischtypen mit dominanteren und weniger dominanten Merkmalen. Auch hier geht es – wie bei den Schüler/-innen – um Verhaltens- und Lernstrategien bei Veränderungen.

47 Ders., Die vier Lerntypen. Reaktionen auf Veränderungen im Unternehmen, Stuttgart 1998, S. 37-177 – Zusammenstellung durch den Verf.

Diese herauszufinden sei nun Ihre Aufgabe im Abgleich Ihrer Einschätzung durch Kolleg(inn)en in der Schulleitung.

Versuchen Sie es bitte einmal – einschließlich Ihrer eigenen Einordnung. Im Abschnitt über Personalförderung werde ich darauf zurückkommen:

Die Suche nach einem neuen Zusammenhalt

Schaubild 1.1.3: Der R-Faktor

(Anmerkung d. Verf.: R-Faktor ist Reaktionsfaktor bei Veränderungen)

22.1 Verhalten bei Veränderungen

a) **DER ÜBERWÄLTIGTE:**
   Geringe Zufriedenheit und geringe Fähigkeit zur Veränderung.
   Reaktion: Rückzug und Vermeidungsverhalten
b) **DER VERSCHANZTE:**
   Geringe Zufriedenheit, aber große Fähigkeiten, sich zu verändern.
   Reaktion: Neue Situationen mit althergebrachtem Wissen meistern wollen, obwohl dieses jetzt nutzlos ist.
c) **DER ANGEBER:**
   Große Zufriedenheit bei Veränderungen, aber geringe Fähigkeit dazu.
   Reaktion: Schießt »aus der Hüfte«. Zeichnet sich durch Aggressivität und hohe Aktivität aus, ohne dass etwas dahinter steht.
d) **DER LERNENDE:**
   Große Zufriedenheit bei Veränderungen – mit großer Fähigkeit, sich zu verändern.
   Reaktion: Setzt sich aktiv mit Veränderungen auseinander und sie/er erwirbt neue, relevantere Fertigkeiten. Er/sie wächst an neuen Situationen.

22.1.1 DER ÜBERWÄLTIGTE

Geringe Zufriedenheit und geringe Fähigkeit zur Veränderung.

Reaktion: Rückzug und Vermeidungsverhalten

1. **Wie er fühlt:**
   a) Zwischen unglücklich und deprimiert
   b) Frustriert und ängstlich
   c) Angeschlagenes Selbstbewusstsein
   d) Machtlos
   e) Bedürfnis nach Zustimmung und Beruhigung
   f) Angst vor Fehlern und Versagen
   g) Bedürfnis nach Stabilität und Linderung der Symptome
2. **Wie er reagiert:**
   a) Vermeidet es, sich echten Problemen zu stellen
   b) Zieht sich auf altbekannte Verhaltensmuster zurück

c) Wartet darauf, dass alles wieder normal wird.
d) Verhält sich passiv-aggressiv
e) Vermeidet es, Pläne für die Zukunft zu machen

3. **Wie er lernt:**
   a) Er vermeidet und blockiert notwendiges Lernen
   b) Er setzt Betriebsamkeit mit Lernen gleich
   c) Er wirkt beleidigend
   d) Er verhindert das Lernen anderer
4. **Was er braucht:**
   a) Hilfe bei der Bewältigung von Stress, Angst und Frustration
   b) Kompetente Führungskräfte und gleichrangige Kollegen, die bereit sind zu helfen
   c) Stufenweise Veränderungen und erfolgversprechende kleine Aufgaben
5. **Wenn man für einen Überwältigten arbeitet:**
   a) Helfen durch Einfühlungsvermögen, unparteiisches Zuhören und durch Feedback
   b) Eigene Situation überprüfen
   c) Ignorieren Sie Ihren Chef und arbeiten Sie in eigener Verantwortung
   d) Versuchen Sie, aus dem Kompetenzbereich des Vorgesetzten herauszukommen
6. **Wenn ein Überwältigter für Sie arbeitet:**
   a) Versuchen Sie, ihn für die Organisation zu retten
   b) Oder ihn dazu bringen, die Organisation zu verlassen
   c) Ihn ignorieren
7. **Wenn ich selbst ein Überwältigter bin:**
   a) Überprüfen Sie Ihre Selbstdiagnose; suchen Sie Feedback!
   b) Versuchen Sie, sich nicht schlecht zu fühlen, weil Sie sich schlecht fühlen
   c) Suchen Sie Hilfe!
   d) Fühlen Sie sich im Sumpf nicht zu wohl
   e) Nehmen Sie sich Zeit zu lernen.

22.1.2 DER VERSCHANZTE

Geringe Zufriedenheit, aber große Fähigkeiten, sich zu verändern.

Reaktion: Neue Situationen mit althergebrachtem Wissen meistern wollen, obwohl dieses jetzt nutzlos ist.

1. **Was er fühlt:**
   a) Ängstlich, frustriert und wütend
   b) Bedroht durch geforderte Änderung bisher geschätzter Verhaltensweisen
   c) Unrealistisch sicher, dass die alten Fertigkeiten noch von Bedeutung sind.
   d) Schuldig, überlebt zu haben, als andere gehen mussten
   e) Nicht risikofreudig
   f) Unglücklich, aber nicht bereit, sich auf dem externen Arbeitsmarkt neu zu orientieren
2. **Wie er auf Veränderungen reagiert:**
   a) Beschuldigt andere und beklagt sich
   b) Erkennt an, dass Veränderungen nötig sind, aber stemmt sich gegen sie.
   c) Arbeitet härter als je zuvor mit den bisherigen erfolgreichen Strategien
   d) Versucht, den Sturm heil zu überstehen
3. **Wie er lernt:**
   a) Hält sich an eingeschränkte Lernstrategien aus der Vergangenheit.
   b) Blendet unbewusst das Bedürfnis nach Veränderungen aus.
   c) Setzt Aktionismus und Produktivität und Betriebsamkeit mit Lernen gleich
4. **Was er zum Überleben braucht:**
   a) Verständnis und Hilfe, um mit Schuldgefühlen, Wut und Frustration umzugehen.
   b) Feedback, Ermutigung und Unterstützung
   c) Stufenweise Veränderung, die eine Brücke zwischen dem Alten und dem Neuen schlägt
5. **Wenn Sie für einen Verschanzten arbeiten:**
   a) Gehen Sie auf Distanz, indem Sie sich ganz auf Ihre Arbeit konzentrieren

   b) Suchen Sie Kontakt zu anderen, die mehr Einfluss in Ihrer Organisation haben als Ihr Vorgesetzter, und scheuen Sie sich nicht, ihre Protektion zu nutzen
   c) Handeln Sie Grenzen aus!
   d) Lassen Sie sich an einer anderen Stelle einsetzen, wenn der gegenwärtige Arbeitsplatz unproduktiv ist
6. **Wenn ein Verschanzter für Sie arbeitet:**
   a) Finden oder erfinden Sie Entwicklungsfelder für Verhaltenssimulation
   b) Schicken Sie den Mitarbeiter zu eine Kurs für Verhaltenssimulation
   c) Setzen Sie Ihre Lehrkünste ein.
7. **Wenn Sie selbst ein Verschanzter sind:**
   a) Finden Sie einen Weg, die Symptome zu behandeln
   b) Suchen Sie sich sichere Nischen, um neue Verhaltensweisen auszuprobieren!
   c) Versuchen Sie, sich nicht deshalb schlecht zu fühlen, weil Sie zu dieser Gruppe gehören.

22.1.3 DER ANGEBER

Große Zufriedenheit bei Veränderungen, aber geringe Fähigkeit dazu.

Reaktion: Schießen »aus der Hüfte«. Zeichnen sich durch Aggressivität und hohe Aktivität aus, ohne dass etwas dahinter steht

1. **Wie er fühlt:**
   a) Fühlt sich wohl, wenn Veränderungen nötig sind.
   b) Bereit zum Handeln – gezwungen, etwas – irgendetwas – zu tun.
   c) Frustriert durch die verwirrende Situation und das Klagen der anderen.
   d) Sicher, dass er in jeder Situation seine Aufgaben gut erfüllt.
2. **Wie er reagiert:**
   a) Kämpft um einflussreiche Positionen
   b) Drängt auf schnelle Lösungen und entschlossenes Handeln
   c) Täuscht oft Vorgesetzte
3. **Wie er lernt:**
   a) Er ist sich der Hauptprobleme bewusst
   b) Überschätzt Stärken; übersieht Schwächen

c) Geht gefährliche Risiken ein
d) Ist für den Überwältigten ein falscher Prophet

4. **Was er braucht:**
   a) Genaue Beobachtung und sorgfältige Überwachung (management-by-objectives; Feedback-Systeme und Leistungsbewertung; konkrete, messbare und bewertbare Ziele)
   b) Projekte und individuelle Aufgaben, kein Linienmanagement
   c) Entwicklungsaufgaben, die unbedenklich für die Organisation sind und ihn fordern.
5. **Wenn Sie für einen Angeber arbeiten:**
   a) Finden Sie Aufgaben, die Sie auf Distanz zu Ihrem Chef halten!
   b) Finden Sie jemanden, der Sie schützt, jemanden auf der gleichen oder einer höheren Ebene der Hierarchie, der gegebenenfalls für Sie interveniert und Sie versteht!
6. **Wenn ein Angeber für Sie arbeitet:**
   a) Gehen Sie in sich
   b) Entscheiden Sie, ob es sich lohnt zu versuchen, den Mitarbeiter zu verändern.
   c) Handeln Sie schnell: Die Macht des Angebers muss eingeschränkt werden!
7. **Wenn Sie selbst ein Angeber sind:**
   a) Bemühen Sie sich um Selbsterkenntnis als Angeber
   b) Suchen Sie die Konfrontation mit den eigenen Motiven, Ängsten und Sorgen

22.1.4 DER LERNENDE

Große Zufriedenheit bei Veränderungen – mit großer Fähigkeit, sich zu verändern.

Reaktion: Er setzt sich aktiv mit Veränderungen auseinander und erwirbt neue, relevantere Fertigkeiten. Er wächst an neuen Situationen.

a) **Wie er fühlt:**
   a) Gefordert, konzentriert und optimistisch.
   b) Zufrieden in einer Atmosphäre der Veränderungen.
   c) Er hat die Kraft, positiv zu handeln.

d) Er hat die Kontrolle über sein eigenes Schicksal.
e) Ohne Angst vor kurzfristigen Fehlern oder Rückschlägen.

b) Wie er auf Veränderungen reagiert:

a) Findet den Silberstreif am Horizont.
b) Bewahrt Humor auch in schwierigen Situationen.
c) Stärken und Schwächen sind ihm gleichermaßen bewusst.
d) Er erweitert die Grenzen dessen, was er akzeptieren kann.

c) Was ihn zum Lernenden macht:

a) Er nimmt Prozesse bewusst wahr und weiß, wie man lernt
b) Er wächst, indem er sich der Entwicklung fügt.
c) Er versucht, Probleme zu lösen, anstatt andere zu beschuldigen
d) Er ist bereit, persönliche Unzulänglichkeiten zu überwinden.

d) Was er braucht:

a) Schutz davor, für jeden alles sein zu wollen
b) Spielraum, Sendezeit und Aufgaben, mit denen man etwas bewirken kann
c) Belohnung und Bestätigung
d) Entwicklungsfunktionen und -aufgaben

e) Wenn Sie für einen Lernenden arbeiten:

a) Wenn Ihr Vorgesetzter ein Lernender ist, haben Sie Glück. Dabei ist es egal, zu welchem Typ Sie gehören.

f) Wenn ein Lernender für Sie arbeitet:

a) Wenn Sie selbst ein Lernender sind, dann haben Sie die Art von guter Beziehung, die oben beschrieben sind.
b) Wenn nicht, dann ist entweder die Situation für Sie oder für Ihren Mitarbeiter schwierig.

g) Wenn Sie selbst ein lernender Mitarbeiter sind:

a) Sie machen offensichtlich alles richtig
b) Ihre wichtigste Aufgabe: Suchen Sie nach Anzeichen für ein »Burnout«. Sie wollen ja nicht zur Gruppe der überwältigten Lernenden gehören!

23. ZUM THEMA: Personalführung

23.1 Vorbemerkung

In einem Vortrag stellte Vera Birkenbihl einmal die These auf: »Wie man startet, so landet man!«- Sie bezog diese These auf Leitungskräfte in Organisationen jeglicher Art. Wer also zu schnell und zu steil startet und es dabei versäumt, sich zu vergewissern, ob wirklich alle an Bord sind, muss mit einer Bruchlandung rechnen; und wer einen Fehlstart hingelegt hat ebenso. Darum rät sie zu einem sanften Start, damit Zeit sei, alle mitzunehmen. Die Wahrscheinlichkeit, dass dann alle gut und glücklich, weil sie dann ebenso landen, ist unter diesen Voraussetzungen am größten.

Zu dem Bild des startenden und landenden Fliegers gehört noch eine andere Frage, die ich mir selbst vor dem Start stellen und klar beantworten muss. Sie bezieht sich auf meine Einstellung zu Menschen, die ich mitnehme:

Nach Wolfgang Jennewein und Jonas Halter sind es vor allem zwei Einstellungen[48] in unserer Wahrnehmung, die erheblichen Einfluss auf unseren Start haben.

Zum einen die Einstellung: »*Menschen sind grundsätzlich schwierig und besonders Mitarbeiter. Die machen viele Fehler und kreieren Probleme, darum muss ich vor allem mal aufpassen, dass hier alles nach Plan läuft.*«

Eine andere: »*Ich mag Menschen und bin fest überzeugt, dass jeder unglaubliche Fähigkeiten und Potenziale hat. Meine Aufgabe ist es, die Potenziale zu entdecken und zu entwickeln, denn dadurch kann jeder Mensch zu einem wertvollen Teil des Teams werden und Höchstleistung wird möglich.*«

Nach allem, was bisher ausgeführt wurde, dürfte klar sein, dass ich zur zweiten Einstellung rate und sie vertrete. Denn auf der Grundlage einer solchen Einstellung kann Vertrauen – auch in Form eines Vertrauensvorschusses – wachsen. Erst sie macht Delegation möglich und wirksam. Darum seien Sie versichert, dass auch diese These gilt:

---

48 *Jennewein, Wolfgang/ Halder, Jonas*: Ab auf die Bank!, in: Harvard Business Manager 7/2018, S. 83.

23.2 »Die besten Kolleginnen und Kollegen sind an Ihrer Schule. Sie bekommen keine besseren!«

Eine Übertreibung? Wohl kaum – vielmehr enthält diese Feststellung die normative Logik der beamtenrechtlich gebotenen Bestenauswahl. Es kann auch nur faktisch so sein: Man wird die Lehrkräfte, die das Kollegium Ihrer Schule bilden, nicht vor die Tür setzen, nur weil Sie Leiter/-in der Schule geworden sind. Auch gibt es keine Chance, Lehrkräfte auszutauschen gegen andere, die vielleicht besser zur Schule oder nur zu Ihnen passen. Auch könnte man zur etwas defätistischen Feststellung gelangen, Schulleiter/-in und Kollegium seien zur Zusammenarbeit und zu einem versöhnlichen Auskommen miteinander »verdammt«. Andere werden es sicherlich lieber positiv formulieren und zu der Einsicht kommen, Sie und das Kollegium sind zur Erfüllung ihrer Aufgaben aufeinander angewiesen. Gleichwohl haben Sie als Vorgesetzte/r der Lehrer/-innen die Verantwortung für deren Unterricht und dafür, wie sie junge Menschen erziehen.

23.3 Wie das Misstrauen aller zum Preis für die Vertraulichkeit gegenüber einzelnen wird…

Dass diese Verantwortung ganz unterschiedlich wahrgenommen wird, ist Ihnen und mir sicherlich aus vielen Erzählungen bekannt, über die man sich freuen oder den Kopf schütteln kann. Immer geht es um die Beurteilung der Qualität der Beziehung zwischen Ihnen und jeder einzelnen Lehrkraft. Ist die Beziehung mit Blick auf den gemeinsamen Auftrag von Schule eher sachlich? Oder wurde sie im Laufe Ihrer Dienstjahre zunehmend familiär und lag damit mehr auf der Beziehungsebene? Beides wird nicht ohne Auswirkungen auf das Kollegium bleiben. Sie waren und sind es, die/der die gewünschte Kommunikationsrichtung vorgibt: Sicherlich kennen Sie diese Situation: Zeigen Sie in Ihren Gesprächen im Lehrerzimmer immer wieder ein hohes Problembewusstsein, bleibt es nicht aus, dass Lehrkräfte Ihnen dieses Problembewusstsein spiegeln, indem Sie in Gesprächen mit Ihnen Ihre Art des Problematisierens – einschließlich des lockeren Austauschs von privaten Themen – aufgreifen, bestätigen und vielleicht sogar das jammernde Problematisieren verstärken. Fühlt man sich nicht mit diesen Kolleginnen und Kollegen, ob man es will oder nicht, gleich besonders verbunden, weil man sich auf einer »Wellenlänge« vermutet? Sie selbst machen es sich damit allerdings nur scheinbar einfacher. Denn in gewisser Weise geraten Sie in eine Art Abhängigkeit von diesem Niveau der Kommunikation und emotionalen Zuwendung, die Sie nicht mehr so einfach abschütteln können. Vom Kollegium unter Dauerbeobachtung werden Sie sich vielleicht sogar von Ihrem Personalrat die Frage gefallen lassen müssen nach Ihrer Äquidistanz zu allen Lehrkräften und wie Sie es mit der Gleichbehandlung bei Dienstlichen Beurteilungen oder bei Empfehlungen für Beförderungen halten, wenn Sie den Jammernden allzu viel Zuwendung und Gehör schenken. Aus dem Preis Ihrer die Vertraulichkeit gegenüber einzelnen wird zunehmendes Misstrauen aller gegenüber Ihrer Fähigkeit zur Gleichbehandlung. Diese Gefahr ist immer vorhanden.

Bedenken Sie bitte immer die Auswirkungen für das Ansehen Ihrer Schule und Ihres Amtes/Ihrer Person, wenn im Umfeld der Schule jemand über Sie als Schulleiter/-in spricht, die/der aus welchen Gründen auch immer »unfair« sei, weil er die einen Lehrkräfte bevorzuge und andere benachteilige oder gar diskriminiere. Lehrer/-innen, die sich so behandelt fühlen, reden darüber nicht mit Ihnen, wohl aber mit Freunden und Bekannten in Vereinen oder in Institutionen. Meinungen wie: »Die Schulleiter/-in unterstützt und fördert nur, wer ihrer/seiner Partei angehört oder immer wieder ihrer/seiner Meinung ist.« Oder: »Der Schulleiter gibt Lehrer/-innen immer eine schlechtere Note in der Dienstlichen Beurteilung, weil sie in Teilzeit sind.« Oder: »Der Schulleiter unterstützt grundsätzlich nur Lehrkräfte, die ihm gegenüber absolut loyal sind.«- Solche Bemerkungen sind vielleicht menschlich verständlich und habe sicherlich ihre Ursachen, aber schaden dem Vertrauen der Menschen im Einzugsbereich in Ihre gesamten Schule. Rückläufige Schülerzahlen und die Zunahme von Versetzungsanträge sind immer wieder sichtbare Konsequenzen, die sich als solchen oft diffusen Stimmungen ergeben. Sie zu korrigieren, kommt einer Herkulesaufgabe gleich.

Welche Folgen eine zunehmend familiär-vertraulichen Atmosphäre für die Leistungsfähigkeit eines Kollegiums hat, habe ich im Kapitel über partnerschaftliche Schulkultur dargelegt: Sie geht gegen null!

23.4 Sie sollten wollen, dass eine jede Lehrkraft gerne gute Arbeit leisten können will...

Allerdings fühlte ich mich jetzt missverstanden, wenn ich die Beziehungsebene im Direktorat und in den Gesprächen zwischen Ihnen und Lehrkräften klein reden wollte. Sie ist und bleibt wichtig. Sie sollte eben auf beiden Seiten grundsätzlich heiter und gelassen sein. Gleichwohl dürfte es die gute professionelle und gut dosierte Mischung von Sach- und Beziehungsebenen sein, die zu einem motivierenden Schulklima in Lehrerzimmer und in Schulklassen führt. Die Dominanz des einen oder des anderen schafft erst in der Regel ernste Probleme. Das für die gemeinsame Erfüllung des schulischen Auftrags zu wahrende und zu pflegende Distanz-Nähe-Verhältnis ist dabei von großer Bedeutung. Solange für Sie der Mensch im Mittelpunkt steht, zählt das Interesse an der Arbeit einer jeden Lehrkraft zum Hauptgegenstand Ihrer Kommunikationsgewohnheiten zählen. Ein solches Leitungsverhalten beugt jedem Verdacht der Vorteilsnahme oder -gewährung vor, Sie könnten in der Arbeit der Lehrkräfte nur Mittel zur Sicherstellung Ihrer egoistischen Zwecke sehen – ganz so, wie es einmal eine Dienststellenleiterin in ihrer Rede anlässlich ihrer Amtseinführung formulierte: »Ich will, dass ich gut bin!« – Nein, Sie wollen jeden Tag, dass eine jede Lehrkraft Ihrer Schule gerne gute Arbeit leisten kann! Das ist einer der Eckpunkte Ihrer am ganzen Menschen orientierten Personalführung. Die im nächsten Kapitel aufgezeigte Bedeutung von strategischen Stellenbeschreibungen für Ihre Personalführung mögen für Sie ständige »Türöffner« für wertvolle, kreative und wertschätzende Gespräche über den Stand der Arbeit und Erfolge und auch jene, von Schulleitungskolleginnen und -kollegen.

23.5 Wie systematische Personalführung eine Quelle der Arbeitszufriedenheit wird..

Was halten Sie z.B. von der Äußerung eines Schulleiters: »Ich schaue mir die Personalakte meiner Lehrkräfte erst an, wenn ich sie in den Ruhestand verabschiede. Vorher interessiert mich das nicht!« Oder wenn eine Lehrerin am Ende Ihrer Dienstzeit etwas enttäuscht feststellt: »Nach dem Wegfall der Regelbeurteilung war mein Schulleiter nicht mehr in meinem Unterricht. Das ist nun schon 40 Jahre her. Morgen gehe ich in den Ruhestand!« – Wie soll qualifizierte Personalführung vonstattengehen, wenn ich nicht weiß, woher ein Mensch kommt, welche Qualifikationen er mitbringt und wohin er geführt werden möchte? Oder: Was ist das für eine Wahrnehmung von Verantwortung, wenn ich als Schulleiter/-in für Unterricht und Erziehung die Verantwortung trage und den Unterricht einer Lehrkraft seit vier Jahrzenten nur vom Hörensagen kenne? Gewiss – die einen, mögen darin ein Ausdruck allerhöchsten Vertrauens sehen; andere wird man aber kaum davon abbringen, wenn sie dahinter eher Form von Respektlosigkeit oder Gleichgültigkeit vermuten.

»Die besten Lehrkräfte sind im Kollegium meiner Schule. Ich habe keine besseren!« Wenn Sie so etwas behaupten können, ist das für manche Lehrkräfte eine reichlich provokante Feststellung, denn sie macht neugierig und beweispflichtig zugleich. Da liegen doch zwei Fragen auf der Hand:

»Wie ist Ihnen das gelungen? Und: Wie können Sie das beweisen?

Wahrscheinlich hätten Sie dafür ja schon eine ganze Reihe von Antworten bereit liegen. Ich möchte Ihnen ein paar Antworten auf die Frage anbieten, wie man dahin kommt, die besten Lehrkräfte an seiner Schule zu wissen und darauf stolz sein zu können – fühlen Sie sich bestärkt:

FAZIT:
»Ein gesundheitsförderliches Führungsverhalten ist durch folgende Aspekte gekennzeichnet:

1. **Anerkennung und Wertschätzung:**
   Konstruktive und unterstützende Rückmeldung als zentrales Element einer wertschätzenden Kommunikation, respektvoller Umgang mit Mitarbeiterinnen und Mitarbeitern, Betonung von Vertrauen statt Kritik
3. **Interesse und Kontakt:**
   Aufmerksamkeit gegenüber Mitarbeiterinnen und Mitarbeitern, Wahrnehmung von Befindlichkeiten, Präsenz zeigen (z.B. in den Pausen)

4. **Einbeziehung und Partizipation:**
   Einbeziehung von Mitarbeiterinnen und Mitarbeitern in Prozesse und Entscheidungen, sie zu Beteiligten machen, Aufgreifen von Vorschlägen
5. **Transparenz und Offenheit:**
   Umfassende und rechtzeitige Weitergabe von Informationen, klare und deutliche Formulierung von Erwartungen, Kommunikation von Entscheidungen
6. **Respekt und Achtung:**
   Gleichbehandlung von Mitarbeiterinnen und Mitarbeitern, keine Weitergabe der eigenen Stimmung, also keine cholerischen Anfälle; keine abwertende und ungerechte Kritik, keinen Druck erzeugen.«[49]

Einen ersten Schlüssel für erfolgreiche Personalführung finden Sie in diesem bekannten chinesischen Sprichwort:

Sage es mir, und ich werde es vergessen.

Zeige es mir, und ich werde es verstehen.

Beziehe mich ein, und ich werde es lernen.

49 https://www.arbeitsschutz-schulen-nds.de/index.php?eID=tx_nawsecuredl&u=0&g=0&t=-1477238445&hash=0542368bb5490d23f70ffe72e342ad91aeb3bca5&file=fileadmin/Dateien/Fachbezogene_Themen/Grundschule/Dokumente/Gesundheitsfoerderung/1_Gesundheitsfoerderung.pdf – das »Gegenstück«: Zentrale Aspekte und Beispiele für krankmachende Führung finden Sie in: Marie-France Hirigoyen, Michael Marx, Die Masken der Niedertracht: Seelische Gewalt im Alltag und wie man sich dagegen wehren kann, München 2011.

24. Personalführung in der Schule – als Option zur Entlastung von Schulleitern/-innen?

24.1 Ein Abriss der Vorgeschichte

Bis zum Beginn der 1990er Jahre waren bewusste Personalführungsgespräche integrale Bestandteile Dienstlicher Beurteilungen. Freilich gab es sie auch gelegentlich im Alltag in den vielen Begegnungen zwischen Schulleitungsmitgliedern und Lehrkräften. Im Grunde fand en sie schon immer letztlich unbewusst in allen Begegnungen mit Vorgesetzten statt. Ob bewusst oder unbewusst: Führung fannd dort in der Begegnung mit Lehrkräften ebenso statt wie es Erziehung in der Begegnung von Schüler/-innen mit ihren Lehrer/-innen gibt. Denn so wie es keine Nicht-Erziehung in Schule gibt, so gibt es eben auch keine Nicht-Führung! Bis heute liegt also die Kernphase von »Schulleiter-Lehrkraft-Gesprächen« im Rahmen von Dienstlichen Beurteilungen im »Personalgespräch« über die Unterrichtsstunden, die besucht wurden. Hier geht es dann auch um Art, Umfang und Ergebnisse von außerunterrichtlichen Aktivitäten. Es endet in der Regel mit Vorschlägen für berufliche Perspektiven und weitere Verwendung.

Bis zu Beginn der 1990er Jahre mussten Schulleiter/-innen in Rheinland-Pfalz neben den Anlassbeurteilungen (z.B. bei Bewährung, Verbeamtung auf Lebenszeit oder bei Bewerbungen auf Funktionsstellen – auch bei dienstlichen Verfehlungen auf Anforderung der Schulbehörde) alle 5 Jahre dienstliche Beurteilungen – so genannte Regelbeurteilungen – anfertigen und der Schulbehörde vorlegen, die ihrerseits solche Regelbeurteilungen über Schulleiter/-innen anzufertigen hatte.

24.2 Personalführungsgespräche sollten Regelbeurteilungen ersetzen

In den alle fünf Jahre anfallenden Regelbeurteilungen sahen viele – besonders Personalräte – eine übermäßige Belastung der Schulleiter/-innen und vor allem der Lehrkräfte selbst. Manche zogen wegen ihrer häufig anzutreffenden einfachen Fortschreibung ihre Aussagekraft und das von ihnen erhoffte

Motivationspotenzial in Zweifel. Es folgte schließlich ihre Abschaffung mit der damals sehr deutlichen Aufforderung an die Schulleiter/-innen, d durch systematische »Personalführungsgespräche« oder »Mitarbeiterjahresgespräche« zu ersetzen. Sie seien möglichst zu dokumentieren und am Ende von den Gesprächspartnern zu unterzeichnen. Bis heute werden diese Gespräche mehr oder weniger ernst genommen. Zuweilen unterliegt ihre Teilnahme der Freiwilligkeit. Im Alltag von Schulen scheinen sie allerdings nahezu völlig verschwunden. Sie gibt sie in Rheinland-Pfalz noch in Angebotsform am Ende eines Besetzungsverfahrens für Funktionsstellen. Den Bewerber/-innen wird dann ein Personalgespräch mit der/dem zuständigen Schulaufsichtsbeamten/-in angeboten. So kann es in der Tat noch immer dazu kommen, dass eine Lehrkraft nach ihrer letzten Dienstlichen Beurteilung wegen der Verbeamtung auf Lebenszeit seit 1992 nicht mehr im Unterricht besucht wurde und keine Dienstliche Beurteilung mehr erhalten hat. Zuweilen wird dieses Aussetzen von beurteilenden Unterrichtsbesuchen auch von den einen als Vertrauensvorschuss der/des Schulleiters/-in gedeutet. Andere sehen darin eine unnötige Arbeitsbelastung, aber auch Desinteresse, Ignoranz oder Arroganz. M.a.W.: Die Mehrzahl der Lehrkräfte findet nach dem Ende der Regelbeurteilungen immer weniger systematische Beachtung und damit auch Wertschätzung ihrer Arbeit in den Schulen. Aber diese selbstauferlegte Beschränkung – aus welchen Gründen auch immer – bleibt nicht ohne Folgen für die Personalfindung und Bestenauslese von Bewerber/-innen für Funktionsstellen. Sicherlich hat der vielfach beklagte Mangel an qualifizierten Bewerber/-innen auch hier eine mögliche Ursache. Diese Zusammenhänge gilt es m.E. neu zu überdenken.

Es mag ein kleiner Trost für Schulleiter/-innen sein, die es ähnlich sehen, wenn Jan Brecke im Jahre 2015 (!) in seinem Buch »So wollen Top-Talente arbeiten. Handlungsempfehlungen für eine Unternehmenskultur der Zukunft.«:

> *»In deutschen Organisationen verfährt man...leider oft nach dem Motto: »Nicht geschimpft ist genug gelobt!« – Organisationen bestehen aus Menschen, die eigenständig denken und handeln. Sie wollen gelobt und in ihrem Tun gestärkt werden. Dies bewirkt einen besonderen Motivationsschub in Zeiten, in denen sich Organisationen einem ständig steigenden Druck (größerer Einfluss (Druck) von Eltern, mehr individuelle Förderung, Inklusion, Integration von jungen Menschen mit Migrationshintergrund etc., d. Verf.) sowie neuen*

Kundenerwartungen...« (i.e. Eltern und Öffentlichkeit, d. Verf.). (Mit Personalführungsgesprächen lässt sich, richtig eingesetzt, »...eine Aufwärtsspirale in Gang setzen, die ständig neue Energien freisetzen kann. Dieses hohe ... Vertrauen in die Mitarbeiter wird auch zu großem Vertrauen der Mitarbeiter in ihre Führungskräfte führen. Dies wird und sollte mehr Führungskräfte dahin bringen, als Vertrauter und Coach für die unterstellten Mitarbeiter zu fungieren. ***Die Führungskraft muss der erste Personalentwickler im Unternehmen sein!...«***[50]

Mit dem Thema »Personalführung in der Schule« begeben wir uns grundsätzlich auf kein neues Betätigungsfeld. Beachtlich ist, dass es freilich für den Begriff »Führung« eine Vielzahl von Definitionen gibt. Vorliegend möchte ich ihn so verstanden wissen: Ich folge dabei einer ersten Definition nach Rüdiger Pieper, der im Allgemeinen unter »Führung« die »Beeinflussung von Verhalten und Einstellungen von Individuen und Gruppen zum Zwecke der Erreichung bestimmter Ziele«[51] versteht. Für Sie ist leicht erkennbar: »Führung« nach dieser Definition ist damit auch ein zentrales Steuerungselement einer jeden Lehrkraft im Unterricht. Darum benötigt jede gute Lehrkraft für einen erfolgreichen Unterricht Führungsqualitäten. Ausweislich ihres Zweiten Staatsexamens hat sie diese und kann darüber verfügen. Gehen wir in den Bereich der Organisationstheorie, so kann man im Anschluss an Manfred R. A. Rüdenauer »Führung« ganz allgemein verstehen als eine Methode, »durch persönlichen Einfluss auf Menschen Leistungen zu bewirken, die für das Überleben und das Wachstum der Organisation von Bedeutung sind. Führung vollzieht sich mittels Kommunikation zwischen den Menschen, wobei der Führer den Kommunikationsprozess mit dem Ziel dominiert, die Fähigkeiten der Geführten... im Sinne der Führungsaufgabe nutzbar zu machen.(...)Je ausgedehnter und komplexer die Führungsaufgabe ist und je verschiedenartiger die zu ihrer Lösung erforderlichen Kenntnisse und Fertigkeiten sind, desto mehr ist die Führungskraft dabei auf die fachliche Qualifikation und selbständige und

50 Jan Brecke, So wollen Top-Talente arbeiten. Handlungsempfehlungen für eine Unternehmenskultur der Zukunft, Frankfurt am Main 2015, S. 96.

51 Definition in: Rüdiger Pieper (Hrsg.), Lexikon Management, Wiesbaden (Gabler) 1991, S.123.

eigenverantwortliche Leistung ihrer Mitarbeiter angewiesen.«[52] Das heißt: Führung findet in der Schule eben nicht allein durch die/den Schulleiter/-in statt, sondern auf vielen Ebenen und Stufen: In der Klassenkonferenz durch die/den Klassenleiter/-in, in der Stufenkonferenz der Lehrkräfte einer Stufe durch die/den Stufenleiter/-in, in der Fachkonferenz durch ihre/n Vorsitzende/n und schließlich in der Gesamtkonferenz durch die/den Schulleiter/-in.

FAZIT
Überträgt man die eher ökonomische Zielsetzung vom »Überleben und Wachstum der Organisation« auf Schule, dann kann man sagen: Führung hat sicherzustellen, dass zum einen die durch den Gesetzgeber übertragenen Aufgaben erfolgreich erfüllt werden und dass zum anderen die »Nachfrage« nach oder – wenn Sie so wollen – die Akzeptanz oder die Attraktivität der Organisation/Institution Schule möglichst hoch ist und vor allem bleibt. Kommen beide Komponenten zu kurz oder werden nicht erfüllt, ist auch und gerade unter konkurrierenden kleinen Schulen mit einem Absterben (i.e. einer Schließung) einzelner Einrichtungen (z.B. zwei Grundschulen in einer Gemeinde auf dem Lande) zu rechnen.

Da Führung auf Menschen bezogen ist, kommt es vor allen Dingen darauf an, »dass sie die Menschen motiviert, ihre Erfahrungen, Kenntnisse und Fertigkeiten zum Nutzen der Organisation einzusetzen. Die Tätigkeit der Führungskräfte muss sich an der Frage orientieren:

Wie kann ich erreichen, dass die Mitarbeiter ihre aktuellen und potentiellen Kenntnisse und Fertigkeiten so uneingeschränkt wie möglich für die Belange der Organisation einsetzen? Die Antwort muss lauten: Indem ich Bedingungen schaffe, die meinen Mitarbeitern die gewünschten Leistungen nicht nur ermöglichen, sondern sie zu diesen Leistungen geradezu herauszufordern«. [53]

Mit Blick auf die Schule wurde vom Gesetzgeber in § 1 Schulgesetz in Rheinland-Pfalz ihr Erziehungs- und Bildungsauftrag für Schulleitung und Kollegium ganz allgemein definiert. § 21, Abs. 1 Satz 1 macht deutlich, dass die Hauptführungsaufgabe in der Schule die/der Schulleiter/- hat. Er ist »für die

52 Ders., Ökologisch führen. Evolutionäres Wachstum durch ganzheitliche Führung. Wiesbaden 1991, S.113f.
53 ebenda, S. 115.

Durchführung der Erziehungs- und Unterrichtsarbeit der Schule verantwortlich«. Dazu zählt auch, dass die/der Schulleiter/-in auf die Zusammenarbeit der Lehrkräfte hinzuwirken habe. Dabei ist er auf die Qualifikation und Leistung seiner Mitarbeiter angewiesen – und hier befinden wir uns im Kernbereich direktoralen Führungs- und Leitungshandelns! Und dies gilt dann im Zuge der Delegation durch die/den Schulleiter/-in für jedes Mitglied der Schulleitung in einem begrenzten Aufgabengebiet.

Die Schulaufsicht hat u.a. die »Fachaufsicht über die Erziehungs- und Unterrichtsarbeit der Schulen« (§ 84 SchG, Abs. 2, Ziff. 5). Und d.h., dass Schulaufsicht – will sie ihrem Verfassungsauftrag im Sinne von Art. 7 GG im Rahmen ihrer fachaufsichtlichen Tätigkeit den Schulleiter/-innen vor allem bei der Wahrnehmung ihrer/seiner Führungsaufgabe gerecht werden, hat sie Schulleiter/-innen zu stärken und unterstützen, zu beraten und zu fördern – unter der Bedingung: Die beste Schulleiterin/der beste Schulleiter sitzt in der Schule – und nicht in der Schulbehörde!

24.3 Wie nehmen Schulleiter/-innen diese Tätigkeiten wahr?

Hauptvoraussetzung für erfolgreiche Führung ist ein hoher Informationsstand der/des Schulleiters/-in über das gesamte kollektive und individuelle Qualifikations- und Leistungspotential der Lehrkräfte. Bisher dokumentierte sich dieser Informationsstand in der regelmäßigen dienstlichen Beurteilung. Hierzu war jede/r Dienststellenleiter/-in verpflichtet. In den allermeisten Fällen bedeutete dieser Zeitpunkt in der Praxis: Die meisten Schulleiter/-innen besuchten kurz vor Ablauf der Fünf-Jahres-Frist die Lehrkraft im Unterricht, machten sich kundig darüber, welche Aufgaben sie über den Unterricht hinaus erledigte, und ergänzten ihre Beobachtungen um Wahrnehmungen der Beziehungen der Lehrkraft zu allen an Schule Beteiligten.

Aus dem Zwang zur regelmäßigen Beurteilung nach fünf Jahren ergab sich aber in den meisten Fällen keineswegs eine kontinuierliche Beobachtung, vielmehr setzte bei der »Normallehrkraft« in aller Regel in einem Zeitraum von einem halben Jahr vor dem Abgabetermin der Beurteilung die Beobachtungsphase ein. Man kann also feststellen: Von einer kontinuierlichen Führung im o.g. Sinne kann bei einer so kurzfristigen Wahrnehmung des Instruments der dienstlichen Beurteilung nicht die Rede sein, handelte es sich doch in den meisten Fällen um eine eher punktuelle Wahrnehmung und Bestandsaufnahme des aktuellen Qualifikations- und Leistungspotenzials.

Aufgrund zahlreicher Gespräche mit Lehrkräften über dieses Thema wird ein solches Verhalten ihres Vorgesetzten ganz unterschiedlich gesehen. Zwei Sichtweisen scheinen mir dafür typisch zu sein:

Da gibt es die einen Lehrkräfte, die häufig mit ihrer/ihrem Schulleiter/-in sprechen, ihm zuarbeiten, ihn informieren und die Schule nach außen in Teilbereichen auf Erfolgskurs führen und zu ihrer überdurchschnittlichen Attraktivität in der Öffentlichkeit – also zum »Überleben« und zu höherer »Beachtung« – beitragen. Diese Gruppe zeichnet sich in den meisten Fällen aus durch hohe Selbstmotivation, geringen Krankenstand, hohe Arbeitszufriedenheit und ein umfangreiches Engagement in der Schule bei gleichzeitig großer Beliebtheit. Man könnte sagen: Ihnen gelingt es, entweder ihrerseits die/den Schulleiter/-in zu führen oder in einem Teilsystem von Schule Führungsqualitäten zu entfalten und unter Beweis zu stellen. Ergebnis der dienstlichen Beurteilung: Sie sind sehr gut, weil sie den Anforderungen im besonderen Maße entsprechen.

Und da gibt es die andere Gruppe von Lehrkräften, denen – aus welchen Gründen auch immer – das Gespräch mit der/dem Schulleiter/-in schwer fällt, die sich auf ihren Unterricht beschränkt, i.d.R. ein reduziertes Verständnis von Schule hat, jeder Zusammenarbeit mit Kolleg(inn)en aus dem Weg geht, sich in höherem Dienstalter vehement gegen Änderungen stemmt, mit fortgeschrittener Dienstzeit einen hohen Krankenstand aufweist, streitsüchtig gegenüber Schüler/-innen, Kolleg(inn)en und Eltern auftritt, sich zuweilen auf dem Weg zur inneren Emigration befindet oder schließlich ganz resigniert. Im Sinne der o.g. Definition von Führung könnte man fragen: Sind sie nicht unter Umständen durchaus Führungspersönlichkeiten, aber befinden sich aus ihrer Sicht in einer Phase einer eher insgesamt doch als faktisch führungslos zu bezeichnenden Schule, die von einem Mangel an Achtsamkeit und Wertschätzung geprägt ist?

Beide Beobachtungen machen folgendes deutlich:

1. Die dienstliche Beurteilung war und ist für die Mehrzahl der Lehrkräfte das Ergebnis einer punktuellen Beobachtung von mindestens je einer Unterrichtsstunde pro Fach.

2. Die meisten engagierten Lehrer/-innen sind im hohen Maße selbstmotiviert. Sie bringen ihre Führungspotenziale in der Regel aus Führungspositionen im außerschulischen Raum (z.B. Vorsitzende von Vereinen) mit und übertragen diese mit hohem Engagement, zahlreichen Erfolgen und hoher Zufriedenheit auf die Schule. Ihr Verhalten ähnelt oft dem eines Leistungssportlers im Sportunterricht: Sie sind Vorturner unter mehr oder weniger nur »Bewegungswilligen«! Ungeachtet der unterschiedlichen Bedingungen: Die Vereinsmitglieder eint der gemeinsame Vereinszweck, ihre Mitgliedschaft ist freiwillig. Anders in der Schule: Der gemeinsame Zweck ist zwar formal vor- und aufgegeben, muss aber immer wieder ins Bewusstsein gerufen und festgestellt werden. Eine Kündigung ist an Hürden gebunden. Die Integration der Lehrkräfte ist nicht vorgegeben, sondern wird erst möglich durch ständige Bemühungen um ihr Zusammenwirken auf allen Leitungsebenen – ähnlich der Integration der Schüler/-innen auf Klassenebene durch die Klassenleiter/-innen und Fachlehrkräfte einer Klasse.
3. Die Lehrkräfte absorbieren anlässlich von erforderlich werdenden Beurteilungen die Aufmerksamkeit des Schulleiters. Dennoch schlagen sich in den meisten dienstlichen Beurteilungen der Sinn, die Art und Weise oder der wirkliche Erfolg ihrer professionellen Aufgabenerledigung nicht 1:1 nieder. Die Lehrkräfte ihrerseits nehmen dies angesichts der sehr guten Gesamtnote noch in Kauf; andere fangen an, sich spätestens dann dagegen zu wehren, wenn sie bei Bewerbungen um Funktionsstellen aus diesem Grunde »schlechtere Karten« haben (»Wenn Sie mit meiner Beurteilung nicht einverstanden sind, dann kann ich das Gesamturteil auch um eine Note heruntersetzen.« – O-Ton eines Schulleiters) Interessant bleibt nicht nur die »dünne« Beurteilungsgrundlage, mit der darüber geurteilt werden soll, wie eine Lehrkraft schlechthin, also immer wieder oder in der Regel, unterrichtet. Noch problematischer ist die Beurteilung des sonstigen Engagements in der Schule, wenn Sie als Schulleiter/-in im Grunde darüber nichts oder nicht viel wissen. Hier iwäre es wirklich interessant, vor allem in Personalgesprächen Näheres darüber zu erfahren. (s. dazu auch das Kapitel über »Strategische Stellenbeschreibungen«)
4. Die Diskussionen um Themen wie »veränderte Jugend«, »Öffnung von Schule und Unterricht« oder »Verstärkung der Zusammenarbeit von Eltern und Schule in Erziehungsfragen« haben breite Teile der Kollegien

aufgewühlt und erschreckt. Dies gilt besonders für die zweite Gruppe der »überwältigten« Lehrkräfte. Viele von ihnen suchen ihr Heil in der Flucht nach vorn: Feindbilder werden kollegial ausgemacht und bekämpft. Immerhin erfahren viele auf diese Weise bei solchen Aktionen erstmals wieder nach Jahren in gewisser Weise Beachtung und kollegiale Zuwendung auch durch Vorgesetzte. Auch sind sie sich darin einig, dass sie jede Form des Veränderungsdrucks von außen – ob Wünsche und Kritik von Eltern oder Medien bis hin zur Erhöhung des Regelstundenmaßes – als willkommene Möglichkeit zur erneuten Erfahrung ihres Zusammengehörigkeitsgefühls, Solidarität und hoher Bedeutung ihrer Person herhalten muss.

5. Die Rekrutierung von Führungskräften erfolgt noch immer unter alltagsphilosophischen Gesichtspunkten: Es scheinen besonders jene gut geeignet, die ein hohes Maß an Selbstmotivation aufweisen, geborene Einzelkämpfer sind und sich in diversen Positionen ein gerüttelt Maß an Erfahrungen zu eigen machten, bei ihrem Vorgesetzten deshalb beliebt sind und daher auch objektiv zum Zuge kommen sollten. Ihr Mangel: Sie haben in aller Regel professionelle Führung nicht erlebt, die ihren überdurchschnittlichen Pragmatismus und ihre hohes Organisationspotential auf eine solide Basis hätte stellen können. So – ganz pragmatisch ausgestattet – erlauben wir uns, engagierte Lehrkräfte in Führungspositionen zu setzen, ohne sie dafür ausreichend vorab zu qualifizieren. Wenn viele Schulleiter/-innen erst im 5. oder 7. Amtsjahr bekennen, sie fühlten sich erst jetzt richtig wohl in ihrer Position, oder andere sich bei einem Lotteriegewinn sehr gut vorstellen könnten, mit welchen Lehrer/-innen sie eine Privatschule gründen würden, dann sind dies Signale eines Leidens an einem als unzureichend empfundenen Ausmaß an Vertrautheit mit der Aufgabe, die uns nicht gleichgültig sein kann – von anderen Symptomen ganz zu schweigen.

24.4 Unser Hauptziel sollte darum sein: Schulaufsicht ist zu einem »Unterstützungssystem« teilautonomer Schulentwicklung auszubauen

Es ist sicherlich richtig, dass wir weiterhin leistungsfähige Lehrkräfte, die motiviert, professionalisiert und deshalb zufrieden mit ihrer Arbeit sind, für Stellen als Schulleiter/-innen benötigen.

Es ist aber m.E. auch richtig, dass wir dazu unbedingt die Professionalisierung aller Leitungskräfte einer Schule im gesamten Bereich der Personalführung ganz dringend brauchen. Dazu zählen an erster Stelle die Bereiche »Personalentwicklung« und »Personalförderung«. D.h.: **Personalförderung** dient der Förderung von Fähigkeiten, die in der bestehenden Aufgabe gefordert werden – also vor allem bei der Unterrichts- und Erziehungstätigkeit in der Klasse. Sie ist von der Anlage her gegenwartsbezogen. **Personalentwicklung** hingegen unterstützt die Förderung von Fähigkeiten, die in künftigen Aufgaben mit höheren Anforderungen gefordert werden. Sie ist darum zukunftsbezogen. Beide zusammen ergänzen die Unterrichts- und Organisationsentwicklung von Schule. Schulaufsicht hat m.E. in diesem Zusammenhang die Aufgabe, in vertrauensvoller Zusammenarbeit mit den Schulleiter/-innen das mögliche Führungspotenzial einer Schule zu sichten, zu bewerten, zu stärken oder zu fördern. Sie realisiert in diesem Sinne ihre fachaufsichtliche Funktion hinsichtlich der Unterrichts- und Erziehungsarbeit an der Schule. Darum sollte Schulaufsicht zu einem »Unterstützungssystem« teilautonomer Schulentwicklung ausgebaut werden.[54] Darum können Auswahlgespräche nur dann erfolgreic und zuverlässig sein, wenn in Ihnen die bisherigen Erfahrungen angesprochen werden und im Hinblick auf die darin enthaltenen Führungs- und Leitungspotenziale befragt werden. Eine Überprüfung eines nur theoretischen Wissens verbietet sich deshalb von selbst, da hier die für eine Funktionsstelle erforderlichen Transferpotenziale nicht erhoben werden, obwohl es doch genau um diese geht, wenn jemand in einer neuen Aufgabe erfolgreich sein möchte.

Das Kultusministerium von Baden-Württemberg hatte beispielsweise Anfang der 90er Jahre zeitgleich mit Rheinland-Pfalz die Regelbeurteilung abgeschafft. Es hat aber gleichzeitig mit Recht darauf hingewiesen, dass dieses Instrument durch die Einführung regelmäßiger und systematischer Personalführungsgespräche zwischen Schulleitung und Lehrkraft zu ersetzen sei. Personalführung komme damit eine Schlüsselfunktion der Schulleitertätigkeit zu. »Die *Schulaufsicht* hat die Verantwortung dafür, dass Schulen über entwickelte

---

54 Dazu zuletzt Peter Geldschläger, Selbststeuerung der Schulen – Ziel der Schulaufsicht?, in: PädF 1 (1993), S. 11-15.

Personalführungskonzepte verfügen«[55]. Dazu zählt der Schulabteilungsdirektor in der Bezirksregierung Düsseldorf, Volker Allmann, folgende Qualifikationen, über die der Schulleiter bei Amtsübernahme zu verfügen hat:

- Die Kompetenzerfassung durch Beobachtung, aber auch Kompetenzentfaltung, fähigkeitsgerechter Einsatz, Begleitung und Beratung sowohl von Mitgliedern der Schulleitung als auch von Lehrerinnen und Lehrern unter Nutzung wirksamer Feedback-Strukturen,
- die Impulssetzung und Koordinierung von Zielvereinbarungen zur selbständigen Ausfüllung der Rahmenvorgaben – zusammengefasst im Schulprogramm,
- die Vorbereitung valider Personalentscheidungen, Nutzung und Entwicklung eines Motivationssystems, Belohnung für Leistung z.B. durch differenzierte Rückmeldung in Leistungsberichten/dienstlichen (Anlass-) Beurteilungen/Übertragung von Sonderaufgaben/Vorschlag für Beförderungen,
- die Delegation von Aufgaben, dabei Förderung von Teamfähigkeit, Verbreiterung der Leitungsebene ohne Segmentierung auf ausschließliche Spezialisten; Förderung der ganzheitlichen (sinnbezogenen, H.L.) Betrachtungsweise der Aufgaben und
- Bedarfsfeststellung und Organisation schulinterner Lehrerfortbildung.«[56]

FAZIT:
Über die gestiegenen Verschleißerscheinungen des Personals in Schule und Verwaltung wird viel gesprochen. Die Anforderungen werden im Allgemeinen als zu hoch empfunden. Und sie sind es oft dort, wo sowohl die notwendige und als auch aufrichtige Anerkennung der Arbeit fehlt. Sie werden aber auch überall dort unerträglich, wo das Gefühl überwiegt, der einzelne habe die Verantwortung für alles und jedes alleine zu schultern oder an eine fürsorglich handelnde Schulleitung abgegeben. Es wird deshalb darauf ankommen, neue Verfahren zu entwickeln, die Führung in immer komplexer werdenden Institutionen mit an und für

55 Dies fordert der Abteilungsdirektor in der Bezirksregierung Düsseldorf: Volker Allmann, Schulaufsicht für Schulen mit größerer Selbständigkeit, in: PädF 6 (1995), S. 68.

56 Ders, ebd.

sich flachen Hierarchien ermöglichen, weil sie gerade dort so notwendig ist. Wie dies geschehen kann, darüber gibt es inzwischen eine breite Diskussion in unterschiedlichen Veröffentlichungen und in einzelnen wenigen Schulen.

25. Personalführungsgespräche als Grundlage für angemessene Wertschätzung einer jeden Lehrkraft

Lassen Sie mich dieses sehr zentrale Thema mit einer Situation beginnen, die sich in ihrer Konsequenz als tragisch erwies. Stellen Sie sich vor, Sie haben lediglich von Personalführungsgesprächen gehört und auch von Kolleg(inn)en aus Nachbarschulen, dass man dort mit Hilfe eines strukturierten Interviews solche Gespräche ein- und durchgeführt hat. Ihnen ist auch bekannt, dass man dank solcher Gespräche eine Menge über die Kolleg(inn)en in Ihrer Schule erfährt. Eigentlich scheint das ja wohl als Informationsgrundlage für ein erstes Personalführungsgespräch auszureichen. Kurz entschlossen, beschließen Sie seine Einführung und beginnen – unter Beachtung der alphabetischen Reihenfolge Ihrer Lehrkräfte – mit Herrn A.- Ihm legen Sie einen Zettel ins Fach und bitten ihn zu einem Personalführungsgespräch in 8 Tagen in der 3. Stunde in sein Büro, da der Kollege ja dann eine Freistunde habe. Weil Ihnen die Angelegenheit nicht mitbestimmungspflichtig erscheint, sondern Sie sich in einer vertrauensvollen Atmosphäre ein Vieraugengespräch vorstellen, informieren Sie weder den Personalrat noch die Gleichstellungsbeauftragte über die Sache selbst noch über diese Einladung. Schließlich sind Sie ja Vorgesetzter der Lehrkräfte!

Herr A., dem noch die Verbeamtung auf Lebenszeit bevorsteht, kommt Ihrer Einladung – die bei ihm als eine Art Weisung ankommt – selbstverständlich nach und ist pünktlich zugegen. Während Sie – das strukturierte Interview in der Hand – eine Frage nach der anderen abarbeiten, gibt Ihnen Herr A. bereitwillig Auskunft. Je länger er bei Ihnen sitzt, desto mehr fühlt er sich allerdings von Ihnen ausgefragt. Nach einer Schulstunde ist das Gespräch beendet. Er verlässt etwas verunsichert, aber auch verärgert das Büro, weil er sich naiverweise unvorbereitet auf das Gespräch einließ; hätte er im Nachhinein doch noch so viel zu sagen gehabt… Der Schulleiter indessen bemerkt dies nicht, ist aber zufrieden, dass ihm das Gespräch fürs Erste doch wohl sehr gelungen sei. Und doch kommen bei ihm plötzlich Nachdenklichkeit und Unsicherheit auf. Etwas verunsichert fragt er sich, ob

das Gespräch wohl auch so bei der nächste Gesprächspartnerin, einer Frau B., verlaufen wie. Denn Frau B. war schon seit 15 Jahren an der Schule, als er vor 4 Jahren zum Schulleiter bestellt wurde. Sie ist eine erfahrene, sehr selbstbewusste und engagierte Kollegin. Wenn er an dieses Gespräch denkt, kommen ihm Zweifel, ob sie sich dem Verfahren unterwerfen werde...Auf jeden Fall wird es wohl nicht so reibungslos verlaufen wie mit Herrn A.

Bald nach seinem Gespräch hat Herr A. mit einem Kollegen über sein Personalgespräch gesprochen, der schon länger in der Schule und Vorsitzender des örtlichen Personalrats ist. Dieser hört sich sehr aufmerksam an, was Herr A. zu berichten hat, und zeigt sich dann aber sehr verärgert. Denn der Schulleiter habe – mal wieder (!) – in mehrfacher Hinsicht gegen das Personalvertretungsgesetz verstoßen,

- **weil er den Personalrat nicht rechtzeitig und umfassend vorab über sein Vorhaben informiert habe,**
- **weil er selbst nicht über den Termin informiert wurde,**
- **weil er den Kollegen A. nicht auf die Möglichkeit hingewiesen habe, dass er auch ein Mitglied des Personalrats hätte dazu bitten dürfen, und schließlich gehe doch das Thema alle an und hätte darum in einer Dienstbesprechung erörtert werde müssen.**

Kurz: Dem Schulleiter droht wegen seines an und für sich gut gemeinten Alleingangs Ärger. Und das kostet Zeit und Nerven und führt zu einer Phase nicht erheblicher und zusätzlicher Belastung. Also – wie könnte man damit umgehen, um dies alles zu minimieren oder am besten zu vermeiden?

Wie mit der Situation hätte umgegangen werden können, möchte ich an drei Varianten aufzeigen:

25.1 Verfahrensabbruch

25.2 Woran man hätte anknüpfen können...

25.3 Das Personalführungsgespräch mit Konsensmanagement einführen

25.1 Verfahrensabbruch

Vorausgeschickt: Das von mir gewählte Beispiel ist wie alle meine Beispiele in diesem Buch nicht aus der Luft gegriffen, auch wenn die Namen natürlich verändert wurden. Wie hat der Schulleiter auf die beim örtlichen Personalrat und immer mehr Kolleg(inn)en aufkommende Kritik reagiert?

Die Reaktion ist freilich abhängig von seiner Zielsetzung bzw. und der Frage, welcher Sinn und Zweck dem Gespräch beigemessen wurde. Von seinen Schulleiterkolleg(inn)en in den anderen Schulen übernahm er als sinnvolle Zwecke die Steigerung der Arbeitszufriedenheit und Motivation der Lehrkräfte. Er selbst sah darin für sich keinen weiteren Nutzen. Im Gegenteil wurde ihm im Umfeld des Gesprächs bewusst, dass ihn das Verfahren nichts als Zeit kostete. Und wie es sich dann zeigte, scheinen die Lehrkräfte den von ihm beabsichtigten Zweck auch nicht nachvollziehen zu können. Darum beschloss er kurzerhand mit den Worten: »Die haben einfach meine Bemühungen nicht verdient!« das Verfahren abzubrechen. Allerdings war er im Stillen seinerseits über das Kollegium verärgert, was von da an das Miteinander komplizierter in seinem dann 5. Dienstjahr im Amt machte.

25.2 Woran er hätte anknüpfen können…

Bevor der Schulleiter daran dachte, das Personalführungsgespräch in seiner systematischen Form alle fünf Jahre als einen Ersatz für die Dienstliche Regelbeurteilungen einzusetzen, hätte er eben dort anknüpfen können: Nämlich an den beurteilenden Gesprächen über die besuchten Unterrichtsstunden. Hier kam man doch sehr schnell ins Gespräch über die zu beobachtenden und beurteilenden Aussagen zum Unterricht. Aber es ging ja niemals allein um die Reflexion von Unterricht, sondern auch um Berichte der Lehrkraft über Inhalte und Ziele ihrer außerunterrichtlichen Aktivitäten. Und dies ist ein sehr weites Gesprächsfeld, das schließlich um motivierende und demotivierende Aspekte des Schulalltags erweitert werden konnte. Auch das Thema Fortbildung und deren individuelle und kollegiale Nutzung bis hin zu Fragen nach der dienstlichen Weiterentwicklung spielten doch in diesem zweiten Teil eine Rolle. Dabei haben mir Lehrkräfte berichtet, dass ihr Schulleiter zwar die

Themen auflistete, die sie außerunterrichtlich bearbeitet, sich aber über Art, Umfang und Sinn und Zweck nur selten erkundigt haben. Gleichwohl gäben sie sdarüber nach Gutdünken ein Urteil mit einer Bewertung ab. Und da die Urteile in den meisten Fällen sehr positiv ausfielen, wurden sie von den Lehrkräften selten kritisch hinterfragt.

Ein/e gute/r, weil an jeder Lehrkraft und ihrer beruflichen Entwicklung wirklich interessierte/r Schulleiter/-in erkundigt sich bei den Lehrkräften von Anfang an über den Gegenstand und Zielsetzung ihres außerunterrichtlichen Engagements. Mehr noch: Sie/Er könnte etwa auf Anfrage des Schulelternbeirats auch beschreiben, was die Kollegin/der Kollege im Rahmen dieses Engagements in der Hauptsache und in welchem zeitlichen Umfang macht. Vor allem aber wüsste sie/er, welche Zielsetzungen sie damit verbindet oder welchen pädagogischen Sinn sie damit verfolgt. Denn die pädagogische Sinngebung und Zwecksetzung sind, wenn mit der/dem Schulleiter/-in im Zuge seiner Delegation nicht anders vereinbart, zunächst einmal von ihr/ihm im hermeneutischen Sinne ernst zu nehmen und bei einer Beurteilung heranzuziehen. Denn Sinngebung und Zwecksetzung sind nicht nur Quellen der Inspiration für alle organisatorischen Maßnahmen, die daraus abgeleitet werden, sondern auch immanente Maßstäbe für die faire Beurteilung der Intensität des Erfolgs der Lehrkraft und der mit ihr zusammenarbeitenden Lehrkräfte und/oder Schüler/-innen – ja, und für Sie als Schulleiterin oder Schulleiter sind beides – Sinngebung und ihre Umsetzung – ausgezeichnete Grundlagen dafür, den Wert der geleisteten Arbeit ernsthaft einzuschätzen, zu würdigen und ein wirklich rationales Urteil zu fällen. Erst hier wird sich ein/e so beurteilte/r Kollege/-in wiedererkennen und kann im Urteil der/s Schulleiter/-in eine aufrichtige Wertschätzung sehen. Eine solche Wertschätzung kann ja auch schon unter vier Augen motivierend sein. Sie erfährt allerdings eine Steigerung in Form einer förmlichen Anerkennung – also in einem Schreiben an die Lehrkraft, in dem das bearbeitete Aufgabenfeld knapp beschrieben wird und ein Urteil über die Arbeit mit Blick auf seine Zielsetzungen getroffen und in ihrer Bedeutung für die Schule bewertet wird.

FAZIT:
Ein guter, weil an jeder Lehrkraft interessierter und ihrem Fortkommen wirklich Anteil nehmende/r Schulleiter/-in erkundigt sich von Anfang an nicht nur über den Gegenstand ihres außerunterrichtlichen Engagements. Sie/Er ist auch imstande, selbst zu beschreiben, was die Kollegin/der Kollege in der Hauptsache dort macht. Vor allem aber weiß sie/er, welche pädagogischen Zielsetzungen sie/er damit verbindet oder welchen pädagogischen Sinn sie/er damit verfolgt. Sinngebung und ihre Umsetzung – sind ausgezeichnete Grundlagen dafür, den Wert der geleisteten Arbeit einzuschätzen und zu einer rationalen Urteilsfindung zu kommen, so dass die Lehrkraft im Urteil ihrer Schulleiterin/ihres Schulleiters auch eine aufrichtige Wertschätzung sehen kann. Hierdurch kann ein Zugewinn von Motivation und Arbeitszufriedenheit erreicht werden. Eine förmliche Anerkennung steigert darübe hinausbeides.

25.3 Das Personalführungsgespräch mit Konsensmanagement einführen

Während die Schulleiterin/der Schulleiter als subjektive Intention im Personalgespräch in erster Linie eine Maßnahme zur Stärkung der Motivation und Verbesserung der Arbeitszufriedenheit sah, blieben diese sehr berechtigten Absichten dem Kollegen A. buchstäblich verborgen. Darum wäre es von Vorteil gewesen, wenn er vor d Nutzung den Personalrat über den Fragekatalog und über die damit verbundenen Absichten informiert hätte, das Personalführungsgespräch als ein Mittel zur Motivation und der Arbeitszufriedenheit einzuführen, und sodann mit allen Mitgliedern der Schulleitung darüber ins Gespräch über drei Punkte gekommen wäre:

Erstens: Wie können wir die Einführung des Fragebogens so gestalten, dass sein Einsatz auch den Bedürfnissen des Kollegiums entgegenkommt? Das Gespräch sollte ja einerseits die Arbeit der Lehrkraft außerhalb des Unterrichts mit der ihr innewohnenden pädagogischen Zielsetzungen für den Schulleiter sichtbar werden lassen und andererseits sollte sie aus dem Gespräch ein Mehr an Motivation, Wertschätzung und Arbeitszufriedenheit mitnehmen.

Zweitens: Wie kann deutlich gemacht werden, dass ein/e Schulleiter/-in nicht nur Interesse an denjenigen Lehrkräften hat, die sich auf Funktionsstellen bewerben, sondern auch an jenen, die sich entschieden haben, bis zu ihrer Pensionierung »normale« Lehrkräfte zu bleiben und dennoch ein natürliches Bedürfnis haben, dass auch die Schulleitung ihre Arbeit kennt und sie ebenfalls für diese Arbeit eine angemessene Wertschätzung erfahren?

Drittens: Sind vor dem Hintergrund der Antworten auf die ersten beiden Fragen die systematischen Fragen im Fragbogen für das Personalführungsgespräch wirklich dazu geeignet, jene Intentionen zu erreichen, die man in der Schulleitung zu einer gemeinsamen Sinnebene (i. e. KON-SENS) bündeln könnte?

Erst wenn sich die Schulleitung insgesamt auf gemeinsame Antworten auf diese drei Fragen geeinigt hat, ist sie dazu in der Lage, ein erstes Konzept zu Einführung von Personalführungsgesprächen auf den Weg zu bringen. Sie wird dann dem Personalrat die Fragen vorlegen, sie erläutern und für das fertigzustellenden Dokument eines strukturierten Interviews s Zustimmung des Personalrates herbeizuführen versuchen, bevor es die Schulleiterin/der Schulleiter der Lehrerkonferenz zur Aussprache und Abstimmung über alle drei Punkte vorlegt. Unter Umständen könnte die Lehrerkonferenz einen aus ihrer Mitte vorzuschlagenden Konferenzausschuss beauftragen, die Veränderungsvorschläge einzuarbeiten und dann der Lehrerkonferenz erneut zur Beschlussfassung vorzulegen. Schließlich sind kollegiale Gespräche keine Einbahnstraßen zum Aushorchen von Lehrkräften durch den Schulleiter. Auch Lehrkräfte haben ein Anspruch auf Mitteilung ihres dienstlichen Handelns und Erlebens durch ein schulfachlich kompetenten Menschen wie einem Schulleiter oder einem Schulleiterin. Wo beiden Bedürfnissen Rechnung getragen wird, sind sie als Dialoge angelegt, die beiden Seiten helfen.

»Offenheit«, so Babette Julia Brinkmann und Matthias Langen, »...wird auf allen Ebenen zum zentralen Delegationsprinzip. Kommunikationsbarrieren werden bewusst eingerissen, Tabuzonen radikal dezimiert. Diejenigen, die Entscheidungen mit Auswirkungen auf das gesamte Unternehmen (hier: die Schule, d.Verf.) zu treffen haben, legen offen, welche Alternativen sie abwägen, welche Fragen sie beschäftigen und laden andere dazu ein, ihre Meinung in den Entscheidungsfindungsprozess einzuspeisen. Derartige Partizipationsprozesse sind in verschiedenen etablierten Unternehmen wie der Deutschen Bahn mittlerweile erprobte Praxis – um die Qualität von Entscheidungen bei komplexen Problemen zu erhöhen.«[57]

Nach einer ersten Gesprächsrunde hätte dann die Konferenz die Aufgabe, die Sinngebungen für das Personalführungsgespräch in Indikatoren für eine Art interne Evaluation zu verwandeln und dann eine solche Bilanzierung vorzunehmen, um die Qualität der getroffenen Entscheidung zu sichern oder ggf. Einwände zu formulieren, einzuarbeiten oder kleine Änderungen vorzunehmen.

Nachstehend habe ich einen Entwurf eines solchen Fragebogens abgedruckt. Soweit es möglich ist, wird er mit der Einladung zum Personalführungsgespräch vorab von der Lehrkraft und der/dem Schulleiter/-in ausgefüllt und nach dem Gespräch gemeinsam ergänzt und von beiden Seiten unterschrieben.

Das so überzugend gemeinsam erarbeitete und daher tragfähige Konzept, an dessen Erstellung Sie als Schulleiter/-in nur im Rahmen eines allgemeinen Prozessmanagements teilhaben, während Sie zu Ihrer erheblichen Entlastung die Detailarbeit wie Beratungsbesuche von Unterricht an Mitglieder der Schulleitung und interessierte Lehrkräfte delegiert haben, können Sie dann behutsam und einfühlsam bei hoher Zustimmung der Betroffenen einsetzen und je nach Bedarf nutzen. Gestärkte Motivation und größere Arbeitszufriedenheit dürften sich dann bald einstellen, und der etwas längere Weg zu diesem Ziel – wegen eines systematischen Konsensmanagements, hat sich dann wirklich ausgezahlt.

25.4 Personalführungsgespräch

Das Gespräch führte die Schulleiterin/der Schulleiter,

Frau/Herr……………………………………………………..…………………,

am……………………… mit Frau/Herrn…………………..……………………

Frau/Herr…………..unterrichtet Schülerinnen und Schüler in den Fächern/ im…………………………………der Klasse/n……………………..……

57 Babette Julia Brinkmann, Matthias Lang, Selbstorganisation braucht klare Regeln, in: FAZ v. 16.07.2018, S. 18.

Sie/er arbeitet an der Schule seit:..................mit............Wochenstunden.

Folgende außerunterrichtlichen Aufgaben wurden/werden von ihr/ihm wahrgenommen und sind mit folgenden Zielsetzungen versehen

....

....

1. Rückblick auf die Aufgaben den letzten beiden Jahren

Nur beim *ersten* Gespräch: Erzählen Sie von Ihren ersten Eindrücken von der Schule, als Sie den Dienst hier antraten – was hatten Sie damals vor, als Sie Ihren Dienst aufgenommen haben?

....

....

A. Klassenführung und Unterricht

Die Situation

1. Was sind meine Ziele? Wo lagen in der Hauptsache in den beiden letzten Jahren meine Schwerpunkte?

   ....

   ....

2. Wie ging ich mit dem Lehrplan um, wie mit den pädagogischen Aufgaben und den Verwaltungsaufgaben in der Klasse?

   ....

   ....

3. Ich denke, die Schüler/-innen kommen zu mir gern in die Klasse, weil

   ....

   ....

4. Warum gehe ich gerne in meine Klassen? Wie fühle ich mich dabei?

   ....

   ....

   ....

   ....

5. Vielleicht kommen andere Schüler/-innen mit meinem Unterricht nicht so zurecht, weil Sie möglicherweise...

   ....

....
....
Wie gehe ich solchen Fällen mit ihnen um? (Beispiel).....................
....
....
....

6. Was macht mir besonders viel Freude an unserer Schule? Womit komme ich weniger gut zurecht? Woran liegt das eine, woran möglicherweise das andere? ....
....
....
....

7. Bei der Wahrnehmung der Rahmenbedingungen an unserer Schule: Welche werden von mir als unterstützend empfunden, welche eher weniger?
....
....
....
....
....

8. Wie ging ich mit besonderen Herausforderungen/mit Problemen um? Bei wem fand ich Rat und Hilfe? Oder: Von wem hätte ich evtl. mehr Hilfe erwartet?
....
....
....
....

9. Wie würde ich meinen Umgang mit Eltern beschreiben/wie mit Schülern? (Beispielszene aus der jüngerer Zeit – schildern Sie sie bitte so, dass sich eine dritte Person diese Szene vorstellen und sie ggf. nachstellen könnte)
....
....
....
....

Die Wahrnehmungen des Gesprächspartners zu den o.g. Punkten münden ein in gemeinsame Überlegungen:

1. **Was soll so bleiben? (Gründe?)**

   ....

   ....

   ....

   ....

2. **Was sollte sich ändern? (Gründe?)**

   ....

   ....

   ....

   ....

B. Kollegium und Arbeit der Schulleitung

Aspekte des Gesprächs:

Wie wird die Konferenzarbeit wahrgenommen? Wie wird darin so etwas wie ein besonderer Geist an unserer Schule sichtbar?

Die Teilnahme an den Konferenzen wird empfunden als unterstützend, zielführend, problemlösend oder anders? Worin lagen die eigenen Beiträge in Konferenzen? Oder: Was hat vielleicht das Gefühl vermittelt, dass eigene Beiträge eher nicht erwünscht sein?

....

....

....

....

....

....

Die Wahrnehmungen des Gesprächspartners zu den o.g. Punkten münden ein in gemeinsame Überlegungen:

1. **Was soll so bleiben? (Gründe?)**

   ....

   ....

   ....

2. **Was sollte sich ändern? (Gründe?)**

....

....

....

....

....

Zusammenfassung der Ziele für die Zukunft:
Werden im Gespräch Impulse spürbar, die formuliert werden können? (Abläufe, Verhaltensweisen, Pläne etc.)
Welche Möglichkeiten sollen vereinbart werden, zunächst die neuen Schritte für sich selbst, später aber auch durch andere zu überprüfen? Welche Begleitung/Beratung wird erbeten/angeboten?

....

....

....

....

C. **Außerunterrichtliche Aufgaben**
Welche Aufgaben wurden übernommen? Wie wurden sie erledigt? Welcher pädagogische Sinn erschloss sich aus der Wahrnehmung dieser Aufgaben für mich selbst, vielleicht für die ganze Schulgemeinde? Welche Probleme galt es zu lösen? Wie wurden sie angegangen (eher individuell/eher kollegial)? Wie hat die Schulleitung diese wahrgenommen?

....

....

....

Welche Aufgaben will ich weiterführen, welche beenden, welche neu übernehmen? Welche Wünsche hat die Schulleitung – z.B. Berichte über die Wahrnehmung der Aufgaben?

....

....

....

....

D. Fortbildung/Förderung/ Entwicklung:

1. Meine mittelfristigen Pläne als Lehrer/in sind ....

   ....

2. Ich dachte daran, Folgendes zu tun...

   ....

3. Innerhalb der Schule stelle ich mir deren Verwirklichung so vor.........

   ....

4. Darüber hinaus würde ich mir folgende Themen der Fort- und Weiterbildung wünschen...

   ....

5. Ich würde mir von der Schulleitung wünschen. Die Schulleitung würde sich ihrerseits wünschen...

   ....

II. Verabredungen zu allen vier Bereichen

....

....

III. Weitere Anliegen der Gesprächspartner sind…

....

....

Ich danke Ihnen für das Gespräch.

Ort, Datum Unterschriften der Gesprächspartner/innen

26. Zum Beispiel: Arbeitspläne als Koordinationsaufgabe

Im Auftrag der obersten Schulbehörde – entspannter Umgang mit einem Top-down-Konzept des Ministeriums in der Führungs- und Leitungsverantwortung des/der Schulleiters/-in

Wenn es um die Erstellung und schrittweise Weiterentwicklung von Arbeitsplänen geht, dann ist das zunächst einmal der Auftrag des Bildungsministeriums an Sie als Schulleiter/-in, der Sie auf dem Dienstweg nicht unmittelbar, sondern durch die Schulbehörde erreicht. Sie haben dann ganz im Sinne der Beauftragung dafür die Verantwortung, aber Sie persönlich können ja keinesfalls Arbeitspläne für alle Fächer schreiben, geschweige denn evaluieren und für deren Weiterentwicklung sorgen.

Machten Sie sich völlig frei von jeder Form funktionaler Arbeitsteilung und Abstufung von Aufgaben in einer Schulleitung, dann wären dafür die Vorsitzenden jener Fachkonferenzen in jenen Fächern zuständig, für die die Kultusministerkonferenz Bildungsstandards für den Mittleren Schulabschluss vorgelegt hat. Das heißt: Sie könnten die Vorsitzenden der Fachkonferenzen zu einer Besprechung einladen, um ihnen das Konzept des Ministeriums vorzutragen und sie mit der schrittweisen Erstellung der Arbeitspläne beauftragen. Dies setzte für Sie selbst eine entsprechende Einarbeitung in die Konzeption voraus und Kenntnisse im Bereich der Evaluation, Implementierung und Begleitung von Unterrichtsentwicklungsprozessen. Da Sie dann ja den Vorsitz einer Konferenz innehätten, wären Sie in der Folge für die Durchführung und Begleitung der Konferenzbeschlüsse verantwortlich – und das jedoch würde Ihre Arbeitszeit erheblich binden und Sie von anderen Führungsaufgaben abhalten. Für Sie lägen die Folgen im Übrigen auch hier in einer weiteren Arbeitsbelastung mit der möglichen Verantwortung für den Nachweis ihres Vollzugs, den Sie im Zuge Ihrer Berichtspflicht durch Vorlage von Arbeitsplänen gegenüber der Schulbehörde zu erbringen hätten. Eine solche Mehrbelastung kann das Ministerium kaum von Ihnen gefordert haben.

Woher also käme für Sie eine Entlastung?

Zu Ihrer Entlastung kommen an einer IGS die Orga-Leitung oder die/der didaktische/n Koordinator/-in infrage. An anderen weiterführenden Schulen wären es die schulfachlichen Stufenkoordinator/-innen, die Sie mit der Umsetzung der ministeriellen Weisung beauftragen würden. Diese könnten sich die Arbeit untereinander teilen. Und es wäre dann eine Kleingruppe – z.B. der Stufenleiter/-innen von der 5. bis zur 10. Klassenstufe, die sich in einer ersten Vorbesprechung über eine abgestimmte Vorgehensweise zu verständigen hätten und die dann die Vorsitzenden der Fachkonferenzen einladen würden, um – wie oben – zu besprechen, worauf es bei der Erstellung und Fortschreibun der Arbeitspläne ankomme. Ziel dieser Besprechung wäre: Die Vorsitzenden werden über alle notwendigen Schritte in Kenntnis zu setzen sein, so dass sie auf der Grundlage der koordinierten Aufgabe gleichermaßen mit ihren Konferenzen detailliertere Verfahrensweisen besprechen können. Denn am Ende sind es diese Vorsitzenden der Fachkonferenzen, die die Verantwortung für der Erstellung, Begleitung, Evaluation und Fortschreibung der Arbeitspläne haben. Die/der jeweilige Stufenleiter/-in als Mitglied der Schulleitung unterstützt sie hierbei nach Bedarf oder erkundigt sich in vereinbarten Abständen nach dem Verfahrensstand – ganz so, wie Sie es vorher mit allen Fachkonferenzvorsitzenden vereinbart hatten.

Ist die/der Schulleiter/-in nicht dadurch völlig abgekoppelt vom Fortgang der Implementierung?

Nein! Denn der Förder- und Unterstützungsprozess »nach unten« erhält sein Gegengewicht durch die Berichtspflicht »nach oben«: D.h., die Vorsitzenden der Fachkonferenzen berichten über den Stand ihrer Arbeit ihrer/m Stufenleiter/-in, die Stufenleiter/-innen berichten ihrerseits in der Schulleitungsrunde den Mitgliedern der Schulleitung und damit letztlich der/dem Schulleiter/-in selbst. Damit sind Sie mit Blick auf die systematische Erstellung der Arbeitspläne über den Stand und Fortgang der Maßnahmen zeitnah informiert und können nun ihrerseits nahezu zu jeder Zeit der vorgesetzten Schulbehörde berichten. Diese ist dann dazu in der Lage, in Wahrnehmung ihrer Bündelungsfunktion, die oberste Schulbehörde angemessen und umfänglich über den Stand der Entwicklung und dem Aufbau der Arbeitspläne an den Schulen ihres jeweiligen Aufsichtsbezirks auf dem Laufenden zu halten.

Das heißt: Sie als Schulleiter/-in sind und bleiben bei diesem Ablaufverfahren als Gesamtkoordinator/-in des gesamten Top-Down-Prozesses für das Allgemeine zuständig und haben sich in dieser Funktion dafür einzusetzen, dass der ministerielle Auftrag nach übereinstimmenden Prinzipien schrittweise auf der nächsten und übernächsten Ebene vollzogen wird. Dabei haben Sie immer wieder vornehmlich die Aufgabe, an den Sinn und Zweck des Verfahrens zu erinnern und damit motivierend über die Stufenleiter/-innen auf die Lehrkräfte einzuwirken und ihnen in je angemessenen und zielorientierten Rückmeldungen zu bestätigen, ob und inwieweit die von einzelnen Fachkonferenzen vorgelegten Arbeitspläne diesen grundsätzlichen Vorstellungen des Ministeriums entsprechen. Die Leitung des Verfahrens selbst übertragen Sie kaskadenartig vor allen Dingen Ihren Stufenkoordinator/-innen und – studiendirektor/-innen und diese wiederum den Vorsitzenden von Fachkonferenzen.

Bei einer so konsequenten Einhaltung der Aufgabenteilung werden Sie bald ein wichtiges Entlastungsmoment entdecken – soll aber auch heißen, dass Sie bitte jeder Versuchung widerstehen, in das operativen Geschehen einzugreifen. Diese selbst auferlegte Disziplin gehört zum Kernstück jeder Form von Entlastung. Sie sind auf diese Weise dazu in der Lage, ihre Funktionsstelleninhabern wissen zu lassen, wie verantwortungsvoll und kompetent sie imstande sind, ihre Aufgaben wahrzunehmen. Und wenn dies alles gelingt, dann ist dies Ihr ganz persönlicher Erfolg. Er kann dann zu einer starken Motivationsquelle für Ihre Arbeit und Ihren Flow werden.

Freilich ist es für alle Beteiligten hilfreich, wenn sie sich in groben Zügen ein Bild (Vision) davon machen, wie dieser Prozess idealtypisch verlaufen sollte.

Dieses Bild sei im nachstehenden Kapitel umrissen:

27. Bessere Lernleistungen durch kompetenzorientierte Evaluation des Unterrichts

27.1 Lehrpläne, Arbeitspläne, Kompetenzerwerb

Die deutschen Ergebnisse der PISA-Studie offenbarten nicht mehr vertretbare Unterschiede in den Schülerleistungen der Bundesländer. Zur Vereinheitlichung der Bildungsabschlüsse und zur Sicherung der Qualität deutscher Schulen verabschiedete 2003 die Kultusministerkonferenz u.a. »Bildungsstandards für den Mittleren Schulabschluss«. Sie sehen im Kern die bundesweite Beachtung verbindlicher Kompetenzen im Unterricht für nahezu alle Fächer vor.

Für die Schulen bedeutet das, dass sie in Ergänzung der Lehrpläne in den Fachkonferenzen schuleigene Arbeitspläne zu erstellen haben. Erstellung, Evaluation und Fortschreibung solcher Arbeitspläne von Klassenstufe 5 bis 10 stellen für jede Fachkonferenz eine besondere Herausforderung dar. Das pädagogisch lohnende Ziel dieses Prozesses »rollender curricula« lautet:

Durch den bestmöglichen Erwerb von Kompetenzen soll jede/r Schüler/-in individuell so gefördert werden, dass sich bei ihr/ihm im internationalen Vergleich bessere Leistungen einstellen.

Wie könnte dieser Weg aussehen und für welche Arbeitsschritte könnte man sich bei der gemeinsamen Erstellung und Überarbeitung der Arbeitspläne entscheiden?

Grundlage für jeden Unterricht sind die Lehrpläne. In den Schulen ist es bewährte Praxis, dass die Mitglieder der Fachkonferenzen Stoffverteilungspläne für die einzelnen Jahrgangsstufen beschließen und sich im Unterricht daran halten. Diese Schwerpunktthemen der Lehrpläne für die Klassen eines Jahrgangs haben den Vorteil, dass die im Unterricht jeweils nachfolgende Lehrkraft auf ihre Durchnahme setzen und eine mit dem Unterricht neu beginnende Lehrkraft daran anschließen kann. Darüber hinaus sind Schüler/-innen auf der Grundlage von fächerspezifischen Lern- und Methodenzielen zu unterrichten, die für diese Schwerpunktthemen in den Lehrplänen vorgesehen sind. Erst in einem solchen pädagogisch-didaktischen Rahmen unter Ausnutzung pädagogischer Gestaltungsfreiheit gelingt ein guter schülerorientierter Unterricht.

Was bedeutet das für die Arbeit der Mitglieder der Fachkonferenzen?

Vor allem bedeutet das, dass die Mitglieder einer Fachkonferenz ihren Arbeitsplan als »hauseigenen Lehrplan« gemeinschaftlich von Klassenstufe zu Klassenstufe schreiben, evaluieren und fortschreiben müssen.

Dazu müssen die in den Bildungsstandards beschriebenen und vorgegebenen Kompetenzen von ihnen mit den Lern- und Methodenzielen der Lehrpläne abgeglichen und in schuleigene Arbeitspläne eingearbeitet werden. Hieraus entstehen dann Arbeitspläne, die von der jeweiligen Fachkonferenz zu beschließen und zu deren Beachtung in ihrem Fachunterricht alle Lehrer/-innen verpflichtet sind. Diese Arbeitspläne sind Schritt für Schritt – in der Klassenstufe 5 beginnend – zu schreiben und zu evaluieren, bevor sie dann für die Klassenstufe 5 rückblickend ggf. überarbeitet und in den Arbeitsplan der Klassenstufe 6 usf. eingearbeitet werden. Dreh- und Angelpunkt für die Über- und Einarbeitung ist die Evaluation des kompetenzorientierten Unterrichts im Hinblick auf den Nachweis der Schüler/-innen, dass sie die in den Bildungsstandards beschriebenen Kompetenzen auch beherrschen. Denn die Kultusministerkonferenz der Bundesrepublik Deutschland hat im Jahre 2002 mit der Einführung nationaler Bildungsstandards in den so genannten Kernfächern verbindliche Vorgaben für alle Bundesländer am Ende der vierten Klasse und für den mittleren Schulabschluss verabschiedet.

In welchem Ausmaß Schüler/-innen diese Kompetenzen bei dem lernzielorientierten Erwerb neuer Wissensstände erreicht haben, lässt sich mündlich oder schriftlich (dazu zählen auch die vorgeschriebenen Vergleichsarbeiten) beurteilen, bewerten und auch evaluieren.

Entscheidend ist nun, dass bei allen Formen dieses üblichen Beurteilungs- und Evaluationsansatzes die in den Arbeitsplänen vereinbarten kompetenzorientiert formulierten fachspezifischen Bildungsstandards in den Aufgaben und Fragestellungen beachtet und geübt werden.

27.2 Dauerhaft wirksamer Kompetenzerwerb

Wie kann der individuelle Kompetenzerwerb durch die Schüler/-innen in einem weiteren Schritt noch bewusster und darum nachhaltiger und wirksamer – soll heißen im Langzeitgedächtnis zuverlässig gespeichert – gesichert – und somit die Schülerleistung verbessert – werden?

Das Verfahren, das ich dafür anrege, ist nicht neu. In vielen Schulen wurde es bisher schon bei der Evaluation des Methodentrainings verwendet. Und wie beim Methodenerwerb so ist es auch beim Kompetenzerwerb unerlässlich, dass die Schüler/-innen erfahren, welche Gedanken- oder Verfahrensschritte für die optimale Beherrschung von Methoden und beim Erwerb von Kompetenzen einzuhalten sind. Wenn man wollte, dann könnte man in diesem Zusammenhang von einem »Methoden- oder Kompetenzrezept« sprechen, das es zu erlernen und zu beherrschen gilt. Erst wenn den Schüler/-innen diese »Rezepte« bewusst sind und sie diese immer wieder durch ihre souveräne Anwendung subjektiv als hilfreich für ihr Lernen erfahren, werden diese zum einen von ihnen als sinnvoll angesehen; und zum anderen kann durch Schülerfeedback im Rahmen einer systematischen Evaluation die Intensität ihrer individuellen Aneignung in der Lerngruppe sichtbar gemacht werden.

Wir finden zum Beispiel in den Bildungsstandards für das Fach Deutsch die Grundkompetenz »Sprache und Sprachgebrauch untersuchen«. Was darunter zu verstehen ist, wird dort näher erklärt. Damit auch die Schüler/-innen wissen, worauf es bei der jeweiligen Kompetenz ankommt, ist es von Vorteil, wenn man ihnen die Kompetenzen vorstellt und an einem Beispiel veranschaulicht. Auf diese Weise wird ihnen ihr Sinn und Zweck, also ihre Funktion im Lernprozess, einsichtig. D.h., die Schüler/-innen haben dann am ehesten diese Kompetenz erworben, wenn sie ihre Bedeutung kennen und dazu in der Lage sind, sie für die Erschließung von fachlichen Inhalten zu nutzen – denn *Didaktik geht vor Methodik!*

Im Sinne des individuellen Förderansatzes kann in einem nächsten Schritt ein ganz individuelles Feedback eingefordert werden. Es soll Auskunft darüber geben, mit welcher Intensität die im Unterricht vermittelten Kompetenzen von den Schüler/-innen bereits beherrscht werden. Mit diesem Feedback erhält man verlässlich Auskunft über den Stand des individuellen und gemeinschaftlichen Kenntniserwerbs und erfährt, ob man als Lehrkraft auf der Grundlage eines allgemein hohen Standes des Kompetenzerwerbs aller weiterarbeiten kann oder ob man Teilelemente wiederholen, ergänzen oder in den Arbeitsplan der nächsten Klassenstufe einbauen sollte.

Mit nachstehender Tabelle lässt sich eine systematische Evaluation durch Feedback leisten. Sie zeigt in der Horizontalen der ersten Spalte mit den Ziffern 1 bis 6 den Intensitätsgrad des Kompetenzerwerbs. In den ersten vertikalen Spalten stehen die Kompetenzindikatoren – z.B. die im Text genannte erste Grundkompetenz. Auf weitere Kompetenzen, die ebenfalls evaluiert werden sollen, verständigt man sich mit den Fachkolleginnen und -kollegen der Parallelklassen. Sie sind darunter einzutragen.

Intensität des Kompetenzerwerbs Beispielindikator: Kompetenzen	6	5	4	3	2	1
Sprache und Sprachgebrauch untersuchen **z.B. Presseerzeugnisse: Lehrplan Deutsch RLP Gymnasien 7./8. Klasse**			Erfolgsindikatoren		X	Entwicklungsindikatoren
(...)						

Umgang mit der Tabelle in Arbeitsschritten

1. Jede/r Schüler/-in bekommt eine Tabelle. Bevor jede/r die Tabelle ausfüllt, lohnt sich die Wiederholung der Wirkungsweise der darin aufgeführten Kompetenzen.
2. Mit jeweils einem Kreuz pro Zeile und Spalte markiert jede/r Schüler/-in, in welchem Ausmaß sie/er die genannte Kompetenz bereits versteht und beim Lernen nutzen kann.

3. Wenn alle Schüler/-innen die Kreuze gesetzt haben, werden die Tabellen wieder eingesammelt und in einer weiteren Tabelle (als Plakat oder an der Tafel) zusammengeführt. So erfährt man als Feedback der gesamten Lerngruppe, in welchem Ausmaß die Klasse die Kompetenzen erworben hat: Wenn etwa die meisten Schüler/-innen einer Klasse durch die Kumulation von Kreuzen die Aussage treffen, dass ihnen die Nutzung der Kompetenz »Sprache und Sprachgebrauch untersuchen« im Bereich »2« – also immer wieder »gut« gelingen würde – dann bedeutet das im Sinne des Pfeils »Erfolgsindikatoren«, dass hier schon ein hoher Kompetenzerwerb angenommen werden kann. Für die Lehrkraft ist dieses Feedback ein wichtiger Indikator für (i.S.v. Qualität) erfolgreichen Unterricht.
4. Wenn dem so ist, dann müssen die Schüler/-innen, die das Ausmaß ihres Kompetenzerwerbs so eingeschätzt haben, auch dazu in der Lage sein, zu belegen, mit welchen inhaltlichen Komponenten des Unterrichts sie diese »gute« Intensität des Kompetenzerwerbs verbinden (hier z. B. mit einem Sachtext) Unter Beachtung des Primats des Didaktischen bedeutet das: Schüler/-innen benennen Inhalte und können sie auf Kompetenzen beziehen; z.B. könnten Schüler im vorliegenden Falle formulieren: »Ich habe das Kreuz unter die Spalte »zwei« gesetzt, weil ich weiß, dass der Text folgende Fachbegriffe zum Thema x enthält und daher als wissenschaftlicher Text bezeichnet werden kann.« »In den drei mittleren Textabschnitten befasst sich der Autor mit den Teilthemen a, b und c. Er ist sinnvoll gegliedert nach dem Prinzip vom Konkreten zum Abstrakten.« »Die Fragen am Anfang und am Ende des Textes fördern beim Leser die Neugier«. Ich denke, dass ich »gut« (Spalte 2) die Sprache und den Sprachgebrauch Fachtermini zuordnen kann.
5. Jetzt gilt es herauszufinden, warum die Lerngruppe überwiegend bei »2« und nicht bei »1« das Kreuz gesetzt hat und nicht bei »1«. Dafür verständigen sie sich gemeinsam mit der Lehrkraft darüber, was sie noch einmal wiederholen oder üben müsse, um die Intensität ihres Kompetenzerwerbs künftig als »sehr gut« bewerten zu können. Die Hinweise der Gruppe werden dann gesammelt und möglichst interaktiv im Unterricht anhand von Beispielen wiederholt und geübt. Sie dienen einer authentischen interpersonalen Unterrichtsentwicklung. Z.B. könnte ein Schüler es so formulieren: »Was ich aber noch nicht verstehe: Der letzte Satz heißt… und hat am

Ende eine Ausrufezeichen. Was das bedeutet, habe ich noch nicht verstanden. Können wir darüber noch einmal sprechen? Wenn ich das nämlich gewusst hätte, dann hätte ich mein Kreuz in Spalte 1 gesetzt.«

6. Die Ergebnisse der Evaluationen in den parallelen Klassen werden in der nächsten Fachkonferenz vorgestellt. Sie bestätigen entweder die angemessene Einschätzung der Fähigkeiten der Schüler/-innen, so dass der Arbeitsplan für dieses Fach und diese Stufe beibehalten und für die nächste Klassenstufe fortgeschrieben werden kann, oder es kommt zu einer Anpassung der Kompetenzen im Arbeitsplan durch die Verringerung ihrer Zahl (quantitativ) oder der Ansprüche an das methodische Vorgehen bei ihrem Erwerb (qualitativ). Es ist aber auch möglich, dass am Ende eines Schuljahres einige Kompetenzen in den Arbeitsplan der nächsten Klassenstufe aufgenommen werden, weil die/der Lehrer/-in für seine Vermittlung keine Zeit mehr hatte.

FAZIT:
Die Fortschreibung der Arbeitspläne nach schulinterner Evaluation durch ein systematisches Schülerfeedback über die individuelle Intensität des Kompetenzerwerbs kann auf diese Weise gelingen und so zu einem wirkungsvollen Instrument der Unterrichtsentwicklung werden, das die inhaltlichen Lernfortschritte an eine erfolgreiche Kompetenzzuordnung bindet. Und wenn diese Form der Unterrichtsentwicklung tatsächlich zu besseren Schülerleistungen in allen Bundesländern beiträgt, dann hat sich der Aufwand in erster Linie für die Schüler/-innen, dann aber auch sowohl national als auch international gelohnt. Vielleicht wird dies ja schon die nächste PISA-Runde belegen.

28. Neues Beispiel: Internationale Kontakte

Während ich Ihnen bisher zeigen wollte, wie wichtig die dialogische Entwicklung von strategischen Delegationsaufträgen ist, an deren Ende Sie der Lehrkraft oder den Lehrkräften auf der Grundlage der vereinbarten Ziele und – wie Sie gesehen haben – Maßstäbe die operative Umsetzung zu- und letztlich anvertrauen, möchte ich an einem Beispiel aus dem Bereich der internationalen Kontakte darlegen, welche kreative Wirkung völkerrechtlich verbindliche Verträge des Bundes auf pädagogische Maßnahmen für Lehrkräfte in denjenigen Bundesländern haben können, in denen Schüleraustausch durchgeführt wird.

Ich hatte in Rheinland-Pfalz in der Zeit meiner 23 Jahre dauernden Schulratstätigkeit in der landesweiten Mittelbehörde, der Aufsichts- und Dienstleistungsdirektion Trier, auch die Aufgabe, die interregionale Zusammenarbeit im Bildungsbereich mit den mittel- und osteuropäischen Staaten zu koordinieren. In dieser Zeit leitete ich mehr als 50 Seminare mit interregionaler Teilnehmerschaft für Lehrkräfte, Schulleiter/-innen und Schulaufsichtsbeamtinnen und -beamte. Eine zentrale Aufgabe bestand in der Förderung der Zusammenarbeit im Bildungsbereich zwischen Rheinland-Pfalz und den Partnerregionen Zentralböhmen, der Woiwodschaft Oppeln und Burgund. Mit diesen Regionen gab es Regionalvereinbarungen auf Parlamentsebene. Im Bildungsbereich befassten wir uns sowohl mit Themen wie Schul- und Unterrichtsentwicklung als auch mit der Frage, was erfolgreiche Schulpartnerschaften kennzeichnen sollten. Wenn ich mich im nachfolgenden Beitrag vorrangig mit Polen befasse, dann sehen Sie darin bitte nur ein Beispiel für die vielen denkbaren europäischen Kontakte. Es ist daher im Prinzip übertragbar auf die pädagogischen Beziehungen zwischen unseren Schulen und Partnerschulen in allen europäischen Ländern.

Vorab eine wichtige Klärung: Natürlich gab und gibt es Schulen, die Studienfahrten ins Nachbarland unternehmen. Bei dieses Fahrten stehen Anschauungsobjekte im Mittelpunkt, die nach entsprechender Vorbereitung der Fahrt durch Besichtigungen oder auch Begehungen im Lande selbst so neu zu erschließen sind, dass sich daraus vor allem kognitive Lerneffekte ergeben solle. Anders bei einem Schüleraustausch mit einer Schule im Nachbarland:

Hier stehen nicht das Lernen an Artefakten, sondern die jungen Menschen selbst im Mittelpunkt, die sich treffen, kennen lernen und vielleicht auch miteinander anfreunden wollen (sollen). Die Anschauungsobjekte gewinnen damit einen anderen Stellenwert. Sie sind als Kommunikationsgegenstände Mittel zum Zweck – ausgewählt durch vielfältige gemeinsame Herangehensweisen der dann gemischtnationalen Schülergruppe. Während bei Studienfahrten also die Sache im Mittelpunkt steht, sind es beim Schüleraustausch die jungen Menschen selbst. Hier liegt die zentrale pädagogische Herausforderung und gemeinsame Verantwortung der Koordinator/-innen des Austauschs in den Herkunftsschulen. Insofern unterscheiden sich auch die Maßstäbe für den jeweiligen Erfolg. Hier geht es um den Zugewinn an Kenntnissen, dort um den Zugewinn an Freunden!

Was man über einen Schüleraustausch hinaus tun kann für den Aufbau einer wirklichen Schulpartnerschaft möchte ich Ihnen dann im Anschluss am Beispiel meiner Einleitung und Hinführung zu einem gemeinsame Projekt von Partnerschulen zeigen, die sich die Ein- und Durchführung einer kollegialen Hospitationen im Rahmen eines COMENIUS-Regio-Projekts vorgenommen hatten.

Zunächst einmal gehe ich von einer erleichterten Aussage einer Koordinatorin/ einer Koordinatorin aus, die/der nach einem Schüleraustausch zur Schulleiterin/zum Schulleiter gebeten wird und auf die Frage »Na, wie war denn Ihr Schüleraustausch dieses Mal?« antwortet:

29. »Auch dieser Schüleraustausch war wieder ein Erfolg!« – »Wirklich?«

Deutsch-polnische Schulpartnerschaften zwischen Scheitern und Gelingen

»Auch dieser Schüleraustausch war wieder ein Erfolg!« – wer gegenüber seiner Schulleiterin/seinem Schulleiter als Koordinator/-in eines Schüleraustauschs mit so viel Selbstbewusstsein auftritt, muss damit rechnen, dass seine vielleicht seit Jahren anhaltende Erfolgsbilanz irgendwann mit einem »Wirklich?« hinterfragt wird. Denn wie im richtigen Leben gibt es auch beim Schüleraustausch ein Auf und Ab: Wir wissen beispielsweise um die verheerenden Konsequenzen für seinen Fortbestand, wenn eine den Austausch seit Jahren tragende Lehrkraft die Schule verlässt oder wenn sich unter den Schüler/-innen die Einschätzung verbreitet, nach Polen zu fahren, das lohne sich nicht.

Allzu oft ist das Scheitern aber auch das Ergebnis von Unzulänglichkeiten oder eine Folge von unzureichenden Kenntnissen oder Erfahrungen einzelner Lehrer/-innen. Auch kann sich dahinter die Bestätigung oder Verfestigung nationaler Vorurteile verbergen, die durch einen erfolgreichen Schüleraustausch hätten aufgelöst oder wenigstens relativiert oder aufgebrochen werden können.

Trotz der quantitativen Erfolgsbilanz des *Deutsch-Polnischen Jugendwerks* – es lohnt sich immer mit Blick auf die eigene Schule über das Thema »Scheitern und Gelingen« miteinander ins Gespräch zu kommen: Seit Gründung des DPJW im Jahre 1991 haben 20 Jahre später 1,7 Mio. Deutsche und Polen am Schüleraustausch teilgenommen. Eine wirklich beachtliche Zahl, die wir auch dem motivierenden und förderlichen Engagement seiner Mitarbeiterinnen und Mitarbeiter in Warschau zu verdanken haben.

Allerdings: Wird nicht, wer für sich Erfolge reklamiert, auch beweispflichtig, wird Auskunft geben müssen, woran er den Erfolg festmacht? Ich möchte daher nachstehend weniger etwas zum Scheitern ausführen, sondern vielmehr jene Faktoren in den Mittelpunkt rücken, die mit hoher Wahrscheinlichkeit sein Gelingen ermöglichen. Da in mehr als 80% der Fälle der Schüleraustausch zwischen Deutschland und Polen gelungen ist, ist er eine wichtige Bestätigung für die Beobachtung, dass die Beziehungen zwischen Deutschland und Polen nicht mehr länger nur unter der Kategorie »schwierig« zu sehen sind – allen aktuellen Entwicklung zum Trotz: Es gibt bis heute keinen Einbruch im Schüleraustausch!

Dazu seien meine Ausführungen in folgende Abschnitte gegliedert:

29.1 Vorbemerkung und ein Exkurs: eine Begriffsklärung
29.2 Die Erfolgsindikatoren als pädagogischer Auftrag im deutsch-polnischen Freundschaftsvertrag
29.3 Rahmenbedingungen in Schulen
29.4 Schüler und Lehrer, die sich engagieren
29.5 Projekte als erfolgreiche Begegnungsformen – die Bedeutung des ersten Treffens – oder was sonst so schief gehen kann
29.6 Warum sollte ein Schüleraustausch gelingen und nicht scheitern?

29.1 Vorbemerkung und ein Exkurs: eine Begriffsklärung

29.1.1 Vorbemerkung

Als Deutsche und Polen können wir heute mit Freude feststellen: Aus einem Jahrhundert des Gegeneinanders oder des sprachlosen Nebeneinanders unserer Länder hat unsere Generation die Chance, auf Dauer ein für beide Seiten vorteilhaftes Miteinander zu machen – einem Miteinander, das Frieden, Freiheit und Demokratie in Europa Dauer verleihen soll. Hier sind wir aktuell buchstäblich auf einem guten Weg.

Eine ganz andere Frage wirft die aktuelle weltweite Finanzkrise auf. Auch steht zu befürchten, dass eine größere Zahl der dann auf beiden Seiten sozial Unzufriedenen dazu neigen könnte, nationale Schuldzuweisungen öffentlich zu formulieren und damit ein Klima zu erzeugen, in dem weder in Polen noch in Deutschland Schüler/-innen eine Beteiligung am Schüleraustausch wagen würden, obwohl wir doch gerade dann den Schüleraustausch ganz besonders dafür brauchten, um das Miteinander zwischen Deutschen und Polen weder in eine Sackgasse noch in eine neue Form von kollektiver Gleichgültigkeit treiben zu lassen.

29.1.2 Zum Erfolg des Schüleraustauschs trägt auch seine Kontinuität bei Exkurs: eine kleine Begriffsklärung

Sowohl in Veröffentlichungen als auch in Formularen werden häufig die Begriffe »Schüleraustausch« und »Schulpartnerschaft« synonym verwendet. Das scheint mir aber gegenüber unseren Schülerinnen und Schüler nicht ganz redlich: Es verhält sich nämlich folgendermaßen: Der Begriff »Schüleraustausch« wird m.E. dort zutreffend verwendet, wo ein Schüler z.B. für ein paar Wochen in einer Familie eines Gastlandes wohnt und dort zur Schule geht, während gleichzeitig oder zeitversetzt, der junge Mensch der ausländischen Gastfamilie bei der gastgebenden Familie wohnt und im Gastland die Schule besucht. Hier geht es also um einen wirklichen Austausch. Der Begriff wurde später auf alle Schülerbegegnungen übertragen, bei denen sich eine Schülergruppe der einen Schule für eine vereinbarte (i.d.R. max. 10 Tage mit An- und Abreise) Zeit mit dem Willen zum Gegenbesuch an einer Schule bei uns oder im Ausland trifft. – Dieser Schüleraustausch ist in den allermeisten Fällen **das** zentrale Element einer Schulpartnerschaft – einer Schulpartnerschaft, bei der es dann eben nicht nur zum Schüleraustausch kommt, sondern auch zu Treffen von Schulleiterinnen und Schulleitern, Lehrkräften, Eltern oder Repräsentanten der jeweiligen Schulträger. – Im Folgenden werde ich in diesem Sinne von Schüleraustausch sprechen.

29.2 Die Erfolgsindikatoren als pädagogischer Auftrag im deutsch-polnischen Nachbarschaftsvertrag

Die völkerrechtlich verbindliche Grundlage für die Gestaltung der Beziehungen zwischen Deutschland und Polen ist der »Vertrag zwischen der Bundesrepublik Deutschland und der Republik Polen über gute Nachbarschaft und freundschaftliche Zusammenarbeit« vom 17. Juni 1991. Am gleichen Tag wurde auch das »Abkommen...über das Deutsch-Polnische Jugendwerk« unterzeichnet.

Sowohl im Vergleich zum »Deutsch-Französischen Vertrag« (1963) als auch im Vergleich zum Vertrag mit der tschechischen und slowakischen Republik (1992) fällt beim Nachbarschaftsvertrag mit Polen auf, dass er am umfangreichsten beschreibt, wie die Beziehungen zwischen jungen Menschen aussehen sollten und wie wichtig ihr Beitrag für die Beziehungen zwischen beiden Ländern ist.

Welche Rolle hat die junge Generation in den Beziehungen zwischen Deutschland und Polen?

Beide Seiten sind davon überzeugt, so in der Präambel, dass »der jungen Generation bei der Neugestaltung des Verhältnisses beider Länder und Völker und der Vertrauensbildung zwischen ihnen eine besonders Rolle zukommt.« – Damit haben wir den allerersten Indikator für einen erfolgreichen Schüleraustausch: Die Bildung von Vertrauen.

Will also ein Schüleraustausch erfolgreich sein, dann sollte bei einem in diesem Sinne gelingenden Austausch die Frage, ob durch das Treffen bei uns und in Polen Vertrauen zwischen den Schülerinnen und Schülern entstanden ist, von ihnen mit Ja beantwortet werden. Im Falle eines Neins, ist der Austausch in dieser Hinsicht letztlich gescheitert.

Konsequenterweise wird die »Notwendigkeit einer erheblichen Erweiterung … der schulischen Zusammenarbeit« betont. So geht es im Art. 26 des Vertrags insbesondere um die direkte Zusammenarbeit und den Austausch zwischen Schulen – und zwar durch den Austausch von Schüler/-innen. Die beiden Hauptziele des Vertrages sind »Verständigung und Versöhnung beider Völker«. Diese Ziele sollen erreicht werden durch die »Entwicklung zwischenmenschlicher Kontakte« und durch »umfassende persönliche Begegnungen«. (Vgl. Art. 29)

Um den beiden Hauptzielen – Verständigung und Versöhnung – Dauer zu verleihen, seien von »grundlegender Bedeutung« das »gegenseitige Kennenlernen« und das »gegenseitige Verstehen« der jungen Generation. Die Vertragspartner legen darum besonders »großes Gewicht auf möglichst umfassende Kontakte und ein enges Zusammenwirken der deutschen und der polnischen Jugend«. Interessanterweise kommt das sonst so typische Ziel »Überwindung von Vorurteilen« im Vertrag nicht vor.

FAZIT:
Der deutsch-polnische Nachbarschaftsvertrag formuliert sehr entscheidende Erfolgsindikatoren für gelingenden Schüleraustausch. Sie sind völkerrechtlich für alle vor- und aufgegeben, die den Schüleraustausch organisieren, alle Lehrerinnen und Lehrer einer Schule, die Schulleiter/-innen und die in den Bundesländern oder im polnischen Bildungsministerium und in den Bildungskuratorien der Woiwodschaften die politische Verantwortung für das Schulwesen tragen. Folgende Erfolgsindikatoren lassen sich zusammenstellen:

- **Vertrauen**
- **Verständigung und Versöhnung**
- **Entwicklung zwischenmenschlicher Kontakte**
- **Umfassende persönliche Begegnungen**
- **Gegenseitiges Verstehen**
- **Enges Zusammenwirken**

29.3 Rahmenbedingungen in Schulen

Wie für alle zusätzlichen Maßnahmen, die die Profile von Schulen ausmachen, benötigt jeder Schüleraustausch ein kollegiales Klima, das ihn trägt. D.h., sowohl Schulleitung als auch Kollegium sollten von der Notwendigkeit eines Austauschs wirklich überzeugt sein und seine Zielsetzungen möglichst aktiv unterstützen. Ganz besonders gefragt ist hier die pädagogische Führungsverantwortung der Schulleiterin/des Schulleiters. Sie/Er sollte dazu imstande sein, die verantwortlichen Lehrkräfte verstehend zu unterstützen. Dies ist dann besonders wichtig, wenn es z.B. um die Abwesenheit von Schüler/-innen im laufenden Schuljahr geht. Denn ihnen sollte aus der Teilnahme am Schüleraustausch kein Nachteil erwachsen. Darum ist es von besonderer Bedeutung, dass die Vertretung der Elternschaft auch jeden Schüleraustausch mit ihrem klaren Votum fördert. Umso notwendiger ist die Pflege des Informationsflusses über Vorhaben in den Schulelternbeirat und in die Lehrerkonferenz.

FAZIT:
Ganz gleich, ob bei uns oder in Polen: Der Schüleraustausch steht und fällt mit der wohlwollenden Unterstützung und der zielorientierten Begleitung durch Schulleitung und Kollegium.

29.4 Schüler/-innen und Lehrer/-innen, die sich engagieren

Wer sind eigentlich die Schülerinnen und Schüler bzw. Lehrerinnen und Lehrer, die sich in unserem Schüleraustausch engagieren?

Nicht selten hörte ich früher erzieherisch wohlmeinende Vorschläge wie: »Den müssen Sie mal mit nach Polen nehmen, dann denkt er anders!« – Wer so etwas empfiehlt, wünschte sich eine Therapie von undankbaren oder fremdenfeindlich gesinnten Schüler/-innen. Also ging es entweder um eine Art von Erziehung zur Dankbarkeit, in Deutschland zu leben, angesichts der ökonomischen Alltagssorgen mancher polnischer Familie in den 80er Jahren, oder es ging um Neonazis, die Auschwitz leugneten und die von den Deutschen in Polen während der Okkupationszeit angerichteten Verbrechen gegen die Menschlichkeit an der Bevölkerung nichts wissen wollten. So gut beide Zielsetzungen auch gemeint sein mögen: Sie gehen an der Wirklichkeit und den langfristigen Möglichkeiten und Wirkungen eines Schüleraustauschs vorbei – ja, sie überfordern ihn, und mit ihm die gesamte Begegnungsgruppe.

Keineswegs zu unterschätzen ist die starke emotionale Prägung junger Menschen durch einen Schüleraustausch. Ein Schüleraustausch gehört, wie viele anderen Eindrücke im Jugendalter auch, zu den wichtigen emotionalen Ersterfahrungen in einer Zeit, in der alle jugendlichen Ersterfahrungen Lebensspuren hinterlassen. Auch diese Tatsache ist zu bedenken, wenn wir den Schüleraustausch organisieren. Hier sind hohe Sensibilität und großes Einfühlungsvermögen gefragt. Wo Lehrer/-innen diese Tatsache im täglichen Umgang mit ihren Schüler/-innen während des Austauschs vernachlässigen, kann auch diese Vernachlässigung zu einer Minderung seines Erfolgs führen. Erfolgreiche Koordinator/-innen sind daher notwendigerweise mit überdurchschnittlichem Einfühlungsvermögen ausgestattet.

Inzwischen hat sich ein besonderer Typus von teilnehmenden Schüler/-innen herauskristallisiert, der bei hoher Übereinstimmung in Haltungen und Kompetenzen für einen harmonischen Austausch sorgen kann – allerdings unter der einen Bedingung: Der Austausch erfolgt durch freiwillige Arbeitsgemeinschaften und nicht in Lerngruppenverbänden wie Klassen oder Kursen.

Diese Schülerinnen und Schüler lassen sich etwa so charakterisieren. Sie sind

- weltoffen
- ambitioniert und selbstbewusst
- weitsichtig, zukunfts- und zielorientiert
- kontaktfreudig
- unternehmungslustig und kreativ
- selbstständig

Wer mit solchen Schüler/-innen den Schüleraustausch durchführt, sollte hieraus ganz starke motivationale und didaktische Konsequenzen ziehen. Unbedingt notwendig ist daher, dass bei der Organisation des Programms die Schüler/-innen mit ihren Ideen, Interessen und Bedürfnissen altersgemäß an der Gestaltung des Begegnungsprogramms beteiligt werden.

Was bedeutet das für uns?

Wir achten vor allen Dingen darauf, dass wir – ähnlich wie bei allen Aktivitäten in der Schule – in der Gestaltung der Schülerbegegnung nicht vorschnell nur ein Organisationsproblem sehen, das **die Lehrkräfte** dann auch noch für die Schüler/-innen lösen, indem sie ihnen ein bestimmtes Verlaufsprogramm vorsetzen. (Problem: Bei einem solchen Ansatz bleiben wir in der Sackgasse einer extrinsischen Motivation stecken. Darum sollten wir – ähnlich wie bei der Unterscheidung zwischen strategischer Auftragserstellung und operativer Umsetzung – anders beginnen: Wir suchen zuerst gemeinsam nach Antworten auf die Frage nach Sinn und Zweck des Schüleraustauschs – auch unter Beachtung der Indikatoren im Nachbarschaftsvertrag – gleichen unsere Antworten mit denen der Schüler/-innen ab und kommen dann erst mit ihnen gemeinsam zu kreativen Organisationsformen. Jede Organisationsform muss anschließend gemeinsam daraufhin überprüft werden, ob sie und wie sehr sie dazu in der Lage ist, unsere gemeinsamen Sinndefinitionen oder -horizonte zu erfüllen – und dazu zählen dann auch die Erfolgsindikatoren des deutsch-polnischen Nachbarschaftsvertrages.

FAZIT:
Die Akteurinnen und Akteure des Schüleraustauschs weisen eine hohe soziale und fremdenfreundliche Übereinstimmung auf. Ihre überdurchschnittliche soziale Kompetenz sorgt für das notwendige Primärinteresse an anderen Menschen. Die besondere pädagogische Herausforderung liegt nun darin, in angemessener Form auf die jungen Menschen einzugehen und sie möglichst frühzeitig und sicherlich von Alter zu Alter unterschiedlich intensiv an der Programmgestaltung und -verantwortung teilhaben zu lassen. Auf diese Weise sind entscheidende Voraussetzungen für einen Erfolg des Austauschs erfüllt.

29.5 Projekte als erfolgreiche Begegnungsformen – die Bedeutung des ersten Treffens – oder was sonst so schief gehen kann

»Common interest creates common activities« – Die Entdeckung der Gemeinsamkeiten, des gemeinsamen Interesses, als Voraussetzung für gemeinsames Handeln ist die Leitgedanke der amerikanischen Idee des »Common Sense« z.B. eines Thomas Paine in der 2. Hälfte des 18. Jahrhunderts oder eines Barack Obama[58] in unseren Tagen. Die Idee der Partnerschaft hängt eng damit zusammen. Nach dem Kriege hat der deutsche Pädagoge Erich Weniger darauf aufmerksam gemacht, dass die Idee der Partnerschaft bei uns im Genossenschaftswesen verankert ist. Dabei kommt es darauf an, dass z.B. Vertreter eines Berufsstandes wissen, dass sie bestimmte Ziele nicht alleine, sondern nur gemeinsam erreichen können. Besonders in der Landwirtschaft kennen wir diese Genossenschaftsunternehmen, z.B. die Winzergenossenschaft, die u.a. den Wein gemeinsam vermarktet. Das gemeinsame Interesse liegt im Absatz eines Produktes, weil ein einzelner Winzer dazu nicht in der Lage ist. Er hat in dieser Zeit andere Dinge zu tun. Die Idee der Partnerschaft vertritt dieselbe

58 Ders, Rede in Berlin am 24.07.2008: »Partnership and cooperation among nations is not a choice; it is the one way, the only way, to protect our common security and advance our common humanity«.

Zielsetzung, wenn wir etwa von atlantischer oder europäischer Partnerschaft sprechen. Es geht um die Erkennung einer gemeinsamen Herausforderung, die von gleichberechtigten Mitgliedern gemeinsam zu bewältigen sind.

Diese Idee bildet letztlich die Ihnen bekannte konzeptionelle Grundlage für gemeinsame Projekte in der Schule.

Gemeinsame Zukunftsvisionen – oder: Wie aus Fremden Freunde werden...

Warum die Partizipation junger Menschen so wichtig ist, formulierte sehr zutreffend das DPJW in einem Ausschreibungstext für einen Wettbewerb »Deutsch-Polnischer Jugendpreis 2006«, so:

> *»Die Demokratie lebt von dem Engagement ihrer Bürgerinnen und Bürger, ihrer Beteiligung an Wahlen, ihrer Initiative und Mitarbeit in Vereinen und Verbänden. Jugendliche haben das Recht mitzubestimmen und sich einzumischen, wenn es um die Gestaltung der Welt geht, in der sie leben. Letztendlich sind sie es, die am besten wissen, was sie für wichtig halten.*
>
> *Erwachsene haben nicht nur die Aufgabe, junge Menschen besonders dazu zu ermutigen, Einfluss zu nehmen, wo es um sie geht – um ihre Interessen, um ihre Nöte und Probleme, um ihre Umwelt. Sie sollten sich auch dafür einsetzen, Partizipation von Jugendlichen an den Entscheidungsprozessen im Kleinen und im Großen zu ermöglichen. Sie sollten ihnen helfen und zeigen, dass ihr Engagement nicht im Sande verläuft, sondern Früchte trägt.*
>
> *Die Partizipation junger Menschen fördert ihr Verantwortungsbewusstsein und lässt sie erkennen, dass ihre Stimme Gewicht hat. Sie zeigt ihnen, dass sie mit ihrem Engagement etwas bewirken können. Sie macht ihnen gleichzeitig die Pflichten deutlich, die auch Jugendliche als Bürgerinnen und Bürger ihres lokalen und weiteren Umfelds übernehmen müssen.«*

FAZIT:
Mit der Beachtung altersgemäßer Mitwirkung und Mitbestimmung komme ich den Bedürfnissen meiner Schülergruppe am stärksten entgegen. Mehr noch: Durch mein partizipatorisches Grundkonzept werden demokratische Grundeinstellungen gepflegt; und es wird die prägende

Einsicht erworben, dass Polen und Deutsche auf erfolgreiche Weise zusammenarbeiten und auch gemeinsam etwas erreichen können. Verallgemeinert bedeutet dies, dass sie zu einer gemeinsamen Gestaltung der Zukunft in Europa in der Lage sind.

29.6 Warum sollte ein Schüleraustausch gelingen und nicht scheitern?

»Jeder Schüleraustausch ein Erfolg!« – ja, in der Tat, es muss so sein. Ein Schüleraustausch, der damit endet, dass Schüler/-innen nie wieder nach Polen fahren oder nach Deutschland kommen wollen, ist im Grunde eine mittlere Katastrophe. Er hat den Kern dessen verfehlt, wozu er so notwendig ist. Es geht um die Verbesserung der Verständigung zwischen Deutschen und Polen – allgemein zwischen den Menschen aus benachbarten Länder – damit in der immer wieder zu aktivierender Entdeckung der Gemeinsamkeiten der Frieden in Freiheit in Europa gestaltet und bewahrt wird, auf dass nach mehr als zwei Jahrhunderten der Gleichgültigkeit und des Gegeneinanders ein Jahrhundert des partnerschaftlichen Miteinanders anbricht. Und dafür lohnt sich jede Anstrengung!

Wenn wir diesen Weg weiterdenken, dann bildet unser deutsch-polnischer Schüleraustausch die Grundlage für partnerschaftliche Beziehungen zwischen allen Menschen an den beteiligten Schulen. Die hier erwachsene und lebendig zu erfahrene Freundschaft wird die Grundlage und Voraussetzung sein für eine friedliche Zukunft zwischen Polen und Deutschen in einem gemeinsamen Europa. Das bedeutet aber auch: ob in Polen oder in Deutschland – wir können von unserer jungen Generation sehr viel lernen. Sie macht sich auf den Weg zueinander, lernt miteinander zu arbeiten und die Zukunft gemeinsam zu gestalten.

So werden durch den deutsch-polnischen Schüleraustausch und die sich hieraus entwickelnden Schulpartnerschaften auch viele national begründete Vorbehalte überwunden und bald der Pole für den Deutschen wie ein Bruder sein – und zwar allen Zweiflern in beiden Ländern zum Trotz. Und dafür brauchen wir mehr als bisher den Ausbau des Schüleraustauschs zu Schulpartnerschaften, die viele interessante und positive Aspekte für die Lebensbildung junger Menschen bringen. Denn ihre Kontakte wecken nicht nur die Lust auf das Erlernen der Sprache des Nachbarn, sondern motivieren zum engagierten und gleichberechtigten Dialog, weil wir uns gegenseitig brauchen in einer interregionalen Zusammenarbeit – in einer globalisierten Welt und in einer nur gemeinsam möglichen Zukunft in Frieden und Freiheit.

Wenn dieses Ziel bei jeder Begegnung erreicht wird, dann freue ich mich mit jeder Lehrerin und jedem Lehrer, der voller Stolz feststellt: »Auch dieser Schüleraustausch war wieder ein Erfolg!«- »Ja, gewiss!«

30. Ein praktisches Beispiel: Pädagogische Schulentwicklung – eine gemeinsame Aufgabe von Lehrerinnen und Lehrern

Oder: Neue Wege vom Schüleraustausch in die Schulpartnerschaft?

Gemeinsame Studientage für 5 Lehrerinnen und Lehrer vom IX. Allgemeinbildenden Lyzeum in Krakau mit Lehrerinnen und Lehrern an der Partnerschule in Westerburg, dem Konrad-Adenauer-Gymnasium 13. – 17.11.2012 (Aktivtage: 14. – 16.11.2012) am Konrad-Adenauer-Gymnasium Westerburg/ Rheinland-Pfalz

Meine Einführung

Sehr geehrte Damen und Herren,

ich begrüße Sie sehr herzlich zu Ihren ersten Studientagen im Jahre 10 Ihres Schüleraustauschs und verbinde damit die Hoffnung, dass sich die Beziehungen zwischen den Menschen am IX. Lyzeum in Krakau und dem Konrad-Adenauer-Gymnasium in Westerburg fortsetzen, so dass sich aus einem erfolgreichen Schüleraustausch eine wirkliche Schulpartnerschaft entwickelt. Ihr heutiges Treffen ist dafür ein bedeutsamer Anfang.

In der Tat hatten sowohl das Bildungskuratorium in Krakau als auch wir in der Schulbehörde dieses Ziel des Ausbaus zu einer wirklichen Schulpartnerschaft im Auge, als wir Sie unter vielen möglichen Schulen für unser COMENIUS-Regio-Projekt ausgewählt haben. Ihre Studientage sind – wenn man so will – ein erstes und ermutigendes Nebenprodukt unseres großen europäischen Bildungsprojekts COMENIUS-Regio. In unserem gemeinsamen Antrag zur Teilnahme am COMENIUS-regio-Projekt waren gemeinsame Studientage bei uns und in Krakau nicht explizit vorgesehen. Umso erfreulicher war es, dass die Idee, sie doch durchzuführen, aus der in den beiden ersten Mobilitäten zu erkennenden Zusammenarbeit zwischen den Kolleginnen und Kollegen beider Schule entstand – also nicht von einer Leitungsebene der Schulen, sondern aus der Mitte der beiden Kollegien.

Dank der ergänzenden Förderung durch das Deutsch-Polnische Jugendwerks und aus Landesmitteln ist es nun so weit. Sie haben nach ersten Vorüberlegungen gemeinsam ein Programm zusammengestellt, in dem Sie drei Aktivtage vorgesehen haben. Auf dieser Grundlage haben sowohl das DPJW als auch das Ministerium für Bildung, Wissenschaft, Weiterbildung und Kultur in Rheinland-Pfalz und das IX. Allgemein bildenden Lyzeums die Förderungswürdigkeit des Projekts anerkannt. Ich darf daher sowohl dem Jugendwerk als auch unserer Obersten Schulbehörde sehr herzlich für die finanzielle Förderung danken.

Lassen Sie mich Ihre Arbeit, die Sie sich vorgenommen haben, zur allgemeinen Orientierung einordnen in ein paar übergeordnete Überlegungen.

Das Wichtigste zuerst:

Alle, die sich hier versammelt haben, haben den Wunsch nach Zusammenarbeit, nach Erfahrungs- und Ideenaustausch über pädagogische Fragen, die im Hinblick auf das Lernen Ihrer Schülerinnen und Schüler besonders wichtig sind. Dazu gehören das gemeinsame Kennenlernen der Instrumente der »kollegialen Hospitation« und Ihre Verständigung darauf, dass Sie bei den dann anstehenden Hospitationen besonders Art und Umfang der Schüleraktivierung beobachten wollen.

Aber keiner sitzt hier im Raum aus eigenem Recht. Denn die Rechtsgrundlage für unsere Arbeit ist ein völkerrechtlich verbindlicher Vertrag, den am 17. Juni 1991 unsere Regierungen in Warschau und Berlin miteinander abgeschlossen haben. Es ist der Vertrag über »Gute Nachbarschaft und freundschaftliche Zusammenarbeit«, der alle nachgeordneten staatlichen Stellen auffordert, wo immer möglich, eine freundschaftliche Zusammenarbeit zu initiieren und zu pflegen. Und dazu gehört vor allem eine einschlägige Forderung, die wir in Art. 26 des Nachbarschaftsvertrags finden:

> *»(1) Die Vertragsparteien unterstreichen die Notwendigkeit einer erheblichen Erweiterung der wissenschaftlichen und schulischen Zusammenarbeit. Sie werden insbesondere die direkte Zusammenarbeit und den Austausch zwischen Schulen, Hochschulen und wissenschaftlichen Forschungseinrichtungen fördern und weiter ausbauen, und zwar sowohl durch den Austausch von Schülern, Studenten, Lehrern und wissenschaftlichen Lehrkräften als auch durch gemeinsame Vorhaben…«*

Innerstaatlich gesprochen, haben wir in den Schulen den grundsätzlichen Auftrag, unsere Schülerinnen und Schüler »zur verpflichtenden Idee der Völkergemeinschaft«- also der Idee des Friedens und der Menschrechte zu erziehen. Dieses Unterrichtsprinzip gilt für alle Unterrichtsfächer oder auch Arbeitsgemeinschaften, insbesondere aber für den Schüleraustausch und für Schulpartnerschaften.

Dieses Recht führt uns heute zusammen. Wir leiten daraus die Verpflichtung und die Notwendigkeit zur Zusammenarbeit ab als große Chance, unseren Beitrag für die Sicherung eines friedlichen Europas zu leisten.

Partnerschafts- und Projektidee

Wenn wir über Partnerschaften oder Projekte sprechen, möchte ich mit einem Zitat beginnen. Es ist ein Zitat, in dessen Mittelpunkt die SOLIDARITÄT steht. Während ich es vorlese, werden Sie sicherlich den Bezug zu Ihrer eigenen Arbeit entdecken.

»Vor allem die Tatsache der gegenseitigen Abhängigkeit wird als *entscheidendes System* von Beziehungen in der heutigen Welt mit ihren wirtschaftlichen, kulturellen, politischen und religiösen Faktoren verstanden und als *moralische Kategorie* angenommen. Wenn die gegenseitige Abhängigkeit in diesem Sinne anerkannt wird, ist die ihr entsprechende Antwort als moralisches und soziales Verhalten, als »Tugend« also, die *Solidarität.* Diese ist nicht ein Gefühl vagen Mitleids oder oberflächlicher Rührung wegen der Leiden so vieler Menschen nah und fern. Im Gegenteil, sie ist die *feste und beständige Entschlossenheit*, sich für das »Gemeinwohl« einzusetzen, das heißt für das Wohl aller und eines jeden, weil wir *alle für alle* verantwortlich sind.«(...) »Auf solche Weise wird Solidarität...der *Weg zum Frieden und zugleich zur Entwicklung.* Der Weltfriede ist in der Tat nicht denkbar ohne die Anerkennung von Seiten der Verantwortlichen, dass die *wechselseitige Abhängigkeit* schon von sich aus die Überwindung der Politik der Blöcke, den Verzicht auf jede Form von wirtschaftlichem, militärischem oder politischen Imperialismus und die Verwandlung des gegenseitigen Misstrauens in *Zusammenarbeit* fordert. Und diese ist gerade *der ureigene Akt der Solidarität* zwischen Einzelpersonen und Nationen« und in diesem Sinne lässt sich feststellen: *Der Friede ist die Frucht der Solidarität.*« (»*Solidarität – die*

Antwort auf das Elend der heutigen Welt. Enzyklika Sollicitudo rei socialis. Papst Johannes Pauls II. (1987). Freiburg im Breisgau 1988)

Es wäre eine sehr interessante Aufgabe, die Bezüge der Enzyklika von Papst Johannes Paul II. aus dem Jahre 1987 auf die schulischen und pädagogische Situation in unseren Ländern anzuwenden, auf die Situation der Eltern, die verzweifelt hoffen, dass dank unserer Bildungssysteme sich ihre Versprechen erfüllen, den jungen Menschen in Europa bessere Berufs- und Lebenschancen geben – also auch in Polen und bei uns, aber auch in Spanien und in Griechenland, wo die Eltern und Kinder auf diese Chancen gerade jetzt hoffen und vielleicht leider schon im Begriff sind, das Vertrauen in den Nutzen der Menschenrechte zusammen mit dem Vertrauen in ihre Regierungen zu verlieren. Hier liegt eine ganz große gemeinsame Aufgabe vor uns.

Unsere gemeinsame Aufgabe liegt auch darin – und ich möchte es mit den Worten unseres Schulgesetzes sagen: Auf Grund der Verpflichtung, die sich aus unserem Amt als Lehrerinnen und Lehrer, Schulleitungen und Schulaufsichten ergibt, haben wir Antworten auf eine zentrale Fragen zu geben:

Wie gelingt es uns, das Recht eines jeden jungen Menschen zu erfüllen, seine Anlagen zu fördern und seine Fähigkeiten zu erweitern?

Ich bin sehr neugierig, welche Antworten Sie darauf in den nächsten drei Tagen gemeinsam finden werden, und wünsche Ihnen dabei viel Freude und Erfolg und das Zutrauen zu einer wirklichen Partnerschaft im Rahmen eines Projekts, das diese Namen verdient.

31. »Wer ist denn jetzt wieder dafür zuständig?« – Delegation setzt klare Aufgabenteilung voraus

Bei einer Beratungssitzung berichtete mir ein Lehrer, der seit einigen Wochen eine Funktionsstelle in einer Schule innehatte, dass er immer wieder von verschiedenen Lehrer/-innen gefragt wurde, ob er denn für dies oder das auch zuständig sei. Ein jeder vermutete, dass er ja wohl für sein Anliegen zuständig sein müsse. Immer wieder musste er die vermutete Zuständigkeit verneinen und darlegen, wo seine eigentlichen Zuständigkeiten gemäß Geschäftsverteilung lägen und was er in diesen Aufgabenfeldern zu tun gedenke. Nicht selten war dann aber die Antwort: »Das hat doch bisher der Chef selbst gemacht. Interessant, dass er das nicht mehr machen will und es auf Sie abgeladen hat!«

Wie sah ganz offensichtlich in dieser Schule die Ablauforganisation aus?

31.1 Geschäftsverteilung nach Lust und Laune?

Die Schule hatte einen Schulleiter, der an der einen oder anderen Stelle immer mal wieder Aufgabenfelder selbst in die Hand nahm und ins Kollegium hineinregierte. Das Motive und Ziele blieben den Lehrkräften mehr oder weniger verborgen. Allerdings legte die letzte Bemerkung von Lehrkräften den Gedanken nahe, er mache das unsystematisch und eher nach Lust und Laune. Und wenn er dazu keine Lust mehr habe oder er seine Alleingänge als gescheitert ansehen müsse, dann gäbe er das Aufgabenfeld an einen Neuen ab.

31.2 Aufgaben mit Zielen versehen!

Das Beispiel zeigt aber auch sehr anschaulich, dass das Kollegium den Geschäftsverteilungsplan bisher wohl eher nicht oder nur vom Hörensagen kannte. Darum ist es auf Vermutungen bei der Ansprache von Funktionsstelleninhabern angewiesen. Damit aber nicht genug: Der Neue erklärte ihnen auch, mit welchen pädagogischen Zielsetzungen er seine Arbeit in seinen Aufgabenfeldern zu versehen werde, weil er der Meinung sei, dass sein Aufgabenfeld »Koordination der Orientierungsstufe« einen viel zu großen Raum für zu viele unterstellbare Zielsetzungen durch die Kolleg(inn)en bieten würde. Schließlich hätten sie doch ein Recht von ihm zu erfahren, woran sie bei ihm seien und ob sich nicht vielleicht bei Bedarf im Alltag grobe Zielfestlegungen noch konkreter fassen ließen.

Aber die Verbindung von Aufgaben mit pädagogischen Zielen liegt ja nicht allein im Interesse der Kollegien. Vielmehr haben Sie als Schulleiter/-in selbst ein starkes Interesse daran, wo und mit welcher Zielsetzung versehen die Mitglieder der Schulleitung im Zuge Ihrer Delegation/Beauftragung bei der Wahrnehmung ihrer Zuständigkeitsbereiche tätig sind. Denn nur wenn Sie das wissen und auch die Zielsetzung mit der Kolleg(inn)en in der Schulleitung teilen können, dann können Sie vertrauensvoll Aufgaben abgeben, einer Kollegin oder einem Kollegen in seiner Fähigkeit zur operativen Umsetzung trauen und sich auf Grund von Berichten aus den Arbeitsfeldern über Art und Umfang des Fortgangs der Arbeit eben dieser Kollegin/dieses Kollegen ein Bild machen. Ein Bild machen kann sich aber auch jedes einzelne Mitglied der Schulleitung, das allein schon deshalb an der Arbeit seiner anderen Kolleg(inn)en interessiert sein sollte, da er sie/ihn im Falle von Krankheit oder Abwesenheit zu vertreten hat. Denn die Vertretungsregelung sieht ja bekanntlich vor, dass zunächst einmal nur Funktionsstelleninhaber untereinander vertretungsberechtigt sind.

31.3 Transparenz von Aufgaben und Zielen im Geschäftsverteilungsplan verankern

In einem nächsten Schritt wäre es zur Sicherung der Transparenz erforderlich, dass durch Aushang sowohl dem Kollegium als auch der Schüler- und Elternschaft solche strategischen Stellenbeschreibungen (i.e. mit Zielen versehenen) der Funktionsstelleninhaber/-innen bekannt gegeben werden. Und es ist diese Form der Transparenz, die Zuständigkeitsklarheit für alle schafft und letztlich Sie als Schulleiter/-in erheblich entlastet. Sie machen im Übrigen auf diese Weise außen deutlich, dass Sie Ihrer Schulleitung sowohl die Erfüllung von gemeinsam mit Ihnen festgelegten Zielsetzungen in Verbindung mit einschlägigen schulrechtlichen Vorgaben zutrauen können. Gleichzeitig wirken Sie dem Eindruck entgegen, Sie wollten eine unliebsam gewordene Aufgabe »nach unten abdrücken« und sich damit selbst guten Gewissens von der Verführung des Durchregierens befreien. Denn auch wenn Sie im Zuge der Delegation

Aufgaben abgeben, so bleiben Sie doch immer für das Allgemeine verantwortlich – nicht aus Faulheit, sondern aus Zweckmäßigkeit, w sie sich aus jeder Arbeitsteilung ergibt. Die Botschaft ist klar: Sie trauen Ihren Mitgliedern der Schulleitung etwas zu! Und diese können Ihnen und allen anderen beweisen, wozu sie in der Lage sind. Auch das ist eine Form der Motivation, wenn Sie Kolleg innen in der Schulleitung Flow-Erfahrungen ermöglichen, die Sie sich durch eine Art disziplinierter Beschränkung auf das Allgemeine immer wieder selbst ermöglichen – hoch geachtet, geschätzt und kompetent durch Ihre starke und selbstbewusste Beschränkung auf das Eigentliche: Die pädagogische Führung Ihrer Schule!

Dass Sie eine strategische Aufgabenbeschreibung auch noch anders nutzen können als für Stellenbeschreibungen, zeigen meine Überlegungen zum Thema »Stellenausschreibung«:

32. Die strategische Ausschreibung von Funktionsstellen sichert das Ansehen der Lehrkräfte im Amt

»Ich nehme an, die meisten Manager wissen schon, was sie von ihren Mitarbeitern erwarten. Sie machen sich aber nicht die Mühe, es ihren Mitarbeitern auf verständliche Weise zu sagen. Sie setzen einfach voraus, dass die das schon wissen werden. Ich setze nie etwas voraus, wenn es sich um die Festlegung von Zielen handelt.

Wenn Sie voraussetzen, dass die Leute wissen, was von ihnen erwartet wird, erfinden Sie damit eine unergiebige Form von Bowling. Sie stellen die Kegel auf, doch wenn der Spieler die Kugel ansetzt, merkt er, dass sich vor den Kegeln eine Sichtblende befindet. Die Kugel rollt also, geht unter der Blende durch, man hört es kullern, man weiß aber nicht, wie viele Kegel gefallen sind. Wenn Sie den Spieler danach fragen, wie er abgeschnitten hat, wird er antworten: »Ich weiß nicht. Aber ich hatte ein gutes Gefühl dabei.«

Es ist so, als wollte man bei Dunkelheit Golf spielen.«

Als ich diese interessante Geschichte von Kenneth Blanchard und Spencer Johnson[59] in ihrem Buch »Der MinutenManager« zum ersten Mal las, erinnerte sie mich an einen sehr erfolgreichen Schulleiter, der sich gleichermaßen darüber freute, wenn bei ihm sowohl Haus- als auch Außenbewerberinnen und -bewerber eine Funktionsstelle erhielten. Bevor er aber »bei Dunkelheit Golf« spielte, ging er auf Nummer sicher: Bei ihm wurden Stellenprofile nicht länger wie bisher statisch, sondern strategisch ausgeschrieben – soll heißen: Jedes besondere Stellenprofil war mit einem Zielhorizont – mit einer pädagogischen Aufgabe – versehen.

Bis dahin stand zum Beispiel in einem Stellenprofil für die Stelle eines/r »*Studiendirektors/in zur Koordinierung schulfachlicher Aufgaben der Orientierungsstufe*«. Jetzt wurde dieses statisch formulierte Profil ergänzt um eine Zielsetzung.

---

59 Kenneth Blanchard/ Spencer Johnson, Der MinutenManager, Hamburg 1992, S. 67-71:.

Damit bekam der Auftrag für jeden Bewerber eine sinnvolle Bedeutung, einen Sinn oder Zweck, der bei seiner Ausgestaltung zu erzielen war. Die strategische Variante lautete nun:

> *»Studiendirektor/in zur Koordinierung schulfachlicher Aufgaben der Orientierungsstufe durch die Einführung kollegialer Gespräche zur Verbesserung der Arbeitszufriedenheit und zur aktiveren Wahrnehmung der Kolleginnen und Kollegen bei der Erfüllung ihrer Aufgaben.«*

Damit war klar, was der Schulleiter wollte: Er oder sie sollte ein Erfahrungssegment aus dem Bereich der Personalführung mitbringen, mit dem es ihm oder ihr schon bisher gelungen war, Kolleginnen und Kollegen aktiv wahrzunehmen – z.B. durch Gespräche, in denen es um die Frage ging, ob mit den eingesetzten Mitteln die erwünschten Ziele erreicht werden konnten. Übrigens musste dafür der/die Bewerber/in nicht schon in einer Funktionsstelle gewesen sein. Ein Klassenleiter z.B. hatte mit der pädagogischen Klassenkonferenz für Schülerinnen und Schüler mit Lernproblemen zielgerichtet Förderpläne erstellt und in einem vierteljährigen Turnus evaluiert – also die Frage geklärt, in welchem Ausmaß es gemeinschaftlich gelungen war, die selbst gesetzten Förderziele zu erreichen. Das hierbei erworbene Transferpotenzial als Klassenleiter könnte dann in der Funktionsstelle auf einer neuen Ebene analog genutzt werden.

Wie gelang das dem Schulleiter?

Es halfen ihm ein paar Grundannahmen:

1. Die neue pädagogische Führungsaufgabe muss sich am pädagogischen Bedarf der Schule orientieren.
2. Der pädagogische Bedarf wird sichtbar durch eine Art von systemischer Mangelsituation. D.h., wenn wir als Schule diese Bedarfslücke nicht schließen, dann fehlt eine wichtige Aufgabe im Kontext aller Aufgaben innerhalb der Schulleitung. Ist dem nicht so, dann benötigen wir im Grunde niemanden für dieses Aufgabenfeld.
3. Menschen wollen herausgefordert werden – nicht durch kleinschrittige Gängelung, sondern durch eine pädagogische Orientierung, an der sie ihr Handeln ausrichten.
4. Das Bild von einem wünschenswerten Zustand eines Teilbereichs der Schule, den man auch wirklich in einer überschaubaren Zeit erreichen

kann, muss vor unserem geistigen Auge entstehen und für andere sichtbar gemacht werden, um deren Sinn auch einzusehen. Ist unser Interesse daran erst einmal geweckt, dann fühlen wir uns angesprochen, herausgefordert und motiviert.

5. Menschen fühlen sich durch das Aufzeigen von Sinnhorizonten bei der Erfüllung von Aufgaben angesprochen, in denen sie ihr eigenes Wollen gespiegelt finden. Führen muss Leben wecken! (Anselm Grün)
6. Führungskräfte sind keine Vollzugsorgane im operativen Bereich, sondern letztlich pädagogischen Orientierungskräfte oder auch Coaches, die – indem sie führen – immer wieder an den pädagogischen Sinn des täglichen Vollzugs Lehr- und Leitungskräfte zu erinnern haben.

32.1 Erste Schritte

Für den Schulleiter war von Anfang an eines klar: Die Umstellung vom statischen Profil zum strategischen für alle vorhandenen Funktionsstellen konnte nur Schritt für Schritt gelingen. Eine günstige Gelegenheit stellte sich dafür ein nach der Verabschiedung des Orientierungsstufenleiters in den Ruhestand. Da die Ausschreibung der Stelle bei der Schulbehörde neu beantragt werden musste, war es für ihn die große Chance für einen Neubeginn.

Auch dafür musste er von einer weiteren Prämisse ausgehen:

»Schulleitung ist immer auch die solidarische Leitung der Schule zur gesamten Hand«- Je größer eine Schule, desto weniger kann der Schulleiter auf allen Aufgabenfeldern operativ tätig werden. Im Zuge der Delegation, der Beauftragung also, werden Teile seiner Tätigkeiten auf andere Amtsinhaber übertragen. Diese Art der Schulleitung zur gesamten Hand wurde zum Ausgangspunkt eines sehr produktiven Schulleitungstreffens:

Er lud alle Mitglieder der Schulleitung in eine gut ausgestattete Tagungsstätte ein. Gegenstand des Gesprächs sollte sein: Die Erweiterung der bisher vorliegenden statischen Aufgabenprofile des in den Ruhestand verabschiedeten Orientierungsstufenleiters um strategische Aufgabenprofile.

Den Nutzen erklärte er in seiner Einladung so:

A) Wir sollten mehr als bisher voneinander wissen, mit welchen pädagogischen Zielen unsere einzelnen Aufgabenfelder versehen sind.

B) Dann fällt es uns auch leichter, Synergieeffekte in sich überlappenden Zielsetzungen zu entdecken und daran gemeinsam zu arbeiten.
C) Die Lehrer/-innen sollten wissen, mit und bei welchen pädagogischen Zielsetzungen wir sie wirklich unterstützen wollen und können.
D) Zur Sicherung des Bewährten wird uns der Kollege, den wir in den Ruhestand verabschiedet haben, berichten, wie und mit welchen Zielen er das jeweilige Aufgabenfeld in seinem Geschäftsbereich versehen hat.

32.2 Nächste Schritte

Der Schulleiter wurde durch den glücklichen Umstand in seinem Tun beflügelt, dass er schon seit Jahren umfassende und professionelle Kenntnisse in der Moderationsmethode[60] hatte. Darum war es für ihn ein Leichtes, mit den Damen und Herren in der Schulleitung an jedem einzelnen Aufgabenfeld der/des Orientierungsstufen/-leiterin zu arbeiten:

Das statische Aufgabenfeld »Leitung der Orientierungsstufe« schrieb er daraufhin auf eine Moderationswolke. Jeder Teilnehmer hatte nun die Aufgabe, auf fünf Karteikarten je ein pädagogisches Ziel zu schreiben, das in diesem Aufgabenfeld erreicht werden sollte. Diese Ziele bezogen sich sowohl auf die Vorgaben in den einschlägigen schulrechtlichen Regelungen, auf den Bericht des ehemaligen Kollegen als auch auf neue, aus der Schulleitung heraus gewünschte Ziele für die Stelle. In einem nächsten Schritt wurden die Moderationskarten zusammengefügt, auf denen übereinstimmende oder ähnliche Ziel standen. Diese Clusters bekamen sodann Überschriften, die die Ziele auf einer neuen Ebene bündelten. In einem letzten Schritt musste jede Teilnehmer/-in mit Hilfe von Moderationspunkten ein Ziele-Cluster durch Mehrheitsvotum identifizieren, in dessen Zielaussagen sich letzten Endes alle Schulleitungsmitglieder identifizieren konnten.

Übrigens: Aufgabenfelder, denen man keine pädagogischen Führungsziele zuordnen konnten oder die nur operatives Handeln verlangten, fielen heraus, da, wer führt, eben nicht ausführt. Solche Aufgabenfelder formulierten keine

60 Siehe u.a. Peter Nissen, Uwe Iden, Kurz(s)korrektur Schule. Ein Handbuch zur Einführung der ModerationsMethode im System Schule für die Verbesserung der Kommunikation und des miteinander Lernens, Hamburg 1995.

amtsangemessenen Aufgaben – wie etwa: Die Verwahrung der Schlüssels der Orientierungsstufenbibliothek oder die Durchführung von Wandertagen von Klassen einer Stufe.

Am Ende des Tages wurden alle Ergebnisse in je einer Tabelle pro Aufgabenfeld zusammengefasst:

32.3 Geschäftsverteilung vom...

Aufgabenfeld gem. Geschäftsverteilung

Studiendirektor zur Koordinierung schulfachlicher Aufgaben der Orientierungsstufe

Auftrag und Vollzug:

1. Was ist zu tun? (Rechts- und/ Sachgrundlage)	U.a.: Im Zeitraum der Erprobung, der Förderung und der Beobachtung in Zusammenarbeit mit den Eltern die Entscheidung über die geeignete Schullaufbahn sichern. (§ 18 Übergreifende Schulordnung)
1.1 Zeitlicher Aufwand pro Woche (Jahreswochenstunden in Zeitstunden pro Woche)	Wochenstunden im öffentlichen Dienst dividiert durch Unterrichtsdeputat der Lehrkraft pro Woche: z.B. 40:27 = 1,48 – D.h. die Jahreswochenarbeitszeit beträgt 1,5 Zeitstunden Dienst in der Schule bei **einer** Entlastungsstunde aus dem Schulleitungsdeputat[61] Beispiel: 2 Zeitstunden = 1,3 Unterrichtsstunden pro Woche im Schuljahr – Einzelgespräche/Klassengespräche/ Vor- und Nachbereitung von Konferenzen je Stufe 1x pro Halbjahr/ Sicherung der Dokumentenebene
2. Welche Ziele sollen erreicht werden?	Koordinationsziel: Gleichwertige pädagogische Standards in den Klassen einer Stufe (Koordination): HIER: 1. Die Schüler in die Lernschwerpunkte und Lernanforderungen der Sek. I einführen. 1.1 Individuelles und begabungsgerechtes Lernen ermöglichen. (Vgl. § 1 Schulgesetz RLP/Individualrecht auf Bildung);

61 »...Die Anrechnungsstunden sind von der Schulleiterin oder dem Schulleiter im Benehmen mit den anderen Mitgliedern der Schulleitung entsprechend dem Umfang der Aufgaben aufzuteilen...« Ziff. 1.1 Satz 2 Anlage 1 Lehrkräfte-Arbeitszeitverordnung Rheinland-Pfalz i.d.F. v. 30. Juni 1999

3. Wie wurde der Auftrag bisher erledigt?	**Führungsebene:** Auf der Grundlage von Lerntypendiagnosen Förderung des Lernens einer jeden Schülerin/eines jeden Schülers durch individuelle Förderpläne.
4. (Amtsvorgänger)	**Koordination:** Durchführung von Klassenstufen-teilkonferenzen der Klassenleiterinnen und Klassenleiter zur Abstimmung von Maßnahmen zur Lerntypendiagnose von Schülerinnen und Schülern und Unterrichtsverfahren
5. Die Aufgabe ist dann zufriedenstellend erledigt, wenn...	...die Lehrerinnen und Lehrer auf dieser Grundlage kollegiale Hospitationen vereinbaren, in denen die Lehr-Lern-Interaktionen beobachtet werden. – Über die Beobachtungen werden in den Klassenkonferenzen und in der Stufenkonferenz berichtet und deren Auswirkungen im Hinblick auf die Zielsetzungen evaluiert.
6. Bericht z.B. nach einem halben Jahr: Was konnte wie erledigt werden?	

(Idee und Gestaltung der Tabelle d.d. Verf.) in Blankoformat s. Anlage 4 im Anhang

FAZIT:

1. **Während das statische Aufgabenprofil zu beliebigen Erwartungen auf nahezu allen Seiten führt, schafft das strategische Aufgabenprofil Klarheit für alle Seiten, erleichtert der/dem Schulleiter/-in eine systematische Wahrnehmung seiner Gesamtverantwortung und entlastet ihn unter konsequenter Beachtung des Subsidiaritätsprinzips erheblich und stressmindernd im Alltag.**
2. **Da sich Menschen in erster Linie für Aufgaben interessieren, die mit konkreten Zielaufträgen versehen sind, wird es für potenzielle Bewerber/-innen einfacher, einen Abgleich zwischen einem strategischen Stellenprofil und dem eigenen Erfahrungspotenzial vorzunehmen. In aller Regel dürfte durch die Ausschreibung von strategischen Stellenprofilen die Zahl der wirklich geeigneten Bewerber/-innen steigen.**
3. **Innerhalb der Schulleitung führt ein Abgleich der pädagogischen Zielsetzungen zwischen den Stellenprofilen zu pädagogischen Synergieeffekten bei der Unterstützung der Kolleginnen und Kollegen in ihrer Arbeit. Anfallende Vertretungen dürften im Übrigen leichter fallen.**

4. Einer der zentralen Aufgabe der/des Schulleiter/-in besteht in der Bündelung/auch Schwerpunktsetzung einzelner pädagogischer Ziele der Schulleitungsmitglieder, die er im Sinne einer kollegialen Erinnerung oder gemeinschaftliche Orientierung immer wieder zu formulieren und einzufordern hat. Sie könnten sich am Ende auch wiederfinden in einem Leitbild der Schulleitung.

5. Mit der strategischen Ausschreibung des Stellenprofils ist es Schulleitern/-innen eher als bisher möglich, ein sachlich begründetes Urteil darüber abzugeben, in welchem Umfang sich eine mit einer Funktionsstelle kommissarisch beauftragte Lehrkraft bewährt hat und ihre Beförderung befürwortet werden kann. Für das Bewährungsjahr selbst bietet die strategische Ausschreibung den Vorteil, dass sie/er selbst oder ein von ihr/ihm beauftragtes Mitglied der Schulleitung die Lehrkraft personalfördernd und -entwickelnd im Rahmen von begleitenden Rückmeldungen und zusammenfassenden Beurteilungen coachen kann. Dies gilt freilich auch für ihre/seine generelle Verpflichtung zur Personalförderung insgesamt.[62]

6. Eine ziel- und sinnbezogene Erweiterung eines jeden Stellenprofils formuliert gegenüber Dritten nachvollziehbare Maßstäbe für eine sachbezogene Personalentscheidung durch die Schulbehörde. Die immer einmal wieder von verschiedenen Seiten unterstellten sachfremden Erwägungen bei Personalentscheidungen – von der Ämterpatronage bis zu angeblichen Verstößen gegen das Prinzip der Vertraulichkeit im Verfahren – bleiben dann unter Wahrung des Ansehens der Teilnehmer/-innen im Bewerbungsverfahren eher aus.

Darum ist die strategische Ausschreibung von Funktionsstellen dazu geeignet, das Ansehen der/s neuen Stelleninhabers/-in zu steigern, weil man ihr/ihm mehr als vielleicht bisher unterstellen kann, dass sie/er als die/der am meisten geeignete Bewerber/-in von Anfang an wertvolle Arbeit zum Wohle der Schule leisten wird.

62 Vgl. Hubert Luszczynski, Professionelle Personalführung in der Schule. Plädoyer für ein motivierendes Instrument im erfolgreichen Qualitätsmanagement, in: SchulVerwaltung 10/ 1999, 201 – 204.

32.4 Ein »Nebenprodukt« des Ansatzes

Die o.a. Tabelle hat noch weitere Vorzüge. Sie kann auch verwendet werden für andere Aufgaben – wie etwa für Klassenleiter/-innen und verschiedenen Stufen oder auch für Fachkonferenzleitungen oder für Leiter/-innen von Arbeitsgemeinschaften. Mit dieser Präzisierung der Aufgaben einhergehende Transparenz hat den Vorteil, dass die Schulleitung im Rahmen von innerschulischen Fortbildungen Kolleginnen und Kollegen auf solche Tätigkeitsfeld vorbereiten kann, in denen man auch Führungs- und Leitungserfahrungen für weitere Aufgaben erwirbt. Interessenten an solchen Stellen ist mehr als bisher klar, worauf sie sich einlassen, wenn sie sich bewerben oder wenn sie solche Aufgaben übernehmen sollen. Die mit der Formulierung der Zielsetzungen zugleich gegebene Indikatoren zur Evaluation schaffen für die/den Schulleiter/-in Maßstäbe für eine angemessene Wertschätzung der auf dem jeweiligen Gebiet geleistete Arbeit.

Übrigens: Das »Golfspielen bei Dunkelheit« findet unter diesem Schulleiter nicht mehr statt.

33. Zurück zum Anfang der Lehrerausbildung als Ausbildung zum Lehr- und Leitungsberuf

Ohne Zweifel steht im Mittelpunkt von Schule der Unterricht. Konsequenterweise richtet sich die Lehrerausbildung danach aus und vermittelt auf vielfältige Art und Weise jungen Lehrer/-innen Fertigkeiten und Fähigkeiten, die sie für die Organisation optimaler Lehrprozesse benötigen. Je länger man sich mit der Schule beschäftigt, desto mehr wird deutlich, dass es sich um ein tendenziell vereinseitigtes Berufsbild von Lehrer/-innen handelt. Denn Schule ist mehr als die Summe aller Unterrichtsstunden. Allein die notwendige Diskussion um die Zunahme von Heterogenität in den Klassen macht deutlich, dass Schule nicht nur aus pädagogischen Solisten bestehen darf und kann, sondern schon immer auf die Fähigkeit von Lehrerinnen und Lehrern vertrauen muss, dass sie um die Bedeutung der Zusammenarbeit in einer Klasse wissen und auf diese Aufgabe rechtzeitig vorbereitet worden sind. Denn diese unterste Leitungsebene wird bei der Zunahme der Zahl, die in besonderer Weise gefördert werden müssen – wie z.B. bei inklusivem Unterricht – zum Eckstein aller Leitungsebenen in einer Schule, weil sich hier die wirkliche Professionalität einer Schule zeigt. Und wer hier schon in seiner Lehrerausbildung am Beispiel gebenden Handeln einer ausgezeichneten Klassenleiterin/eines ausgezeichneten Klassenleiters, der/die ihre/seine Verpflichtungen aus der Konferenzordnung ernst nimmt, ein sehr zentrales Leitungsprofil kennengelernt hat, wird kein Problem darin sehen, wenn sie/er in der ersten Planstelle vom der Schulleiterin/dem Schulleiter mit der Wahrnehmung einer Klassenleitung beauftragt wird.

Transferpotenziale für Leitungsprofile vermitteln

Aber ab wann und wo findet eine solche Anleitung statt? Wann haben Sie als gestandene Schulleiterin oder gestandener Schulleiter zum ersten Mal davon erfahren? Im Studienseminar? In Ihrer Schule? In Ihrem Sportverein oder bei Militär?

Hier scheint viel Führungs- und Leitungsbrachland vor uns zu liegen. Und wenn dann noch hinzukommt, dass Lehrer/-innen in der so genannten dritten

Ausbildungsphase in ihrer/seiner ersten Planstelle noch immer in Erinnerung daran, wie man mit ihrer/ihm in der Lehrerausbildung umgegangen sind, wie sehr manche sich auch an Demütigungen in Besprechungen mit Fachleiter/-innen erinnern oder an Seminarleiter/-innen, die ihnen von Anfang klarmachten, dass der Weg durch die Ausbildung für alle durch eine Art »Hölle« gehe, dann ist das Thema, sind solche Forderungen von vornherein immer auch angstbesetzt. Und doch gehört es zum Gesamten einer Ausbildung, dass der Lehrberuf mehr als bisher in seiner Komplementarität von individueller pädagogischer Freiheit **und** kollegialer Abstimmung etwa bei der Erstellung von individuellen Förderplänen für einzelne Schüler/-innen – in den Blick gerät.

Auch hier in der Unkenntnis und der oft fehlenden begleiteten Einübung und Umsetzung von Leitungs- und Führungskenntnissen liegt eine der Ursachen sowohl für die Überforderung der Schulleiter/-innen im Amt als auch für die Angst, sich eine Stelle als Schulleiter/-in »anzutun«. Darum:

34. Schule leiten lernen von Anfang an!

»Direx verzweifelt gesucht« – In Deutschland mangelt es an Schulleiterinnen und Schulleitern – besonders an Grundschulen. Lehrerverbände und Elternvertreter schlagen Alarm. Bis in die Landtage hinein scheint man sich einig zu sein in der Lösung des Mangelproblems: Schulleiterstellen sind unattraktiv! Wir müssen sie attraktiver machen!

Die Frage nach dem WIE wird in den meisten Fällen mit der Verbesserung in der Organisation und in der technischen Ausstattung von Schulen beantwortet – konkret etwa durch Mehrstunden für Sekretärinnen oder über eine stärkere Absenkung der Unterrichtsverpflichtung für Schulleiter/-innen und Lehrkräfte mit Leitungsaufgaben bis hin zu einer Verbesserung des IT-Netzes oder über extrinsische Gehaltsanreizen. Das aber scheint mir ebenso zu kurz gegriffen wie die verpflichtende Fortbildung für neu ernannte Schulleiter/-innen, die nicht selten einem Tropfen auf einen heißen Stein gleicht.

Aber: Fragt man potenzielle Bewerber wird relativ schnell klar: Die Verbesserungen der Rahmenbedingungen werden zwar als wünschenswert bezeichnet, gehen aber am Kern des Problems vorbei. Und der liegt tiefer. Es geht um die Frage: Traue ich mir die Leitung einer Schule auf Grund meiner bisherigen Erfahrungen zu oder nicht? Es geht darum m.E. um die Themenfelder:

1. Die Anforderungen an Schulleiter/-innen sind gestiegen – ja, aber wo konkret?
2. Mit dem Transferpotenzial, das eine Lehrkraft in sieben bis zehn Jahren in einer Schule erwerben kann, lässt sich Schule nicht mehr leiten.
3. Daher muss die Forderung lauten: »Schule leiten lernen von Anfang an!«

Nachstehend möchte ich zu 1. und 2. einige Beobachtungen skizzieren, um dann anzuregen, wie Berufsanfängerinnen und -anfänger im Rahmen einer Lehrkräftezweit- und –drittaus-bildung auf die Übernahme von Leitungs- und Führungsaufgaben in einer Schule vorbereitet werden müssten.

34.1 Die Anforderungen an Schulleiter/-innen sind gestiegen – ja, aber wo konkret?

Im Laufe meiner Tätigkeit als Schulrat für Gymnasien und Gesamtschulen kam ich immer wieder mit Lehrer/-innen über Funktionsstellen ins Gespräch, auf die ich von Schulleiter/-innen wegen ihres herausragenden Engagements aufmerksam gemacht wurde. Auf die Frage, ob sie sich eine Bewerbung auf eine Schulleiterstelle vorstellen könnten, war eine der wiederkehrenden Antworten: Die Anforderungen an Schulleiter/-innen seien inzwischen so hoch, dass man sie sich nicht antun möchte. Es gäbe ja noch ein Leben außerhalb von Schule. Gab man sich damit nicht zufrieden, sondern fragte nach, dann kamen weitere Antworten wie z.B.:

- Die umfangreiche externe Evaluation weckt bei den Eltern diffuse und vielfältige Erwartungen, deren Umfang mir Angst macht. Denn ich weiß nicht, wie ich sie als Schulleiter/-in nur annähernd alle erfüllen könnte. Dabei möchte ich doch auf einer solchen Stelle sichtbar gute Arbeit leisten!
- Das gesetzlich verbriefte Individualrecht auf Bildung wird immer mehr von Eltern für das eigene Kind in Form von individuellen Förderplänen eingefordert. Als Schulleiter/-in würde ich mich da überfordert fühlen.
- Manche Schulen sind so groß, dass man als Schulleiter/-in keine Zeit mehr für die Menschen hat.
- Die Verrechtlichung von Schule ist so weit vorangetrieben, dass man ohne Anwalt keine Schule leiten könne. Und da die Installation eines Anwalts in die Schulverwaltung nicht vorgesehen ist, traue ich es mir nicht zu. Dazu kommen dann noch die vielen Vorschriften mit allen ihren Zwängen, über die man auch als Schulleiter/-in nur stolpern könne.
- Nicht nur in den Klassen hat die Heterogenität zugenommen, auch in den Kollegien. Das hat eine quantitative und qualitative Integrationsleistung in einem Ausmaß zur Folge, die ich mir nicht zutraue. Und schließlich:
- »Wenn mein Schulleiter so etwas wie ein »role model« eines Schulleiters verkörpert, möchte ich nie Schulleiter werden. Er weiß alles besser und mischt sich überall so stark ein, dass es fast schon peinlich ist. Zum Teil macht er dann Fehler, die ihm bei einer besseren Zusammenarbeit mit dem Kollegium nicht unterlaufen wären. Kritik daran lässt er nicht zu. Hilfe lehnt er ab. Sein Ansehen schwindet immer mehr.«

34.2 Sachliche und persönliche Gründe für Bewerbungsvorbehalte

Fasst man Gründe für Bewerbungsvorbehalte zusammen, dann lassen sich sachliche Gründe von persönlichen kaum unterscheiden. Eher ergeben sich oft aus den sachlichen Gründen persönliche Entscheidungen. Welche Konsequenzen sind daraus für die Zukunft zu ziehen?

Gründe:

Evaluation behebt pädagogische Mängel

Die externe Evaluation von Schulen bezog sich auf nahezu alle Bereiche schulischer Arbeit. An der Einschätzung der jeweiligen Leistungen der Schule nahmen auch Eltern teil. Die darin enthaltenen Evaluationsbereiche vermittelten bei den Eltern die Erwartung, dass alles, was als gut eingeschätzt wurde, der Qualitätssicherung und alles, was als schlecht eingeschätzt wurde, der Qualitätsentwicklung zugeordnet würde. Hieraus leiteten Eltern die Erwartungen ab, dass die aufgedeckten Mängel in allen Bereichen zeitnah behoben und beseitigt würden.

Individualrecht auf Bildung

Es ist nicht nur die Ein-Kind-Familie, die mehr als in der Mehr-Kind-Familie das einzelne Kind stärker als früher in den Mittelpunkt stellt. Auch sind die außerschulischen Qualifikationsanforderungen für den Erhalt eines Ausbildungsplatzes nicht unerheblich gestiegen, so dass sich Eltern Sorgen machen um bestmögliche Abschlüsse ihres Kindes am Ende der Schulzeit. Eltern beobachten auch, dass Schulen Förderpläne erstellen müssen für junge Menschen mit Lerndefiziten – wie z.B. junge Menschen mit mangelnden Sprachkenntnissen im Deutschen oder mit Lese- und Rechtschreibeschwächen. Sie bekommen mit, dass Förderpläne an Gymnasien für Hochbegabte für jeden jungen Menschen erstellt werden. Es ist daher kein Wunder, dass mit dem Ruf nach Gleichbehandlung und Chancengerechtigkeit für jede/n die Forderung nach individuellen Förderplänen für jeden jungen Menschen einhergeht.

Mehr individuelle Beachtung

Die Größe der Schulen hat zugenommen. Schulleiter/-innen sind verantwortlich für die Unterrichts- und Erziehungsarbeit an den Schulen. Von außen betrachtet, entsteht der Eindruck, dass ein/e Schulleiter/-in für jeden Menschen an ihrer/seiner Schule verantwortlich ist. Und diese Verantwortung würde sich niederschlagen in einer Vielzahl von Gesprächen mit jedem Mitglied dieser großen Schulgemeinde – ein hoher Anspruch!

Vorsicht Selbstreglementierung!

Die Klage über eine Verrechtlichung von Schule wird oft pauschal von jenen geführt, die ohne Interesse an Details darin einen ungebührlichen Eingriff in ihre pädagogische Freiheit sehen. Sicherlich gibt es eine Vielzahl von Vorschriften. Bei näherer Prüfung des Arguments mag es im Einzelfall sein, dass man dieses Gefühl besonders dann bekommt, wenn etwa der/die Schulleiter/-in wegen Nichteinhaltung des Drittelparagrafen auf eine Wiederholung einer Klassenarbeit besteht. Dass aber die Verrechtlichung pädagogische Freiheit erst erträglich macht, mögliche Konflikte durch verbindliche Regelungen vorab entschieden werden und damit das kollegiale Zusammenleben konfliktärmer macht, darauf muss auch immer wieder hingewiesen werden. Hinzu kommt die Beobachtung, dass immer mehr verbindliche Regelungen durch Konferenzentscheidungen die pädagogische Freiheit pflichtgemäß einengen – wenn etwa Fachkonferenzen Jahr für Jahr verbindlich über die Arbeitspläne entscheiden, die einzuhalten sind, oder Gesamtkonferenzen über Zielvereinbarungen und über Inhalt und Tempo ihrer Umsetzungen, und das mit schwerwiegenden Konsequenzen: Wer sich hier wie dort nicht daran hält, könnte schlimmstenfalls mit einem Dienstordnungsverfahren rechnen, das der/die Schulleiter/-in einzuleiten hätte. Hier dienen Selbstanordnungen durch Konferenzbeschlüsse der Selbstverrechtlichung und damit der freiwilligen (?) Selbstreglementierung im schulischen Alltag.

Integrationskraft des Schulleiters

Eine der Grundaufgaben der Schulleiterin/des Schulleiters ist die rationale Integration jedes Kollegiums. Wie die Lehrer/-innen in einer Klasse muss hier der Schulleiter unterschiedliche Menschen zusammenführen. Und hier wie dort haben Heterogenität und Pluralität zugenommen. Dabei gilt es nicht nur, die Interessen der Teilzeitkräfte mit denen der Vollzeitkräfte zu verbinden oder divergierende berufsständische Interessen in Gesamtschulen, es gilt auch die unterschiedlichen Wert- und Wirkvorstellung zweck- und sinnvoll zu integrieren, den Konsens immer wieder gemeinsam zu erarbeiten und Kompromisse in seiner Umsetzung zu finden. Ob in einer Schulklasse oder in einem Kollegium – Integrationsfähigkeit setzt einschlägige Erfahrungen im Bereich von Menschenführung voraus und das Wissen darüber, dass jedes Konsensmanagement die notwendige Bedingung für erfolgreiches Konfliktmanagement ist.

Mehr Führungskompetenz

Mit der Abschaffung der Hauptschule (z.B. in Rheinland-Pfalz und deren Aufgehen in einer größeren Realschule Plus ist eine Schulart entstanden, die an Heterogenität kaum zu übertreffen ist. Das äußert sich nicht nur in der Vielzahl von Lernstrategien und Lerngeschwindigkeiten einzelner Schüler/-innen in einer Klasse, sondern auch in den unterschiedlichen Unterrichtskonzepten der Lehrkräfte ebenso wie in den ebenfalls unterschiedlichen Basisanforderungen (»Fundamentum« in der Hauptschule und »Additum I« in der Realschule) in den Lehrplänen. Die starke Unterschiedlichkeit teilt die Schule in eine Gruppe besonders leistungsstarker und beachteter Schüler und in eine Gruppe besonders leistungsschwacher und kaum beachteter Schüler, die allerdings nicht selten wieder den Mangel an Beachtung kompensieren durch nicht akzeptables Sozialverhalten. In einer solchen Schule möchte kaum jemand gerne unterrichten, geschweige denn ihre Leitung übernehmen.

Autokratischer Führungsstil

Für viele Lehrer gilt immer noch der Satz: Ich unterrichte so, wie ich unterrichtet wurde. Gilt er nicht auch ausnahmslos für Schulleiter/-innen? Von Ausnahmen einmal abgesehen: Schulleiter/-innen leiten oftmals ihre Schule so, wie sie selbst Leitung erfahren haben. Dabei ist von allen Lehrkräften an einer Schule ein/e Schulleiter/-in der freieste und zugleich mächtigste Mensch. Wo diese Freiheit jedoch zur willkürlichen Machtausübung missbraucht wird, wo Führung nicht mehr als Zusammenführung in der Sache wahrgenommen wird, sondern als ständiges Bemühen willfährige Gefolgschaft zu sichern, wo Konferenzen mehr Befehlsausgaben gleichen als einem gemeinsamen Bemühen um Verbesserung dessen, was gemeinschaftlich zu verbessern ist, wo durchregiert statt geführt oder geleitet wird, entstehen Bilder von Schulleiter/-innen aus einer als überwunden gedachten autokratischen Epoche – fernab von einem Leitungsverständnis, das rechtsstaatliche Prinzipien achtet und bei dem ein wertschätzendes Miteinander gegenüber jedem und allen die Regel ist und tagtäglich sichtbar wird, weil solidarische Hilfe notwendiger ist als Häme. Wer so einen Führungs- und Leitungsstil erfahren hat, womöglich darüber sogar psychisch und physisch erkrankte, wird im Hass auf das Thema »Schulleiter« weder die Kraft noch den Wunsch haben, eine solche Position auch nicht in einer Schulleitungsrunde anzustreben.

1. FAZIT:
In jedem der o.a. Beispiele kommen potenzielle Bewerberinnen und Bewerber zu dem Schluss, dass sie so nicht werden wollen, wie sie Schulleiterinnen und Schulleiter erlebt haben. Sie zeigen übereinstimmend: Alle wollen, dass ihnen die Schulleitertätigkeit gelingt, und wollen nicht, dass sie ihrem Scheitern auch noch öffentlich vorgeführt werden. Sie wünschen sich eine respektvollen Umgang und eine souveräne und erprobte Handhabung aller erforderlichen Managementkenntnisse. Mit anderen Worten: Sie wünschen sich die Wahrnehmung der Leitungstätigkeit in der Schule als ein eigenes Berufsfeld, auf das man schon frühzeitig vorbereitet wird.

34.3 Schule leiten lernen – schon im Vorbereitungsdienst

Generell lässt sich feststellen: Der Vorbereitungsdienst bereitet auf die Durchführung von gutem Unterricht vor. In Ergänzung erfahren künftige Lehrer/-innen sehr viel über die dabei zu beachtenden rechtlichen Regelungen. Eher selten erfahren sie, welche Führungs- und Koordinationsleistung etwa von den Vorsitzenden der Fachkonferenzen zu erbringen ist, wenn sie mit den Fachkonferenzen Arbeitspläne für jede Klassenstufe erstellen, evaluieren und fortschreiben. Ebenso selten macht man ihnen bewusst, wenn sie als Fachlehrerinnen und Fachlehrer in einer Klassenkonferenz sitzen, die von der/vom Klassenleiter/-in geleitet wird und in der schülerbezogene Daten erhoben und in Förderpläne für Hochbegabte, Minderleister, Schülerinnen und Schüler mit Lese- und Rechtschreibeschwächen, mit Lernschwächen oder Formen des Autismus kollegial besprochen und vereinbart werden. In beiden Fällen geht es um Führung und Leitung von Kollegengruppen in unterschiedlicher Besetzung.

Dabei bieten beide Konferenzfarten vielfältige Möglichkeiten zur Bewusstmachung von Führungs- und Leitungstätigkeiten als notwendige Formen kollegialer Unterstützung des jeweils eigenen Unterrichts. Sie machen sehr früh deutlich, dass Unterrichten nicht länger nur ein schöpferischer Akt individueller pädagogischer Freiheit ist, sondern pädagogische Freiheit mit Blick auf die Individualität einer jeden Schülerpersönlichkeit und seine Art des Arbeitens und Lernens im Unterricht einer pädagogischen Abstimmung hinsichtlich erfolgreicher Lernergebnisse in jedem Fach und in allen Fächern bedarf, damit Lehrerinnen und Lehrer erfolgreich unterrichten und Schüler/-innen ebenso erfolgreich lernen können.

Worauf es in diesem erweiterten Verständnis ankäme, wäre der Aufbau und die Entwicklung eines Transferpotenzials im Bereich der Führungs- und Leitungskompetenz und des Prozessmanagements. Einer bewussten Ausbildung solcher Kompetenzen nähern wir uns erst dann, wenn Seminarleiter oder Ausbilder selbst über Leitungserfahrungen an einer Schule verfügen und die große Bedeutung dieser komplementären Kenntnisse, Fertigkeiten und Fähigkeiten für guten Unterricht richtig, weil systemisch, einschätzen können. Nicht von ungefähr gibt es Schulen mit Lehrer/-innen, die sich in aller Regel erfolgreicher auf Funktionsstellen bewerben als ihre Kolleg(inn)en an einer Nachbarschule. Wer so Leitung von Anfang gelernt hat, ist auf professionelle Leitung solide vorbereitet und wird sich am Ende bereitwillig und erfolgreich bewerben.

2. FAZIT: Bewusstmachung, Supervision und Ermutigung

Leitungsausbildung in der Schule ist die Stunde der Fachleiterin oder des Fachleiters und der schulischen Ausbildungsleitung. Die Arbeitsteilung ergibt sich aus der Sache selbst. Während der Fachleiter dazu geeignet ist, über Konzepte erfolgreicher Fachkonferenzen zu sprechen, ist der schulische Ausbildungsleiter in besonderem Maße dazu befähigt, über Zielsetzung und Durchführung von Lehrerkonferenzen im Allgemeinen und Klassenkonferenzen im Besonderen auszubildende Lehrkräfte zu unterrichten. In beiden Fällen geht es um die Beobachtung von Abläufen und deren Zuordnung zu Leitungs- und Führungskonzepten moderner,

partizipativer Besprechungen. Die Teilnahme von Referendarinnen und Referendaren an supervisionsartigen Besprechungen in Gruppen zur kollegialen Konferenzvor- und -nachbereitung zählen dazu.

Die Einführung solcher Verfahrensweisen an Schulen erscheint mir umso notwendiger, je mehr in den Schulen und Klassen ganz unterschiedliche Kinder integriert werden müssen, weil ihre Auffassungsgabe und Lernstrategien so unterschiedlich sind. Und mit dem damit verbundenen Anstieg der Heterogenität steigt proportional der Abstimmungs- und Integrationsbedarf in solchen Lerngruppen. Diese Beobachtung allein bei der Schüler/-innen zu machen, greift indessen zu kurz. Auch in den Lehrerkollegien steigt der Integrationsbedarf zwischen denen, die mit ganz unterschiedlichen Berufs- und Selbstbildern den Lehrberuf ergriffen haben. Generell wird man aber auch hier feststellen können: Wer Leitung von Anfang gelernt hat, wird nicht nur anders unterrichten, sondern auch dazu bereit sein, motiviert, weil schon rechtzeitig darauf vorbereitet, Führung und Leitung in einer Schule zu übernehmen - und daran heiter und gelassen seine Freude zu haben.

35. Der Erwerb von Leitungserfahrungen

35.1 Gewandelte Ausgangsbedingungen

Der Erwerb von Leitungserfahrungen gehört nach gängiger Auffassung in die dritte Phase der Lehrerausbildung und er findet in den Lehrerfort- und –weiterbildungsinstituten statt. Gewiss, das entlastet alle Beteiligten an einer Schule, bringt aber nicht selten einzelne Lehrkräfte an die Grenzen ihrer Möglichkeiten. Wer kennt nicht den Wunsch an eine junge Lehrkraft mit sehr gutem Zweiten Staatsexamen: » Sie haben ein so gutes Examen. Ich habe Sie daher als Klassenleiter/-in für eine 5. Klasse vorgesehen. Es soll mit Blick auf Ihre nächste Dienstliche Beurteilung ihr Schaden nicht sein.« Wer wollte da Nein sagen?

Nun haben wir heute eine andere Lehrergeneration als noch vor 30 oder 40 Jahren. Konnten wir damals immer wieder davon ausgehen, dass Lehrer/-innen an die Schulen kamen, die irgendwelche ehrenamtliche oder auch vorübergehend amtliche Leitungserfahrungen erworben hatten, weil sie in Vereinen, Parteien oder in Pfarrgemeinden Gruppen geleitet haben oder andere bei der Bundeswehr Leitungslehrgänge besucht und in der Praxis erprobt hatten, ist dies in den Folgegenerationen immer weniger der Fall. Was damals problemloser zumutbar war, entpuppt sich heute schon als große Herausforderung, die nicht jede/r besteht/bestehen kann. Darum sollten wir die 3. Ausbildungsphase auf unsere heutige Situation anpassen, wenn wir weiterhin starke Leitungskräfte in der Schule bekommen wollen.

Die Generation Y könnte uns die richtigen Fragen stellen, denen sich die Bildungspolitik stellen sollte. In u.a. Beitrag plädiere ich daher für einen Paradigmenwechsel, indem ich die Hauptlast der 3. Phase der Lehrerausbildung in die Schule verlagere und der Lehrerfort- und Weiterbildung eine wichtige, aber nur ergänzende und helfende Funktion zubillige. Beispiele aus Unternehmen überzeugen im Moment von der Richtigkeit dieses Weges. Aber lesen Sie bitte selbst:

35.2 Die Generation Y – eine Generation mit Führungspotenzialen für noch bessere Schulen?!

Ein Plädoyer für einen Paradigmenwechsel in der 3. Phase der Lehrerausbildung

Wie in anderen gesellschaftlichen Institutionen ist die »Generation Y« auch längst in den Schulen angekommen. Ihre Angehörigen sind heute zwischen 24 und 39 Jahre alt, geboren wurden sie zwischen 1980 und 1995. Ihre statistisch relevante Mehrheit will schon am Anfang ihres Berufs gut sein, weiterkommen und in Führung gehen. Was zeichnet diese Generation aus und wie sollten ihre spezifischen Potenziale in der 3. Phase der Lehrerausbildung, also ab der Übernahme einer Planstelle an einer Schule, letztlich zum Wohle der Schüler/-innen beachtet, gefördert und systemisch für die Schulen genutzt werden?

Ihre signifikanten Potenziale in der Statistik sind als Verhaltensmuster in der Praxis angekommen:

Die Generation Y will als eine »...junge, motivierte und technikaffine Generation...vor allem...selbst denken und handeln und zudem eigenverantwortlich, mobil und flexibel arbeiten. Sie legt Wert auf Sinnhaftigkeit, Transparenz und Nachhaltigkeit bei der Arbeit. Eine persönliche Entfaltung durch den Job ist ihr wichtiger als Karriere im klassischen Sinne – Glück geht vor Geld.«[63]

Ihre Ansprüche stehen zuweilen im Gegensatz zu ihrem Bedürfnis nach erlebter Sinnhaftigkeit und personaler Förderung durch ihre Vorgesetzen. Der Wunsch nach einem Mehr an persönlicher Entfaltung und nach bewusstem Zutrauen von Eigenverantwortlichkeit sind bei ihr stark ausgeprägt. Wo solche Bedürfnisse durch Schulleitungen dauerhaft unerfüllt bleiben, zögern typische Angehörige der Generation Y nicht lange und ziehen daraus scheinbar rigoros ihre Konsequenzen.

Drei Beispiele aus der Praxis:

Kaum haben die einen gerade ihre Bewährungszeit hinter sich, schon fragen sie ihre/n Schulleiter/-in nach Karrierechancen an der Schule. Statt eines interessierten Zuspruchs und einer realistischen Ermutigung mit durchaus realen Perspektiven fühlen sie sich dann von der Schulleitung vor den Kopf gestoßen, wenn ihnen stattdessen eine vertröstende Abfuhr zu Teil wird: Sie mögen doch erst einmal alle Klassen durchlaufen, dann werde man weitersehen. Andere der Generation Y lehnen eine weitere Beurteilung wegen einer möglichen

63 https://www.gruenderszene.de/lexikon/begriffe/generation-y?interstitial.

Beförderung ab, weil sie sich seit ihrer letzten dienstlichen Beurteilung von ihrer/ihrem Schulleiter/-in nicht genügend dort beraten und gefördert fühlten, wo sie sich weiterentwickeln wollten; und dritte schließlich beantragen nach drei Jahren Mindestverweildauer an der Schule eine Versetzung an die Nachbarschule. Grund: Sie haben gehört, dass die dortige Schulleitung besser sei – soll heißen, eher dazu bereit sei, sich auf ihre Generationsbedürfnisse bewusst einzulassen und sie zu fördern. Sie sehen für sich dort mehr Chancen für unterschiedliche Formen partizipatorischer Teilhabe an der Schulgestaltung und vermuten statt Gängelung ein Mehr an motivierender Wertschätzung bei hoher Selbstverwirklichung durch die Schulleitung.

Alle drei Beispiele sind typisch für die hohe Anspruchshaltung der Generation Y gegenüber ihren Schulleitungen, was die Maßnahmen zu ihrer persönlichen Förderung und Entwicklung im Alltag des Lehrberufs in der Schule betrifft. Schnell möchten sie dazu gehören, gemeinsam mit anderen Kolleg(inn)en ihre Schule maßgeblich und wirksam mitgestalten und mehr sein als »nur« angelernte Unterrichtsexperten. Die dritte Phase der Lehrerausbildung hält für sie aber zurzeit überwiegend Antworten bereit, die sie wieder aus der Schule hinaus in die Institute der Lehrerfort- und -weiterbildung führt. Der Verweis von Schulleitungen bei Leitungsfragen auf den Besuch von Lehrerfort- und –weiterbildungen ist sicherlich richtig, aber es kommt vor, dass Lehrkräfte nach besuchten Veranstaltungen die Erfahrung machen, wie schnell sich nach ihrer Rückkehr Verzagtheit einstellen kann, wenn sie – dann auf sich gestellt – an der Umsetzung der gerade erworbenen Kenntnissen zu scheitern drohen. Wie könnte man solchen frühen Frustrationserlebnissen nach externen Fortbildungen entgegentreten und doch Lehrkräfte zu Leitungs- und Führungskräften ausbilden?

Zum besseren Verständnis eine Anmerkung:

Auch Lehrkräfte im Unterricht und als Klassenleiter/-innen sind Führungskräfte – beraten wir sie doch »on the job«!

Entgegen der herrschenden Meinung zähle ich auch Lehrkräfte zu Führungskräften, weil sie schon im Unterricht Führungsqualitäten im Umgang mit ihren Schüler/-innen zeigen müssen. Auf einer nächsten Stufe kommen die notwendigen Führungs- und Leitungsqualitäten der Klassenleiter/-innen hinzu:

Angesichts des individuellen Förderbedarfs etwa für Schüler/-innen mit LRS, mit unzureichenden Deutschkenntnissen oder bei weiteren Gründen für die Erstellung von individuellen Förderplänen – wie etwa im inklusiven Unterricht für Beeinträchtigte – ist die professionelle Integrations- und Koordinationskompetenz von Klassenleiter/-innen mehr als früher gefordert.

Vom Primat der externen Lehrerfort- und -weiterbildung zu einem Primat des internen Coachings?

Die zusätzlichen Anforderungen an Lehrkräfte durch die besonderen Herausforderungen und Ansprüche, die Kinder mit Lernpotenzialen außerhalb der gesellschaftlich anerkannten »Norm« in den Unterricht hineingetragen haben, machen kontextbezogene interne Formen des unmittelbaren Coachings wegen ihrer nachhaltigeren Wirkung immer notwendiger (i.S.v. »die Not der unterrichtenden Lehrkräfte abwendend«). Wenn sich so eine erfolgreiche Qualifizierung und Professionalisierung besser und schneller einstellt, dann stellt sich doch die Frage: Muss daher nicht auch die dritte Phase der Lehrerbildung geprägt sein von einer veränderten Form der beruflichen Sozialisation? Müssen wir nicht weg von einem Primat einer externen Lehrerfort- und -weiterbildung in der 3. Lehrerausbildung zu einem Primat eines internen Coachings hin zu einer Zahlenrelation von 70:20:10?[64]

Was bedeutet konkret?

70% der Fort- und Weiterbildung besteht aus einem internen Lernen »on the job«; 20% ist ein Lernen durch externes Coaching in Netzwerken und zu 10% besteht das Lernen durch formale Weiterbildungsmaßnahmen an Lehrerfort- und -weiterbildungsinstituten einzelner Lehrkräfte mit der Verpflichtung zum Wissenstransfer an Konferenzen.

Es wäre nun denkbar, dass sich für ein solches Pilotprojekt Schulen melden, die im Anschluss an Karen O'Leonard und Laci Loew[65] bereits jetzt einen hohen »Führungskräfte-Reifegrad« aufweisen. Wie lässt er sich feststellen?

---

64 Nachfolgend folge ich den anregenden Ausführungen von Jan Brecke, »So wollen Top-Talente arbeiten. Handlungsempfehlungen für eine Unternehmenskultur der Zukunft«, Frankfurt am Main 2015, S.156 ff.

65 Zitiert bei Jan Brecke: Leadership Development Factbook, Bersin 2012.

O'Leonard und Loew unterscheiden vier Ebenen der »Leadership-Development-Kompetenz«[66] voneinander:

Ebene 1: Inkonsistente Management-Trainings: Die personale Entwicklung von Lehrkräften zu wirklich professionell handelnden Leitungs- und Führungskräften wird von der Schulleitung und ihren Mitgliedern nur minimal unterstützt. Es existiert weder in der Schulleitung noch im Kollegium ein schlüssiges Verständnis von pädagogischer Leitung und Führung auf allen Ebenen und dem hiermit verbundenen Koordinationsbedarf. Das strategische Leitungsziel der Schulleitung nimmt diesem Thema gegenüber eher eine Laisser-faire-Haltung ein. Auch möglicherweise zu fördernde Führungskräfte oder etwa die Vorsitzenden der Fachkonferenzen überlässt die Schulleitung weitestgehend sich selbst.

Ebene 2: Strukturierte Führungskräfte-Trainings: Auf dieser Ebene besteht unter den Mitgliedern der Schulleitung ein gemeinsames Verständnis von pädagogischer Führung, das sich durch gemeinsame Managementkompetenzen auszeichnet. Es sind vereinzelte Lehrkräftegruppen, die ganz unterschiedlich identifizierten Förder- und Entwicklungsbedarf in Stufen oder Fächern für sich feststellen und auf dieser Grundlage aktiv den Besuch von dafür angebotenen Fortbildungsprogrammen der Lehrerfortbildungsinstitute planen. Zuweilen sind sie mit Lehrkräften an anderen Schulen mehr oder weniger intensiv vernetzt. Für beide Arten von bewusst von ihnen gewählter Fortbildung bekommen sie auf Bitten oder auf Antrag die Zustimmung der Schulleitung. Eine solche, aus kollegialer Initiative heraus entstandene Führungskräfteentwicklung wird auf dieser Ebene lediglich von der engeren Schulleitung hingenommen. Verläuft sie jedoch erfolgreich, wird sie ausdrücklich vom Schulleiter unterstützt und in ihr gerne ein selbstverständlicher Bestandteil des Schulprofils gesehen.

Ebene 3: Fokus auf Führungskräfte-Entwicklung: Auf dieser Ebene erst entscheidet sich das Wesentliche in einer bewusst gewollten und gestalteten Führungskräfte-Entwicklung: Die gesamte Schulleitung sieht in der Führungskräfteentwicklung eine für die Überlebensfähigkeit – soll heißen: für das Ansehen der Schule – notwendige strategische Führungs- und Leitungsaufgabe.

66 Nachfolgend breche ich die Begrifflichkeit auf die Schule herunter.

Das Ziel ist die Professionalisierung von Lehrkräften zu Führungskräften in möglichst vielen Aufgabenfeldern durch ein bewusstes, systematisches und vernetztes Coaching[67] durch die Mitglieder der Schulleitung in den je eigenen Aufgabengebieten.

Die erforderlichen Managementkenntnisse für ein kohärentes Coaching gilt es im Rahmen einer Fortbildungsreihe allen Schulleitungsmitgliedern gemeinsam zu vermitteln.

Ebene 4: Strategische Führungskräfte-Entwicklung: »In dieser Phase ist die FK-Entwicklung in allen Teilen der Talent-Management-Prozesse verankert.«[68] Auf der Grundlage einer gemeinsam entwickelten Führungs- und Leitungsstrategie im Aufgabenfeld »Personalförderung und -entwicklung« wurden Ziele und Mittel verabredet über den Umgang mit Lehrkräften durch die Mitglieder der Schulleitung, die schon jetzt etwa als Klassenleiter/-in oder Vorsitzende der Fachkonferenzen Führungs- und Leitungsaufgaben en miniature wahrzunehmen haben. Auch die/der Schulleiter/-in ist selbstverständlich in dieses Programm integriert und nimmt aktiv an der FK-Entwicklung teil. (»leaders teaching leaders«).Dabei berichten Chefinnen und Chefs immer wieder gerne offen über ihre eigenen Erlebnisse während ihrer Zeit auf dem Weg zur Spitze. Dazu zählen Phasen des Gelingens ebenso wie jene des Scheiterns. Letzteres wird von den Teilnehmer/-innen dann auch als Vertrauensbeweis besonders geschätzt. Denn nicht nur »best practice« ist interessant, interessanter oft ist das Eingestehen von »worst practice«. Auf dieser Ebene 4 hat die Schule eine Führungs- und Leitungskultur erreicht, die sie sehr bald insgesamt immer erfolgreicher werden lässt.

Der große Nutzen der 70% Fortbildung für Lehrkräfte in der Schule

Es sind diese 70% an Einheiten im Bereich des »trainings on the job«, die die Führungskräfte bei der Personalförderung und –entwicklung zu Coaches im Bereich des Managements an der eigenen Schule machen. Diese interne

67 Vgl. »Good Coach, Bad Coach« Nicht jeder Manager ist auch ein guter Berater. Eine Studie zeigt, dass Chefs, die falsch coachen, ihren Mitarbeitern sogar mehr schaden als nutzen. Gefragt sind Vernetzer, in: Harvard Business manager, August 2018, S. 8 – 10.

68 Jan Brecke, ebd., S. 158.

Fortbildung kann auf ganz unterschiedlichen Aufgabenfeldern der Funktionsstelleninhaber/-innen geschehen. Darin liegt der Vorteil, dass sie – da lösungsorientiert – eine schnelle Wirksamkeit in konkreten Fällen sichtbar entfalten kann. Wegen ihrer starken Übereinstimmungen im strategischen Basiskonzept für Coaches wirkt sie zusätzlich synergetisch, indem sie nicht nur Kolleg(inn)en der Generation Y anspricht, sondern auch alle anderen Kolleg(inn)en in die Bewältigung von Leitungs- und Führungsaufgaben einbezieht. Das geschieht z.B auf einer Metaebene, wenn es um kleine praxisbezogen Vorträge geht oder wenn deren Umsetzung in einer Klasse oder bei Besprechungen beratend begleitet wird. Das gilt auch für die Begleitung und Implementierung von Organisationsentwicklungsprozessen sowie deren Auswertung. Schulleitungsmitglieder nehmen an Unterrichtshospitationen aktiv teil und geben Rückmeldungen zum Unterrichtsmanagement im Sinne von pädagogischer Führung und Leitung von Lernprozessen. Stufenleiter/-innen begleiten als Supervisor/-innen Klassenleiter/-innen bei der kollegialen Vorbereitungen für Klassenkonferenzen oder finden in Mitgliedern der engeren Schulleitung Coaches für professionelles Konferenzmanagement des Schulleiters für Gesamtkonferenzen.

Überall dort, wo in den sich anschließenden Reflexionsphasen weiterer Beratungsbedarf ausgemacht wird, werden Fragen zusammengestellt und an externe Experten geschickt, die mit den Nachfragenden zusammenkommen und mit ihren Mitgliedern diese Fragen so erschließen, dass sich ein Kompetenzzugewinn einstellen kann. Damit sind dann die 20% Fortbildung durch externe Berater erreicht. Wo darüber hinaus individuelle Fortbildung als notwendig erachtet wird, besuchen Lehr- oder Führungskräfte Fortbildungen, berichten darüber nach ihrer Rückkehr und sorgen für die Implementierung von neuen Lösungsansätzen in ihrem Schulalltag.[69]

FAZIT:
Die Führungskräfte einer jeden Schule tragen auch eine große Verantwortung für die Rekrutierung des künftigen Führungskräftepersonals. Die Haltungen, die die Angehörigen der Generation Y mehrheitlich in die

69 Das Konzept ist aber nur dann realisierbar, wenn etwa Grundschulleiter/-innen Zeit zum Leiten und Führen ihrer Schulen haben und nicht wegen der Teilzeitstelle ihrer Sekretärinnen Sekretariatsarbeiten übernehmen müssen. Hier haben die Schulträger die dafür notwendigen Rahmenbedingungen zu verbessern.

Schulen hineintragen, bieten hervorragende Anknüpfungspunkte für die Stärkung und Weiterentwicklung ihrer Potenziale in Richtung professionellere Führung außerhalb und innerhalb von Schulleitungen. Dass dieser Prozess sich schon heute vollzieht, lässt sich daran ablesen, dass mehr als früher Lehrkräfte durch Versetzung zu guten Schulleiter/-innen streben, weil sie von ihnen für ihre berufliche Qualifizierung lernen wollen (»Learning from the Best«). Sie aktiv in Personalgesprächen wahrzunehmen und damit produktiv im Rahmen eines formativen Coachings und eines summativen Urteilens umzugehen, wird zur zentralen strategischen Aufgabe von Schulleitungen bei einer bewussten und systematischen Personalförderung – und -entwicklung in den Schulen selbst. Das Angebot eines »Pilotprojekts 70:20:10« für Schulleitungen ab der Ebene 2 wäre daher eine lohnende Aufgabe. Ein solcher Paradigmenwechsel in der 3. Phase der Lehrerausbildung würde auch mehr so qualifizierte Lehrkräfte dazu ermutigen, sich auf Leitungsstellen zu bewerben und schließlich zu einer höheren berufliche Zufriedenheit aller beitragen – nicht nur bei Angehörigen der Generation Y.

36. »Selbst machen! – Wie sonst?!« – eine Nachlese

36.1 Was bleiben sollte…

Am Ende des Weges, den Sie mit mir freundlicherweise durch verschiedene Beispiele aus einem denkbaren Schulalltag entweder punktuell oder kontinuierlich Abschnitt für Abschnitt gegangen sind, würde ich mich freuen, wenn Sie die eine oder andere Anregung in Ihre nächsten Schulleitungsrunde mitnehmen. Sollte dem so sein, dann gehen Sie bitte mit allen meinen Anregungen kreativ um – soll heißen, prüfen Sie bitte jede Anregung gemeinsam darauf, ob Ihnen das Anregungsmuster zusagt und es Ihrer Schule überhaupt zuträglich ist. D.h., gehen Sie so damit um, wie Sie ja auch z.B. Fragen zur Evaluation immer wieder daraufhin prüfen sollten, ob die jeweils vorgeschlagen Frage auch wirklich Ihre Frage ist und ob Sie gemeinsam mit Schulleitung und Kollegium wirklich das Potenzial haben, die mit den Antworten verbundenen Erwartungen zu erfüllen, weil Ihnen die damit erhofften Verbesserungen wirklich gelingen. Oder ich denke auch an die Fragen, über die Sie sich zur Vorbereitung des strukturierten Personalführungsgesprächs gemeinsam mit dem Kollegium verständigen konnten. Wenn Sie so vorgehen, kostete das zwar etwas Zeit. Aber dann dürfte Ihnen eine kohärente systemische und personale Weiterentwicklung der Schule leicht fallen, bei der Sie wirklich heiter und gelassen bleiben können.

36.2 Strategische Ziele aushandeln und die Grundlage für ihren operativen Vollzug schaffen

Ein Anliegen habe ich noch, das Ihnen wirklich Zeit sparen hilft: In meinen vielen Schulbesuchen gewann ich manchmal den Eindruck, dass sehr bemühte Schulleitungen oder Lehrkräfte bei der Formulierung strategischer Wert- und Sinnhorizonte mit großem Aufwand und viel Zeit nach ganz originären eigenständigen Zielsetzungen suchten. Ich bin zwar ein Freund von eigenständigen kreativen Lösungen, um die man in Arbeitsgruppen ringt. Dabei liegt das Gute oft so nah: Daher wäre eine andere Vorgehensweise nicht weniger inspirierend: Zur ersten Orientierung lohnt immer die Suche nach den schulrechtlichen Grundlagen. In einem nächsten Schritt kann Ihnen dann eine Internetrecherche oder die Sichtung einschlägiger Zeitschriften zu Themen des Schulmanagements weiterhelfen. Wenn Sie endlich durch die/den zuständige/n Funktionsstelleninhaber/-in eine grobe Zielsetzung und erste Skizzen für eine mögliche Umsetzung erarbeiten ließen, dann gilt es mit Blick auf die eigenen Vorstellungen der Arbeitsgruppe das gesamte Material zu sichten und sich auf übereinstimmende pädagogische Zielsetzungen, Sinngehalte und Werte zu einigen (»e pluribus (ad) unum«!) Erst in einem nächsten Schritt überlassen Sie dann ihre Umsetzung der Organisationsphantasie jener Damen und Herrn, die die operative Seite der strategischen Ziele in Angriff nehmen wollen. Auch wenn Sie sich dann zurückzuziehen haben, bleibt Ihre Führungsverantwortung davon unberührt. Sie nehmen Sie immer wieder dann wahr, wenn Ihnen die operative Gruppe von Zeit zu Zeit über den Stand und Fortgang der Dinge berichtet oder Sie zwischendurch darum bitten. Bedenken Sie bitte bei der Formulierung der gemeinsamen Ziele: Sowohl Unterforderung als auch Überforderung verursachen Stress. Also muten Sie sich bitte selbst und der Lehrkraft weder zu wenig noch zu viel zu!

36.3 »Alles Gute kann ja nur von außen kommen!« – Seien Sie skeptisch!

Beratungsangeboten, die für jede Schule identisch sind, sollten Sie immer skeptisch bis kritisch gegenüberstehen. Das gilt auch für die so genannten »Best-Practice-Beispiele« oder – inzwischen etwas bescheidener – »Good-Practice-Beispiele«, die allenthalben angeboten oder sogar manchmal nachgerade angepriesen werden. Sie funktionierten einmal »best« in einer unwiederbringlichen Personenkonstellation. Und weil solche Personenkonstellationen, die sich – wie Sie ja wissen –immer aus ganz unterschiedlichen Lerntypen zusammensetzt und damit ihre ganz spezifische und einmalige Dynamik entfaltet, ist dann wirklich entscheidend für den Erfolg eines jeden Projekts, das insofern immer ein Unikat ist![70] Was hier wirklich nur übertragbar ist, das ist die professionelle Nutzung des Handwerkszeugs für ein effizientes und

70 Babette Julia Brinkmann, Matthias Lang, op.cit.: »Ein One-size-fits-all-Modell wird es nicht geben! Entscheidend ist, dass bereits der Weg dorthin den Grundprinzipien der Selbstorganisation auf allen Ebenen in einer durchgängigen und glaubwürdigen Weise folgt. (...) Vertrauen ist das, was entsteht, wenn sich alle gemeinsam nach allen Regeln der Kunst selbst organisieren.«.

effektives Projekt- und Konsensmanagement durch die Projektleitung, mit der Sie immer souverän und vielleicht »respektlos« umgehen sollte.

Jede Schule braucht eine für sie stimmige Art von Schulaufsichtshandeln, und jeder Schulleiterin/jeder Schulleiter braucht ihre/seine spezifische Form von Beratung, die sich gezielt und ganz bewusst an ihr/ihm und ihre/seinem Denken zu orientieren hat, weil sie letztlich ihr/ihm zu dienen hat und ganz ihm Sinne Anselm Grüns aufrichten soll. Hier ist Demut in der Beratung gefragt, weil Sie sich, will sie wirklich Erfolg haben, den jeweiligen Bedürfnissen und spezifischen Fragen ihres Klienten zu unterwerfen hat. Auch hier sind systemische und personale Beratung zwei Seiten einer Medaille, die gleichermaßen von Berater innen und Beratern – auch als Schulaufsichtsbeamtinnen und -beamten zu (be)achten sind.

36.4 Beispiele fürs Durchregieren und warum Sie es nicht zu Ihrem eigenen Schutz sollten

Wer Kritik an Verfahrensweisen übt, hat zu beweisen, dass auch andere Wege besser oder sogar rechtmäßiger gewesen wären. Diesen Gedanken möchte ich am Ende des Buches auf jene 9 Beispiele beziehen, die ich am Anfang als Beispiele fürs Durchregieren aufgezählt habe. Da ich sie alle in meiner Dienstzeit als Schulrat angetroffen habe, kann ich versichern, dass im Grunde alle Schulleiterinnen und Schulleiter damit nur das Beste wollten: Die schnelle Problemlösung für Mitarbeiter/-innen und Kolleg(inn)en, »...damit sie sich nicht unnötig damit befassen müssen.« Aber es wurde in der Summe der Beispiele auch klar: Was die Schulleiter/-innen zunächst als Entlastung anderer erreichten, wurde für sie selbst immer häufiger zur zusätzlichen Belastung. Und wenn man diese Haltung bei hoher Anerkennung von Teilen des Kollegiums auf lange Strecken beibehält und nicht aufgibt, dann führt sie auf Dauer zu einer schon unerträglichen psychischen und physischen Belastung mit allen den Ihnen sicherlich längst bekannten Symptomen. Und damit muss Schluss sein – auch ist diese Opferrolle vom Verordnungsgeber niemals so vorgesehen gewesen! Eine stärkere Beachtung der einschlägigen Vorschriften hat hier eine wichtige und manchmal sogar existentielle und fürsorglich wirkende Schutzfunktion.

Nun noch einmal zu den Beispielen fürs Durchregieren im Kapitel 4.2 mit ein paar Anregungen, wie man damit entlastender hätte umgehen sollen. Als Orientierungskriterien nannte ich die Prinzipien von Subsidiarität und Solidarität – sollte grob heißen: Was zu klären ist, sollte zu allererst dort geklärt werden, wo die Unklarheit entstand (Ziel: Hilfe zur Selbsthilfe); und sollte diese Unklarheit nicht zwischenmenschlich geklärt werden können, erfolgt ein Zusammenwirken von Personen, die mittelbar oder unmittelbar davon auch betroffen sind. Erst wenn auch dann keine Klärung herbeigeführt werden kann, wird damit die nächsthöhere Hierarchieebene befasst.

Zu den Beispielen von Seite

Ich mache es lieber gleich selbst:	Ich mache es unter Beachtung des Delegationsprinzips so:
1. »Da ich für alles in meiner Schule verantwortlich bin, kann ich doch auch »Feuerwehr« spielen. Darum übernehme ich möglichst oft die Leitung von Fachkonferenzen.«	*Die/der Vorsitzende der Fachkonferenzen wird in Anwesenheit der Mitglieder des Schulausschusses, dem auch die/der Schulleiter/-in als Vorsitzende/r angehört, gewählt. Bei Verhinderung ist die ihre/seine Vertretung geregelt. Die/der Schulleiter/-in kann daher nicht Vorsitzender sein. Wohl aber hat er Beratungs- und Stimmrecht in einer Sitzung. Würde sie/er Vorsitzende/r, dann wäre sie/er auch für die Durchführung der Beschlüsse der Konferenz verantwortlich. Dies würde kollidieren mit ihrer/seiner letztinstanzlichen Funktion in der Schule, in der sie/er zu prüfen hat, ob Beschlüsse der Fachkonferenz im Einklang stehen mit schulrechtlichen Bestimmungen. Im Falle einer Übernahme des Vorsitzes käme es letztlich zu einer Kollision von Vollzug und Kontrolle.* *Diese Gedanken einmal außer Acht gelassen: Ein/e Schulleiter/-in, die/der die Leitung von (verschiedenen) Fachkonferenzen übernimmt, dürfte irgendwann kaum noch Zeit haben für ihre/seine eigentlichen Aufgaben und letztlich daran scheitern.*

Ich mache es lieber gleich selbst:	**Ich mache es unter Beachtung des Delegationsprinzips so:**
2. »Ich sprach gestern mit der Schulaufsicht (…) Also machen wir es heute so, wie ich es mir schon ausgedacht hatte!«	*Der Gedankengang ist für autokratisch führende Schulleiter/-innen verführerisch. Die vorgesetzte Dienststelle wird dazu vereinnahmt, in der Regel einsam getroffene Entscheidungen der/des Schulleiter/-in zu einem Zeitpunkt zu billigen bzw. sogar zu legitimieren und damit dem Kollegium in Form einer abschließenden Stellungnahme der vorgesetzten Dienststelle nahezulegen. Wegen dieses abschließenden Charakters der behördlichen Äußerung erhält sie eine so hohe Verbindlichkeit, die letztlich zunächst einmal das Kollegium über die/den Schulleiter/-in zur Annahme zwingt. Die/Der Schulleiter/-in mag darin den Vorteil gesehen haben, dass ein etwas längerer Mitbestimmungs- und Entscheidungsweg »elegant« umgegangen werden konnte. Dies kann aber im Einzelfall rechtswidrig sein und könnte im Widerspruchsfalle ein längeres Verfahren der Aufarbeitung nach sich ziehen. D.h., es wurde nur vorübergehend Zeit gewonnen.*
3. »In den ersten vier Wochen als Schulleiter werde ich möglichst viele Vertretungsstunden übernehmen, um zu sehen, wo in unserer Schule der Schuh drückt.«	*Ein/e neue/r Schulleiter/in mag das berechtigte Bedürfnis haben, ihre/seine neue Schule schnell kennenzulernen. Ob sie/er das auf diesem Wege machen sollte, darüber wird sein Zeitbudget entscheiden. Dass er es hin und wieder macht, wäre sicherlich in Ordnung.* *Wenn er aber Vertretungsstunden mit der festen Absicht übernimmt, zu erfahren, wo der Schuh drückt, wird es immer auch um Beschwerden über Lehrkräfte gehen. An dieser Stelle hätte die/der neue Schulleiter/-in dann ein ernstes Problem, da sie/er sich ja – ohne vorherige Anhörung der Kollegen, über die Schüler/-innen Beschwerde führen, möglicherweise – wohlmeinend – ungeprüft Stellung in einer Sache bezieht, die die betreffenden Kollegen beschädigen könnte. Er kommt dann in den Verdacht, sich an einer Art Mobbing beteiligt zu haben, was seinem Amt und seiner Autorität abträglich ist. Beides benötigt er aber bei der fairen und sachlichen Behandlung von Beschwerden und Konflikten, in denen er wiederum letzte Instanz in der Schule ist.*

Ich mache es lieber gleich selbst:	Ich mache es unter Beachtung des Delegationsprinzips so:
	Die Folgen der gut gemeinten Absicht des neuen Schulleiters könnten ihm Verstrickungen bringen, die über ein paar Wochen seine ganze Zeit in Beschlag nehmen dürften. *Alternativ sollte er sich immer wieder über den Zustand der Schule von den Mitgliedern der Schulleitung ausführlich berichten lassen.*
4. »Liebe Schüler, wenn ihr ein Problem habt – meine Tür ist für euch immer offen!«	*Wie in allen Fällen handelt es sich um einen wohlmeinenden Ratschlag eines um das Kindeswohl besorgten Schulleiters. Allerdings ist das Verfahren dafür geregelt – in Rheinland-Pfalz in der Übergreifenden Schulordnung:*
	§ 2 »(4) Fühlen sich Schülerinnen oder Schüler von einer Lehrkraft ungerecht behandelt, so sollen sie zunächst das klärende Gespräch mit dieser suchen. Sie können ihr Anliegen auch mit einer anderen Lehrkraft, der Schulleiterin oder dem Schulleiter besprechen. Sie können eine Schülervertreterin oder einen Schülervertreter hinzuziehen.«(Subsidarität)
5. »Seit einem halben Jahr forciere ich die Arbeit der Schülervertretung, indem ich mich wöchentlich mit der Versammlung der Klassensprecher treffe.«	*Die/Der Schulleiter/-in hat die Arbeit der Schülervertretung zu unterstützen. Er bietet dazu (wöchentlich) Gespräche mit der Schülervertretungsspitze an, an denen der Verbindungslehrer teilnimmt. Seine Arbeit hat er vorrangig zu unterstützen und ihn dabei zu beraten. Daher hätte er immer wieder mit ihm zu besprechen, wie man die Schülervertretung forcieren kann. Mit ihrem/seinem Verhalten greift er in sein Aufgabengebiet ein. Im Übrigen vermittelt er damit den Eindruck, dass der Verbindungslehrer wohl seiner Aufgabe nicht gewachsen sei, obwohl diesem doch sein Amt durch Wahlen der Klassensprecherversammlung oder durch eine Urwahl der Schülerschaft übertragen wurde.*

Ich mache es lieber gleich selbst:	Ich mache es unter Beachtung des Delegationsprinzips so:
6. »Meine Sekretärin hat so viel zu tun. Darum helfe ich ihr bei der Ablage«	*Eine gut gemeinte Idee (Kavalier?); führte aber im vorliegenden Falle dazu, dass die Sekretärin Vorgänge nicht mehr dort gefunden hat, wo sie hätten sein sollen.* *Außerdem hat sie dafür eine Ausbildung durchlaufen und kennt sich im Bereich Registratur aus. Als Expertin kennt sie auch die Aktenzeichen, wie sie im Landeseinheitlichen Aktenplan gesammelt und von allen Landesbehörden bei der Vergabe von Aktenzeichen zu beachten sind.* *Der Schulleiter ist dafür nicht ausgebildet und signalisiert aber der Sekretärin in gewisser Weise Unfähigkeit und schafft zugleich statt Ordnung Unordnung.*
7. »Dank meiner besten Kontakte zur Wirtschaft berate ich jeden Schüler in der 9. Klasse selbst.«	*In jeder Schule sollte es eine/n Lehrer/-in geben, die/der die Kontakte zu regionalen Wirtschaftsunternehmen pflegt. Diese/r könnte und sollte dann die Beratung übernehmen und der/dem Schulleiter/-in darüber berichten.*
8. »Briefe an meine Schule beantworte ich grundsätzlich immer selbst.«	*Nach außen mit ihrer/seiner Unterschrift sichtbar beantwortet die/der Schulleiter/-in jeden Brief selbst. Das Zustandekommen des Briefes steht auf einem anderen Blatt.* – *Der Absender erhält baldmöglichst einen Eingangsbescheid (Entwurf durch die Sekretärin)* – *Der Brief selbst geht über den Stufenleiter an die Klassenleitung zu einer ersten Stellungnahme. Diese Stellungnahme prüft die/der Stufenleiter/-in und formuliert zu Händen der/des Schulleiter/-in einen ersten Briefentwurf, der der/dem Schulleiter zur Unterschrift vorgelegt wird. Er wird aber vorher der Lehrkraft noch einmal zur Mitzeichnung oder Kenntnisnahme vorgelegt, die die erste Stellungnahme geschrieben hat. Am Ende kann die/der Schulleiter/-in unterschreiben oder noch Rücksprache mit der/dem Stufenleiter/-in führen.* – *Die/Der Schulleiter/-in kann auch entscheiden, dass der Brief von der/dem Stufenleiter/-in in ihrem/seinem Auftrag beantwortet werde.*

Ich mache es lieber gleich selbst:	Ich mache es unter Beachtung des Delegationsprinzips so:
9. »Wenn eine Lehrerin ein Problem mit seinen Schülern in der Klasse hat, übernehme ich als Schulleiter möglichst sofort den Unterricht. Dann herrscht Ruhe.«	*Probleme in einer Klasse sind zunächst einmal mit der Lehrkraft selbst durch die/den Klassenleiter/-in anzusprechen. Auch könnte die/der Klassenleiter/-in eine Klassenkonferenz einberufen, in der das Problem solidarisch erörtert wird. Falls hier kollegiale Hilfe nicht (etwa durch kollegiale Hospitation)möglich ist, ist die/der Stufenleiter/-in einzubeziehen. Grundsatz: Es sollte vorrangig darum gehen, dass die Lehrkraft Hilfe bei der Problemlösung erhält, damit sie ihren Unterricht ungestört fortsetzen kann. Sie herauszunehmen und sich als Schulleiter -in selbst einzusetzen, dürfte ihr Ansehen und ihr Selbstwertgefühl erheblich beschädigen. Der Umgang des Schulleiters mit der Lehrkraft ist unfürsorglich, demotivierend und einer Mitteilung an den örtlichen Personalrat und die Gleichstellungsbeauftragte sowie eine Beschwerde bei der Schulaufsicht wert.*

Mit den wertvollen Gedanken von Friedrich Weinreb möchte ich das Buch beschließen. Möge ich Ihnen mit wenigen Anregungen Wege aufgezeigt haben, wie Sie Ihre Schule mit arbeitsteiliger Unterstützung der gesamten Schulleitung und dem Kollegium weiter/wieder heiter und gelassen leiten – ja, auch bis zum Ruhestand in respektvoller Begegnung von: **»laeti discipuli, laeti magistri (… mit Ihnen, als einem…) laetissmus rector«**

»… Wenn die Schule im Sinne des ganzen Menschen ist, ist die Inspiration eine heilige. Dann ist der Schüler, weil die Schule ihm Quell ist für seine Inspiration, von selbst schon gütig und gescheit, sanftmütig und intelligent, treu wie wissenschaftlich, ganzheitlich wie auch interessiert am geringsten Detail. (…) Sie könnte auch die Einsicht bringen, dass der Mensch viel mehr ist als der – wenn auch noch so subtil – naturwissenschaftlich erfassbare Mechanismus; dass der Mensch so gern geliebt, geschätzt, gewürdigt wird, ohne diese Welt in Träumereien – mit oder ohne Alkohol und Drogen – verlassen müssen.

Unterricht nimmt einen immer wichtigeren Platz in der Welt ein. Es wäre gut, wenn man sich über die Art und Möglichkeiten des Unterrichts Gedanken macht. Und es ist Zeit zu erfahren, dass es zum Unterricht an erster Stelle Menschen braucht, ganze Menschen. Und dass dieser ganze Mensch nicht Produkt wissenschaftlicher Forschung oder politischer Maßnahmen sein kann, sondern dass er aus menschlicher Beziehung hervorkommt; menschliche Beziehungen aber kommen nicht durch theoretische Erwägungen zustande.

Man könnte den Glauben an die Kraft der Liebe setzen. Vielleicht käme dann die neue Welt wie ein Dieb in der Nacht. Dann ist die ganze Welt ein Lehrhaus, und es herrscht dort ungekannte Freude. Denn Weisheit und Liebe sind dort eine Einheit.

Und aus ihnen kommt als Frucht die fortwährende Überraschung, das Glück des Lebens, der Sinn, einfach der Sinn der Welt.«

Zum Autor

Hubert Luszczynski – *1948 in Groß-Gerau. Studium der Politikwissenschaft, Geschichte und Geographie, Lehrer an Gymnasien für Sozialkunde, Geschichte und Erdkunde, kommissarischer Fachleiter Sozialkunde, 1979-1981: Pers. Referent des ersten Staatssekretärs im Kultusministerium in Mainz; stv. Schulleiter, 1977- 1987 Nebenamtlicher Dozent für politische Bildung am Zentrum für Innere Führung der Bundeswehr/Koblenz; 1990-2013: Als Ltd. Regierungsschuldirektor Schulrat für Gymnasien, Integrierte Gesamtschulen, Waldorfschulen und Kollegs bei der Schulbehörde in Koblenz auf der Ebene der Schulbehörde: Landeskoordinator für interregionale Zusammenarbeit im Bildungsbereich mit den MOE-Staaten; Gründungsschulrat des Landesmusikgymnasiums Rheinland-Pfalz in Montabaur; einer Schauspielschule in Montabaur; des abendgymnasialen Zweigs des Koblenz-Kollegs, der Integrierten Gesamtschulen in Selters/Ww. und in Remagen, sowie der Waldorfschulen in Diez und Simmern/Hunsrück Leiter von 50 internationalen Seminaren für Schulrät/innen, Schulleiter/-innen und Koordinator/-innen des Schüleraustauschs in Polen, Tschechien und Burgund; Leiter zweier COMENIUS-Regio-Projekte: Rheinland-Pfalz – Woiwodschaft Krakau; Autor von Büchern und zahlreichen Aufsätzen über »Schulmanagement« – auch in Polen. Seit 2013 Freier Schulberater: Coach für Lehrkräfte in und für Führungsfunktionen, Deutscher Schulleiterkongress (DSLK) – Referent 2017.

Literatur

Allmann, Volker: Schulaufsicht für Schulen mit größerer Selbständigkeit, in: PädF 6 (1995), S. 68

Bauer, Joachim: Die Freiburger Lehrerstudie, in: SchulVerwaltung, Ausgabe BW,12/2004

Birkenbihl, Vera: Stroh im Kopf? Gebrauchsanleitung fürs Gehirn, Bergisch-Gladbach 1997

Blanchard, Kenneth/Johnson, Spencer: Der MinutenManager, Hamburg 1992

Brecke, Jan: So wollen Top-Talente arbeiten. Handlungsempfehlungen für eine Unternehmenskultur der Zukunft, Frankfurt am Main 2015

Brinkmann, Babette Julia/Lang, Matthias: Selbstorganisation braucht klare Regeln, in: FAZ v. 16.07.2018, S. 18

Dubs, Rudolf: Die Führung einer Schule. Leadership und Management, Stuttgart 1994

Geldschläger, Peter: Selbststeuerung der Schulen – Ziel der Schulaufsicht?, in: PädF 1 (1993), S. 11-15.

Grün, Anselm: Was der Seele gut tut, Freiburg im Breisgau [6]2018

Hattie, John A.C., Lernen sichtbar machen. Überarbeitete deutschsprachige Ausgabe von »Visible Learning« besorgt von Wolfang Beywl und Klaus Zierer, Baltmannsweiler 2013

Jennewein, Wolfgang/Halder, Jonas: Ab auf die Bank!, in: Harvard Business Manager 7/2018, S. 81-84.

Johne, Thomas (Hg.): »Marketing Praxis. Ein Handbuch für Existenzgründer, Einsteiger und angehende Führungskräfte. Mit Checklisten, Praxisbeispielen und Marketing-Fahrplan.« Frankfurt am Main 2001

Kinne, Peter: Alte Prinzipien widerstehen der Digitalisierung. Kundenorientierung, Vielfalt und Verantwortung zählen auch heute noch, in: FAZ v. 13.02.2017

Lay, Rupert: Über die Kultur des Unternehmens, Düsseldorf-Wien-New York-Moskau 1992

Lenssen, Gilbert: Besinnung in der Wirtschaft, in: Richard Matheis (Hrsg.), Leadership Revolution. Aufbruch zur Weltspitze mit neuem Denken, Frankfurt am Main-Wiesbaden 1994

Hubert Luszczynski, Schulleiter bis zur Rente?! Mit Erfolg und Leichtigkeit Schule leiten, in: SchulVerwaltung HE/RP, 2/2018, S. 60 – 62

Ders., Gemeinsame Zukunftsvisionen – oder: Wie aus Fremden Freunde werden. Deutsch – polnische Zusammenarbeit im Bildungsbereich in Rheinland- Pfalz. Reflexionen und Anregungen für europäische Schulpartnerschaften. Ausgewählte Vorträge und Aufsätze 1991 – 2016, Eitelborn 2017 (https://tredition.de/autoren/hubert-luszczynski-22746/gemeinsame-zukunftsvisionen-oder-paperback-99346/)

Ders., Wie Inklusion gelingen kann, in: SchulVerwaltung HE/RP 11/2017, S. 292 – 294

Ders., Wie Inklusion gelingen kann – nur eine »konkrete Utopie«?, in: Schulleitung heute, Oktober 2017, S. 4 – 5

Ders., Schule leiten lernen, in: SchulVerwaltung HE/RP, 9/2017, S. 235 – 237.

Ders., Schule leiten lernen von Anfang an, in: Schulleitung heute, August 2017, S. 4 – 5

Ders., Die strategische Ausschreibung von Funktionsstellen sichert das Ansehen der Lehrkräfte im Amt, in: Schulleitung heute, Februar 2017, S. 3 – 4.

Ders., Bessere Schülerleistungen durch kompetenzorientierte Evaluation des Unterrichts, in: SchulVerwaltung HE/RP, 1/2017, S. 10-12.

Ders., Lehrer-Schüler-Beziehung. Fundament des Qualitätsmanagements, in: SchulVerwaltung HE/RP, 1/2016, S. 22-23.

Luszczynski, Hubert/Riebisch, Roswitha: Hattie: Als Lehrer das Lernen durch die Brille des Schülers sehen – aber wie? Die Typendiagnose maximiert individuelles Lernen im Unterricht, in: SchulVerwaltung HE/RP, 5/2014, S. 135 – 138

LUSZCZYNSKI, HUBERT/RIEBISCH, ROSWITHA, Typendiagnose – ein Schlüssel zur individuellen Förderung. Schüler und Lehrer im Spiegel ihrer Persönlichkeit. Schöningh-Verlag Paderborn 2010 ISBN: 978-3-14-023811-3

LUSZCZYNSKI, HUBERT: »Jeder Schüleraustausch ein Erfolg!« – »Wirklich?«, in: aktuelle ostinformation, 1/2 2010. Hrsg. Gesamteuropäisches Studienwerk Vlotho, S.23-38

LUSZCZYNSKI, HUBERT: Mündige Wirtschaftsbürger durch aufklärerischen Unterricht, in: Schulleitung/heute 19+20/09, S. 3

LUSZCZYNSKI, HUBERT/RIEBISCH, ROSWITHA: Lehrerpersönlichkeit und Lernerfolg. Der Schüler im Spiegel der Lehrerpersönlichkeit, in: SchulVerwaltung 1/2008, S. 17 – 20

LUSZCZYNSKI, HUBERT: Quo Vadis Schule – Sinnkrise in der Qualitätsarbeit? Kein Kind muss zurückbleiben, in: SchulVerwaltung 2/2007, 37 – 38

LUSZCZYNSKI, HUBERT/RIEBISCH, ROSWITHA: Wer ist Stefan? Über den Umgang mit unterschiedlichen Schülertypen in Lerngruppen, in: SchulVerwaltung 1/2005, S.10-13.

LUSZCZYNSKI, HUBERT: »Kann denn Abi(tur) Sünde sein?« Gedanken zur Verabschiedung der Abiturientinnen und Abiturienten der Rudolf-Steiner-Schule Mittelrhein anläßlich der Zeugnisübergabe am 25.06.2002, in: apropos. Zeitschrift der Freien Waldorfschule in Neuwied, Nr. 7, November 2002, S.5 – 8

DERS., Schulmarketing – Motor der Schulentwicklung, in: SchulVerwaltung 5/2002, S. 141 – 144

DERS., »Eine partnerschaftliche Schulkultur optimiert die Qualitätssicherung in der Schule.« Jenseits von strukturellen Veränderungen beginnt die partnerschaftliche Schulkultur, in: SchulVerwaltung 10/2001, S. 203 – 206

DERS., Professionelle Personalführung in der Schule. Plädoyer für ein motivierendes Instrument im erfolgreichen Qualitätsmanagement, in: SchulVerwaltung 10/1999, 201 – 204

DERS., Elemente einer dialogischen Schule. Die Rolle des Schulgottesdienstes neu entdeckt, in: Schule und Kirche 2/1999, S. 19 – 22

DERS., Computereinsatz im Erschließungsverfahren für AV-Medien, in: Koblenzer Geographisches Kolloquium, 7. Jg., Heft 1, April 1985, S.20 – 27

DERS., Jugendoffiziere als Gesprächspartner der Schule. Überlegungen zur Organisation politischer Bildung in zwei Bereichen staatlichen Handelns. Möglichkeiten und Grenzen einer Kooperation, in: Mitteilungen des Philologenverbandes Rheinland-Pfalz, 1/2 1979, S. 10-13

DERS., Wir müssen umdenken!? Schule und Schüler zwischen Staatsräson und Elternrecht, in: Jahresbericht 1978 des Gymnasiums auf der Karthause in Koblenz, S. 34-37

NISSEN, PETER/IDEN, UWE: Kurz(s)korrektur Schule. Ein Handbuch zur Einführung der ModerationsMethode im System Schule für die Verbesserung der Kommunikation und des miteinander Lernens, Hamburg 1995

NOER, DAVID M.: Die vier Lerntypen. Reaktionen auf Veränderungen im Unternehmen, Stuttgart 1998

OETINGER, FRIEDRICH: Wendepunkt der politischen Erziehung, Stuttgart 1951

PIEPER, RÜDIGER (Hrsg.), Lexikon Management, Wiesbaden (Gabler) 1991

REISCH, RENATE/LOUCKY-REISNER, BRIGITTA/SCHWARZ/GUIDO: Marketing für Schulen. So gelingt die erfolgreiche Positionierung, Wien 2001

RIEBISCH, ROSWITHA/LUSZCZYNSKI, HUBERT: Wer ist Stefan? Über den Umgang mit unterschiedlichen Schülertypen in Lerngruppen, in: SchulVerwaltung 1/2005, S.10-13

RIEBISCH, ROSWITHA/LUSZCZYNSKI, HUBERT: Typendiagnose – ein Schlüssel zur individuellen Förderung. Schüler und Lehrer im Spiegel ihrer Persönlichkeit, Paderborn 2010

RÜDENAUER, MANFRED: Ökologisch führen: funktionelle Kooperation statt hierarchischer Kontrolle, Wiesbaden 1991

SPRENGER, REINHARD K.: An der Freiheit des anderen kommt keiner vorbei, Frankfurt/New York 2013

STEFFENS, ULRICH/BARGEL, TINO: Erkundungen zur Qualität von Schulen, in: Praxishilfen Schule, Neuwied-Kriftel-Berlin 1993

Tausch/Tausch in: Joachim Tiedemann, *Leistungsversagen in der Schule, München 1977*

Weinreb, Friedrich: Schule als Quelle der Inspiration, in: Schriftenreihe der Schweizer Akademie der Grundlagenstudien 6 (1978)